Ouvrage dirigé par Thierry Carlier

EXERCICES ET CORRIGÉS SUR LA PAIE

Gilles MASSON

SOMMAIRE

PARTIE II

Avant-propos

— Vous êtes où ? Je vous ai cherché toute la nuit ! me demanda une stagiaire le deuxième jour d'une formation en arrivant le matin.
— Ben, cette nuit j'étais dans mon lit, pourquoi cette question ? lui répondis-je.
— Vous n'êtes pas sur Facebook, sur LinkedIn, sur Viadeo, sur Copains d'avant ou sur Twitter, vous n'avez pas de blog, vous n'êtes nulle part !
— Euh non. J'ai juste un e-mail et un téléphone, et ça me suffit bien. Tous ces réseaux dits « sociaux » me paraissent extrêmement chronophages pour un intérêt très limité et je n'ai vraiment pas de temps à perdre, lui dis-je en mettant un terme à cette conversation.

Je n'ai pas voulu rentrer dans les détails, mais quand je vois un groupe de six jeunes filles attablées dans une bonne pizzeria à Venise prendre en photo leurs pizzas, sans échanger ne serait-ce qu'un regard entre elles, et passer tout le repas les yeux rivés sur leur smartphone, je pense que leur attitude n'est pas en adéquation avec le cadre où elles se trouvent physiquement. Le virtuel a ses limites.

Tout cela pour vous dire deux mots sur les commentaires que je parcours parfois sur des sites marchands proposant mon livre. Car c'est comme pour ces réseaux sociaux, tout le monde dit tout et son contraire ! Bien sûr, il y en a des sympathiques. J'ai ainsi appris que quelqu'un achetait ce livre tous les ans ! Qu'un autre avait réussi ses examens « grâce » à ce livre (je pense plutôt que c'est « grâce » à son travail, mais ça fait toujours plaisir de le lire). Et puis d'autres critiquent ; l'un a trouvé une coquille et il met une étoile ! Un autre trouve les exercices « illogiques » ! Untel pense que je mélange des règles de façon inappropriée ! Unetelle certifie que son entreprise n'applique pas les mêmes règles que moi ! Une personne trouve ces exercices trop faciles, alors qu'une autre les trouve trop difficiles ! Etc.
Alors je vais profiter de cet avant-propos pour mettre les choses au clair.

Y avait-il des coquilles dans les éditions précédentes ? Malheureusement, oui ! Et croyez bien que je le regrette. Il n'y en a pas non plus des centaines, mais une ou deux seulement. Le problème dans l'édition précédente était qu'elles se situaient dans les premiers exercices et pouvaient stopper l'envie d'aller plus loin (effet de la première mauvaise impression).
Pourquoi y a-t-il des erreurs ? Pour ma défense, je conçois ces exercices seul, en tenant compte des nouveautés et des évolutions (de lois, de jurisprudence) et je les réactualise tous d'une année sur l'autre. De ce fait, il peut m'arriver d'oublier de changer un chiffre, une somme, un taux, ou encore l'année. Par exemple, la correction du deuxième exercice de l'édition 2017 comportait un treizième mois à 1 200 €, alors que, compte tenu de l'augmentation du Smic en 2017, j'avais augmenté ce treizième mois à 1 350 € dans l'énoncé de ce deuxième exercice. C'est le genre d'erreur que je ne trouve pas en relisant ce que j'ai écrit. Quand j'interviens dans un organisme qui réalise ses propres supports de formation, j'y trouve aussi des erreurs grossières. En fait, tous ceux qui, un jour, conçoivent un écrit commettent des erreurs. Il est même rare que je lise un livre (même d'un « grand » auteur) sans que je ne trouve une « coquille ». Erreur due sans doute au typographe, ou au traducteur, ou à l'auteur dont le correcteur a laissé passer la faute d'orthographe. Théodore Faullain de Banville disait : « Ceux qui ne font rien ne se trompent jamais. » Dommage qu'il soit mort en 1891, car s'il vivait aujourd'hui, il aurait pu ajouter : « Mais ils donnent leur avis sur Internet ! » Cette année, j'ai vraiment lu et relu chaque exercice et j'espère qu'il n'y aura pas d'erreur. Mais je ne peux malheureusement pas le garantir à 100 %, comme vous l'aurez compris.

En ce qui concerne « l'illogisme » des exercices, c'est peut-être de ma faute aussi ; je n'ai sans doute pas assez bien expliqué comment utiliser ce livre. Tout d'abord, je tiens absolument à préciser que ce livre d'exercices est le complément de mon ouvrage initial : *La Paie, ça s'apprend*. Ayant pensé à ceux qui n'achètent que celui-ci, je rajoute avant chaque exercice un petit résumé du chapitre qui sert à l'exercice suivant, mais je reste persuadé que ceux qui ont les deux livres sont plus à même de comprendre la logique des exercices.
Pour résumer cette logique, je « descends » tout simplement les lignes du bulletin de paie en m'attardant sur chacune d'elles. Je commence donc par les lignes du brut soumis à cotisations avec des exercices dans l'ordre suivant : le salaire minimum, la prime d'ancienneté, les avantages en nature et frais professionnels, les absences en général, puis les congés payés pour arriver au total brut. Ensuite vient le plafond de Sécurité sociale avec ses cas de réduction et sa régularisation annuelle progressive, pour arriver aux premiers bulletins avec le montant des cotisations. Je commence toujours par des exercices « simples » pour les compliquer par la suite.
En traitant des cotisations, j'en profite pour expliquer l'allègement de cotisations patronales et la reconstitution du brut à partir du net à payer.
Les bulletins se terminent généralement par les sommes non soumises à cotisations telles que les IJSS (moment où j'aborde la maladie) et les retenues non déductibles du net fiscal (saisie-arrêt).
Enfin, j'achève ce livre par quelques cas de rupture de contrat.
Dans *La Paie, ça s'apprend*, j'ai réalisé un dessin grossier du bulletin tel qu'il était jusqu'au 31 décembre 2017. C'est une présentation schématique du bulletin de paie en quatre parties bien distinctes (voir page suivante).
1. Gros + : il comporte le salaire, les primes, les indemnités soumises à cotisations. Dans ce « gros + », il peut y avoir aussi du moins, avec des retenues d'absence. Le total des sommes composant ce « gros + » est appelé « Total brut ». Il doit être clairement apparent sur tous les bulletins.
2. Gros - : il est constitué principalement des cotisations salariales. Le total brut - le total des cotisations salariales = le net fiscal, somme qui sert de base au calcul des impôts sur le revenu. Depuis la loi de finance du 30 décembre 2013, il faut ajouter à cette base le montant des cotisations patronales de prévoyance.
3. Petit + : c'est une zone qui se rétrécit d'année en année. Aujourd'hui, il n'y a plus beaucoup de primes ou d'indemnités qui ne soient pas soumises à cotisations. Il nous reste encore les remboursements de frais, les IJSS et quelques indemnités que nous verrons plus tard (dont l'indemnité de licenciement).
4. Petit - : il est alimenté par la CSG et la CRDS non déductibles du net fiscal, ainsi que par le salaire donné par anticipation, les dettes du salarié ou encore la part salariale du titre-restaurant ou du chèque-vacances.
Le net fiscal, auquel on aura enlevé le montant des cotisations patronales de prévoyance, augmenté du « petit + » et diminué du « petit - », donne finalement le net à payer.

Ne m'écrivez pas pour me signaler que les taux de cotisations ne sont pas bons, ils datent de 2017 !
C'était juste pour expliquer l'ordre des exercices.

Malheureusement, si le bulletin de paie s'est « simplifié » (ou « clarifié » selon votre logiciel de paie) le 1er janvier 2018 pour toutes les entreprises, sa représentation devient plus compliquée ! Selon le modèle officiel du gouvernement (www.gouvernement.fr/bulletin-de-paie), les cotisations n'apparaissent plus que groupées, sans base et sans taux ! Quant à mes « Petit + » et « Petit - », ils sont « intégrés » en haut du bulletin de paie (dans le « Gros + ») ! Enfin, le Total Brut et le Net Fiscal n'apparaissent plus (sinon dans les commentaires pour ce dernier) !

Libellé des Rubriques	Base	Taux	Montant	Commentaires	
Salaire de base	151,67		2 000,00	Janvier	
Prime d'ancienneté			250,00		
Heures supplémentaires	10,25	14,835	152,06		
Total Brut			**2 402,06**		
Cotisations	**Base**	**Salariales**		**Patronales**	
		Taux	**Montant**	**Taux**	**Montant**
Ass. Mal.Mat.Inv.décès	2 402,06	0,75	-18,02	12,89	309,63
Contribution Solidarité Autonom	2 402,06			0,30	7,21
Accident du Travail	2 402,06			2,44	58,61
Allocations Familiales	2 402,06			3,45	82,87
Ass. Vieillesse Plafonnée	2 402,06	6,90	-165,74	8,55	205,38
Ass. Vieillesse Déplafonnée	2 402,06	0,40	-9,61	1,90	45,64
F.N.A.L. sur Brut	2 402,06			0,50	12,01
ASSEDIC sur Tr. A+Tr. B	2 402,06	2,40	-57,65	4,00	96,08
F.N.G.S. sur Tr. A+Tr. B	2 402,06			0,20	4,80
A.R.R.CO sur Tr. A	2 402,06	3,10	-74,46	4,65	111,70
A.G.F.F. sur Tr. A	2 402,06	0,80	-19,22	1,20	28,82
Prévoyance "Frais de Santé"			-50,00		50,00
Forfait Social	50,00			8,00	4,00
C.S.G. déductible	2 410,02	5,10	-122,91		
Autres charges patronales	2 402,06			5,006	120,25
Réduction FILLON					-60,05
Total cotisations			**-517,61**		**1 076,95**
Net fiscal			**1 934,45**		
Indemnité de transport			50,00		
Indemnités Journalières de S.S.			70,00		
Acompte			-1 000,00		
C.S.G. non déductible	2 410,02	2,40	-57,84		
C.R.D.S. non déductible	2 410,02	0,50	-12,05		
Net à payer			**934,56**		

Gros +

Gros -

Petit +

Petit -

J'ai néanmoins remarqué que la plupart des logiciels conservent une partie appelée « Retenue et remboursements divers » afin de laisser en haut du bulletin le total brut servant de base aux cotisations, ce qui me semble plus cohérent.

Sur ce bulletin de paie émanant du site officiel du gouvernement, je me suis penché sur le calcul des CSG/CRDS non imposables et imposables. Comme c'est écrit relativement petit (et en noir sur un fond vert soutenu !), je vous livre ces deux lignes :

- CSG/CRDS non imposables à l'impôt sur le revenu : montant : 80,20 €
- CSG/CRDS imposable à l'impôt sur le revenu : montant 34,27 €.

Pour rappel, le salaire brut en haut du bulletin de paie est : 1 457,52 €. Il y a en plus une Complémentaire santé (prévoyance « Frais de santé ») d'un montant patronal de 13,77 €, une

Complémentaire incapacité, invalidité, capital décès d'un montant patronal de 7,49 € et une Assurance retraite supplémentaire d'un montant patronal de 22,92 €.
Comme je vous l'apprendrai dans les pages consacrées aux cotisations, il n'y a qu'une CSG non imposable (celle qui était à 5,10 % avant le 31 décembre 2017 et qui est passée à 6,80 % au 1er janvier 2018). Donc déjà, le libellé n'est pas correct ! Puis on essaye de calculer son montant. Il faudrait prendre 98,25 % de 1 457,52 (1 432,01) et ajouter à cette somme les trois montants patronaux cités précédemment (1 432,01 + 13,77 + 7,49 + 22,92), soit : 1 476,19 €. Somme dont on devrait prendre 5,10 %, soit 75,29 €. Comment expliquer la différence par rapport aux 80,20 € que trouve le site gouvernemental ? C'est simple ! Le site prend seulement 98,25 % du salaire (1 432,01) qu'il multiplie par (5,10 % + 0,50 % de CRDS imposable) soit : 1 432,01 × 5,60 % = 80,20 ! Autrement dit, la base est fausse et le taux mélange allègrement une CSG non imposable et une CRDS imposable !
Quant au montant de la « CSG/CRDS imposable... », son calcul est : 1 432,01 × 2,40 % = 34,37. Ce qui est faux aussi puisqu'il faudrait non seulement prendre la base indiquée plus haut (1 478,19), mais cumuler le taux de la CSG à 2,4 % et celui de la CRDS à 0,50 %. Enfin, le Net imposable des commentaires indique la somme de 1 162,19 €. J'ai essayé de nombreuses combinaisons, je ne tombe jamais sur ce chiffre. En résumé, sur le site officiel du gouvernement, l'explication du nouveau bulletin de paie est fausse !
Quand je vous disais que je ne peux pas lire quelque chose sans trouver d'erreur...

Pour répondre à celui qui croit que je mélange les droits, il suffit de regarder les lignes du bulletin de paie proposé par le gouvernement. De quelle règle de droit vient votre salaire ? Du Code du travail ? Oui, si vous êtes payé au Smic. De la convention collective ? Oui, si vous êtes au minimum de votre coefficient ou de votre classification. D'un accord d'entreprise ? Oui, si tel est le cas. D'un usage ? Oui, si l'entreprise a cet usage de payer telle catégorie de personnel à tel salaire. De votre contrat de travail ? Oui, si vous avez pu négocier un salaire qui vous corresponde mieux que le Smic, que le minimum de la convention collective, que l'usage de l'entreprise. Est-ce moi qui mélange les sources de droit ou le bulletin lui-même ?
En parlant de sources de droit, cette année voit la hiérarchie des textes se compliquer également, puisqu'un accord d'entreprise peut, grâce à l'ordonnance Macron, se substituer à la loi. Je m'explique.
Jusqu'à présent, en droit, c'est le texte le plus élevé dans la hiérarchie des normes qui reçoit application (la loi s'impose au décret, un texte de droit public s'impose à un accord de droit privé, etc.).
En droit du travail, la jurisprudence depuis la Seconde Guerre mondiale avait édicté la règle suivante : en cas de conflit de normes, c'est la plus favorable aux salariés qui doit être appliquée. Mais des normes peuvent « déroger » à d'autres normes dans un sens défavorable et ce sont ces normes qui vont s'appliquer. Cependant, cette dérogation est encadrée par la loi : elle n'est possible que dans certains cas, à certaines conditions et dans certaines limites. Nous retrouvons ces dérogations dans le domaine du Transport ou des Cafés, Hôtels restaurants par exemple.

La loi « El Khomri » (8 août 2016) donnait déjà priorité à l'accord d'entreprise sur l'accord de branche en matière de durée du travail et de congés. Le principe était que la loi fixe des principes du droit du travail, mais n'en donne plus le contenu, tandis que l'accord d'entreprise ou, à défaut, l'accord de branche en fixe le contenu et, à défaut d'accord (d'entreprise et/ou de branche), une disposition supplétive fixe le contenu (un décret ou une décision de l'employeur). L'exemple le plus frappant et qui a fait grincer les dents était le taux de majoration des heures supplémentaires possible à 10 % par accord collectif (d'entreprise ou, à défaut, de branche), alors qu'il est de 25 % selon le Code du travail.

SOCIETE CLARIFICATION BDP

BULLETIN DE PAIE
Paie du 01/01/2015 au 31/01/2015

CONVENTION COLLECTIVE DE YYY — N°IDCC

Matricule	Emploi	Date d'embauche	Niveau
GL0123456789	Simplificateur	07/05/2003	18 C

Numéro de Sécurité Sociale	Horaire mensuel rémunéré	Horaire hebdomadaire effectif	Siret	Code APE
16012345678910	169	35 heures	5XX1XX2XX xxxxx	6419Z

Périodes de congés annuels avec maintien de rémunération
01/01 02/01 17/01

Congés payés			RTT		
Solde période en cours	26	jours	Pris dans l'année	1	jours
Dont fractionnement	0	jours	Pris dans le mois	1	jours
			Solde potentiel	15	jours

message:

M. LEBON Juste
5 avenue de la République
94000 CRETEIL

Eléments de revenu brut

Elément	Quantité ou base	Valeur unitaire	Taux	Montant	Part salarié	Part employeur
SALAIRE BRUT				1 457,52		
HEURES SUPPLEMENTAIRES						
REMBOURSEMENT TRANSPORT				53,40		
TITRES RESTAURANT	20,00	3,25			65,00	97,00

Cotisations sociales	Part salarié	Part employeur
ASSURANCE SANTE		
Sécurité sociale	10,93	190,94
Complémentaire santé	16,83	13,77
Incapacité, invalidité, capital-décès	4,98	7,49
ASSURANCE ACCIDENTS DU TRAVAIL-MALADIES PROFESSIONNELLES		16,23
ASSURANCE RETRAITE		
sécurité sociale	104,21	154,50
complémentaire	56,84	70,98
supplémentaire	7,29	22,92
ALLOCATIONS FAMILIALES		50,28
ASSURANCE CHÔMAGE	34,96	62,67
AUTRES CONTRIBUTIONS DUES PAR L'EMPLOYEUR		220,16
COTISATIONS DE CONVENTION COLLECTIVE OU STATUTAIRES		
CSG/CRDS non imposable à l'impôt sur le revenu	80,20	
CSG CRDS imposable à l'impôt sur le revenu	34,37	
ALLEGEMENT DE COTISATIONS		-413,21

	Montant	Part salarié	Part employeur
TOTAL DES COTISATIONS		350,64	396,72
TOTAL	1 510,92	415,64	493,72

Date de paiement	Mode de Paiement
30/01/2015	Paiement par virement en compte

Net payé en euros
1 095,28

BASES DE CALCUL

	Sécurité S. plafonnée	Sécurité S. déplafonnée	Retraite taux 1
Bases	1 457,52	1 457,52	1 457,52
Plafonds	3 170,00		3 170,00
Cumul annuel	1 457,52	1 457,52	1 457,52

Montants à déclarer Année 2015

	Net imposable	Avantages en nature Logement	Avantages en nature Nourriture et divers	Indemnités et remboursements	Rémunération totale	Allègements de cotisations financés par l'Etat
Euros	1 162,19			53,40	2 004,64	439,44
Cumul annuel	1 162,19			53,40	2 310,52	439,45

SOCIETE SIMPLIFICATION BDP, SOCIETE ANONYME AU CAPITAL DE xxxxx EUROS. SIEGE SOCIAL A PARIS, 1 rue du Pont - R.C.S. PARIS B 5XX 1XX 2XX

Document à conserver sans limitation de durée

pour la définition des termes employés, se reporter au site internet servicepublic.fr rubrique cotisations sociales

En application du principe de faveur, un accord collectif, de branche ou d'entreprise, peut prévoir des dispositions plus favorables que la loi. L'ordre public social s'applique ici pleinement. L'exemple du salaire pris précédemment illustre parfaitement ce principe : un accord collectif, de branche ou d'entreprise, peut prévoir un niveau de salaire supérieur au Smic.

En revanche, un accord collectif, de branche ou d'entreprise, ne peut prévoir de dispositions moins favorables que la loi. L'ordre public social doit être respecté. Un accord collectif ne peut pas prévoir, par exemple, une durée de travail effectif hebdomadaire supérieure à 48 heures.
Cependant, quand la loi l'autorise explicitement, un accord collectif peut prévoir des dispositions moins favorables que les dispositions législatives. Cette dérogation est, suivant les cas, ouverte aux seuls accords de branche ou également ouverte aux accords d'entreprise.
Ainsi, des accords de branche peuvent prévoir des durées de période d'essai plus longues que les durées légales.
La nouvelle législation, issue de l'ordonnance, permet à un accord de branche de déroger à des dispositions légales, notamment en matière de contrat à durée déterminée et de contrat de travail temporaire (durées maximales, périodes de carence, etc.) et de contrat à durée indéterminée de chantier.
Dans le domaine de la durée du travail et des congés, la loi est supplétive et ne s'applique qu'en l'absence de dispositions conventionnelles de branche et d'entreprise. Mais, selon la nouvelle ordonnance, en règle générale, l'accord d'entreprise prime sur l'accord de branche. Il en est ainsi quelle que soit la date de conclusion de l'accord d'entreprise (antérieure ou postérieure à la conclusion de l'accord de branche). Et surtout, l'accord d'entreprise a la primauté sur l'accord de branche quel que soit le niveau de son contenu : l'accord d'entreprise s'applique, qu'il soit, pour le salarié, plus favorable que l'accord de branche ou qu'il soit moins favorable que l'accord de branche (la promotion de l'accord d'entreprise s'accompagne de la mise à l'écart du principe de faveur).

Cependant, en matière des salaires minimas hiérarchiques, des grilles de classification, de l'égalité professionnelle entre les femmes et les hommes, des garanties collectives complémentaires (mutuelle, prévoyance), un accord d'entreprise ne peut déroger à un accord de branche. Les dispositions de l'accord de branche constituent alors le plancher des droits du salarié.
Enfin, un contrat de travail peut prévoir des dispositions plus favorables que la loi, l'accord de branche et l'accord d'entreprise (toujours le même exemple du salaire : le contrat de travail peut prévoir un salaire plus élevé que le Smic, que les minimas conventionnels de branche et que les salaires pratiqués dans l'entreprise).
Si un accord collectif est signé et qu'il est plus favorable que le contrat de travail, les nouvelles dispositions conventionnelles s'appliquent (exemple : un accord d'entreprise prévoyant un salaire plus élevé que le contrat de travail bénéficie automatiquement au salarié).
Mais, pour « *répondre aux nécessités liées au fonctionnement de l'entreprise ou en vue de préserver, ou de développer l'emploi* », un accord d'entreprise peut s'imposer au contrat de travail alors qu'il prévoit des dispositions moins favorables pour le salarié. C'est le cas en matière d'aménagement du temps de travail, d'aménagement de la rémunération et de mobilité professionnelle ou géographique interne à l'entreprise.
Donc, même si c'est toujours la loi qui détermine l'ordonnancement des sources du droit du travail, la hiérarchie des normes, le contenu substantiel du droit est déplacé de la norme légale vers la norme conventionnelle, et à présent vers l'accord d'entreprise.
Si vous préférez : la législation propose des outils et les acteurs sociaux s'en servent ou pas, différemment suivant les branches d'activité en fonction de différents paramètres socio-économiques. Et, bien évidemment, les normes de droit interne doivent respecter les normes du droit international et les normes du droit de l'Union européenne.

À celle qui croit m'apprendre que son entreprise n'applique pas les mêmes règles que moi, je ne le sais que trop bien ! Je dirais même que c'est « à cause » de ces entreprises que j'ai accepté de concevoir ce livre d'exercices. Le métier de la paye a trop souvent été mal considéré dans les entreprises et des gens mal formés (voire pas formés du tout) établissent les bulletins de paie comme leurs prédécesseurs, sans se poser la question de savoir si la règle qu'ils appliquent est correcte ou pas. Le Code du travail évolue tous les jours et la jurisprudence aussi. Il est capital de bien suivre ces évolutions en se documentant le plus souvent possible. Je ne peux pas vous dire le nombre d'élèves ou de stagiaires qui n'avaient jamais entendu parler des jours de fractionnement en matière de congés payés, ou pour qui la règle du dixième fait partie des fantasmes. Quand je leur prouve, juste en ouvrant le Code du travail, l'existence de ces règles, souvent, ces stagiaires préfèrent ne rien changer à leurs pratiques d'entreprise car cela éveillerait des soupçons de leurs délégués ou remettrait en cause le travail de leurs prédécesseurs (voire de leur supérieur hiérarchique) !

Pour tous les exercices, je reste au plus près de la loi. En effet, je ne peux pas tenir compte de toutes les conventions collectives ou accords qui accordent des droits différents de la loi, sinon ce livre comporterait plusieurs milliers de pages !
Cette année 2018 voit également le calcul du plafond de Sécurité sociale changer en cas de proratisation. Ce changement n'est pas bénin et de nombreux logiciels de paie ne l'ont pas encore intégré à l'heure où j'écris ces lignes.

En attendant la réforme de l'apprentissage, de la formation professionnelle, des caisses de Retraites complémentaires, du Prélèvement à la source, toutes les quatre prévues pour 2019, je vous souhaite de réussir ces exercices 2018.

Gilles MASSON

PS : Certains lecteurs ont quand même pu me joindre et avoir une réponse à leur question en passant par les Éditions Studyrama.

ÉNONCÉS DES EXERCICES

PARTIE I

Pour vous aider à la réalisation des exercices, voici les calendriers 2017 et 2018 auxquels vous pourrez vous référer tout au long de ce livre.

Calendrier 2017

Janvier			Février			Mars			Avril		
D	1	*Jour de l'an*	M	1	Ella	M	1	Aubin	S	1	Hugues
L	2	Basile	J	2	Présent.	J	2	Charles le bon	D	2	Sandrine
M	3	Geneviève	V	3	Blaise	V	3	Guénolé	L	3	Richard
M	4	Odilon	S	4	Véronique	S	4	Casimir	M	4	Isidore
J	5	Edouard	D	5	Agathe	D	5	Olive	M	5	Irène
V	6	Mélaine	L	6	Gaston	L	6	Colette	J	6	Marcellin
S	7	Raymond	M	7	Eugénie	M	7	Félicité	V	7	J.B. de la Salle
D	8	Lucien	M	8	Jacqueline	M	8	Jean de Dieu	S	8	Julie
L	9	Alix	J	9	Apolline	J	9	Françoise	D	9	Gautier
M	10	Guillaume	V	10	Arnaud	V	10	Vivien	L	10	Fulbert
M	11	Paulin	S	11	N.D.de L.	S	11	Rosine	M	11	Stanislas
J	12	Baptiste	D	12	Félix	D	12	Justine	M	12	Jules
V	13	Yvette	L	13	Béatrice	L	13	Rodrigue	J	13	Ida
S	14	Nina	M	14	Valentin	M	14	Mathilde	V	14	Maxime
D	15	Rémi	M	15	Claude	M	15	Louise	S	15	Paterne
L	16	Marcel	J	16	Julienne	J	16	Bénédicte	D	16	Benoît
M	17	Roseline	V	17	Alexis	V	17	Patrick	L	17	Anicet *Pâques*
M	18	Prisca	S	18	Bernadette	S	18	Cyrille	M	18	Parfait
J	19	Marius	D	19	Gabin	D	19	Joseph	M	19	Emma
V	20	Sébastien	L	20	Aimée	L	20	Herbert	J	20	Odette
S	21	Agnès	M	21	Damien	M	21	Clémence	V	21	Anselme
D	22	Vincent	M	22	Isabelle	M	22	Léa	S	22	Alexandre
L	23	Barnard	J	23	Lazare	J	23	Victorien	D	23	Georges
M	24	François Sales	V	24	Modeste	V	24	Cath de Suède	L	24	Fidèle
M	25	Paul	S	25	Roméo	S	25	Annonciation	M	25	Marcel
J	26	Paule	D	26	Nestor	D	26	Larissa	M	26	Alida
V	27	Angèle	L	27	Honorine	L	27	Habib	J	27	Zita
S	28	Thomas d'Aq.	M	28	Romain	M	28	Gontran	V	28	Valérie
D	29	Gildas				M	29	Gwladys	S	29	Cath. De S.
L	30	Martine				J	30	Amédée	D	30	Robert
M	31	Marcelle				V	31	Benjamin			

Mai			Juin			Juillet			Août		
L	1	*Fête du Travail*	J	1	Justin	S	S	Thierry	M	1	Alphonse
M	2	Boris	V	2	Blandine	D	D	Martinien	M	2	Julien
M	3	Jacques / Philipp	S	3	Kévin	L	L	Thomas	J	3	Lydie
J	4	Sylvain	D	4	Clothilde	M	M	Florent	V	4	Jean-Marie
V	5	Judith	L	5	Igor *Pentecôte*	M	M	Antoine-Marie	S	5	Abel
S	6	Prudence	M	6	Norbert	J	J	Marietta	D	6	transfiguration
D	7	Gisèle	M	7	Gilbert	V	V	Raoul	L	7	Gaétan
L	8	*Victoire 1945*	J	8	Médard	S	8	Thibaut	M	8	Dominique
M	9	Pacôme	V	9	Diane	D	9	Amandine	M	9	Amour
M	10	Solange	S	10	Landry	L	10	Ulrich	J	10	Laurent
J	11	Jeanne d'Arc	D	11	Barnabé	M	11	Benoît	V	11	Claire
V	12	Achille	L	12	Guy	M	12	Olivier	S	12	Clarisse
S	13	Rolande	M	13	Antoine	J	13	Henri / Joël	D	13	Hippolyte
D	14	Matthias	M	14	Elisée	V	14	*Fête Nationale*	L	14	Evrard
L	15	Denise	J	15	Germaine	S	15	Donald	M	15	Marie/ *Assompti*
M	16	Honoré	V	16	Régis	D	16	N.D.	M	16	Armel
M	17	Pascal	S	17	Hervé	L	17	Charlotte / Carol	J	17	Hyacinthe
J	18	Eric	D	18	Léonce	M	18	Frédéric	V	18	Hélène
V	19	Yves	L	19	Romuald	M	19	Arsène	S	19	Jean-Eudes
S	20	Bernadin	M	20	Silvère	J	20	Marina	D	20	Bernard
D	21	Constantin	M	21	Rodolphe / Jean	V	21	Victor	L	21	Christophe
L	22	Emile	J	22	Alban	S	22	Marie-Madeleine	M	22	Fabrice
M	23	Didier	V	23	Audrey	D	23	Brigitte	M	23	Rose
M	24	Donatien	S	24	Jean-Baptiste	L	24	Christine	J	24	Barthélemy
J	25	Sophie *Ascensio*	D	25	Prosper	M	25	Jacques	V	25	Louis
V	26	Béranger	L	26	Anthelme	M	26	Anne / Joachim	S	26	Natacha
S	27	Augustin	M	27	Fernand	J	27	Nathalie	D	27	Monique
D	28	Germain	M	28	Irénée	V	28	Samson	L	28	Augustin
L	29	Aymar	J	29	Pierre / Paul	S	29	Marthe	M	29	Sabine
M	30	Ferdinand	V	30	Martial	D	30	Juliette	M	30	Fiacre
M	31	Visitation				L	31	Ignace	J	31	Aristide

Septembre			Octobre			Novembre			Décembre		
V	1	Gilles	D	1	Thérèse	M	1	*Toussaint*	V	1	Florence
S	2	Ingrid	L	2	Léger	J	2	Défunts	S	2	Viviane
D	3	Grégoire	M	3	Gérard	V	3	Hubert	D	3	François-Xavier
L	4	Rosalie	M	4	François d'Assis	S	4	Charles	L	4	Barbara
M	5	Raïssa	J	5	Fleur	D	5	Sylvie	M	5	Gérald
M	6	Bertrand	V	6	Bruno	L	6	Léonard	M	6	Nicolas
J	7	Reine	S	7	Serge	M	7	Carine	J	7	Ambroise
V	8	Nativité	D	8	Pélagie	M	8	Geoffroy	V	8	Imm. Concept;
S	9	Alain	L	9	Denis	J	9	Théodore	S	9	Pierre Fourier
D	10	Inès	M	10	Ghislain	V	10	Léonard	D	10	Romaric
L	11	Adelphe	M	11	Firmin	S	11	*Armistice 1918*	L	11	Daniel
M	12	Apollinaire	J	12	Wilfried	D	12	Christian	M	12	Chantal
M	13	Aimé	V	13	Géraud	L	13	Brice	M	13	Lucie
J	14	Croix Glorieuse	S	14	Juste	M	14	Sidoine	J	14	Odile
V	15	Roland	D	15	Thérèse d'Av.	M	15	Albert	V	15	Ninon
S	16	Edith	L	16	Edwige	J	16	Marguerite	S	16	Alice
D	17	Renaud	M	17	Baudoin	V	17	Elisabeth	D	17	Judicaël / Gaël
L	18	Nadège	M	18	Luc	S	18	Aude	L	18	Gatien
M	19	Emilie	J	19	René	D	19	Tanguy	M	19	Urbain
M	20	Davy	V	20	Adeline	L	20	Edmond	M	20	Théophile
J	21	Matthieu	S	21	Céline	M	21	Présentation	J	21	Pierre Canisius
V	22	Maurice	D	22	Salomé	M	22	Cécile	V	22	Françoise
S	23	Constant	L	23	Jean de C.	J	23	Christ-Roi	S	23	Armand
D	24	Thècle	M	24	Florentin	V	24	Flora	D	24	Adèle
L	25	Hermann	M	25	Crépin	S	25	Catherine	L	25	*Noël*
M	26	Côme / Damien	J	26	Dimitri	D	26	Delphine	M	26	Etienne
M	27	Vincent de Paul	V	27	Emeline	L	27	Séverin	M	27	Jean l'Apôtre
J	28	Wenceslas	S	28	Simon / Jude	M	28	Jacques de la M.	J	28	Sainte famille
V	29	Michel / Gabriel	D	29	Narcisse	M	29	Saturnin	V	29	David
S	30	Jérôme	L	30	Bienvenue	J	30	André	S	30	Roger
			M	31	Quentin				D	31	Sylvestre

Calendrier 2018

Janvier	Février	Mars	Avril	Mai	Juin	Juillet	Août	Septembre	Octobre	Novembre	Décembre
L 1 *Jour de l'an*	J 1 Ella	J 1 Aubin	D 1 Hugues	M 1 *Fête du Travail*	V 1 Justin	D 1 Thierry	M 1 Alphonse	S 1 Gilles	L 1 Thérèse	J 1 *Toussaint*	S 1 Florence
M 2 Basile	V 2 Présent.	V 2 Charles le bon	L 2 Sandrine *Pâques*	M 2 Boris	S 2 Blandine	L 2 Martinien	J 2 Julien	D 2 Ingrid	M 2 Léger	V 2 Défunts	D 2 Viviane
M 3 Geneviève	S 3 Blaise	S 3 Guénolé	M 3 Richard	J 3 Jacques / Philipp	D 3 Kévin	M 3 Thomas	V 3 Lydie	L 3 Grégoire	M 3 Gérard	S 3 Hubert	L 3 François-Xavier
J 4 Odilon	D 4 Véronique	D 4 Casimir	M 4 Isidore	V 4 Sylvain	L 4 Clothilde	M 4 Florent	S 4 Jean-Marie	M 4 Rosalie	J 4 François d'Assis	D 4 Charles	M 4 Barbara
V 5 Edouard	L 5 Agathe	L 5 Olive	J 5 Irène	S 5 Judith	M 5 Igor	J 5 Antoine-Marie	D 5 Abel	M 5 Raïssa	V 5 Fleur	L 5 Sylvie	M 5 Gérald
S 6 Mélaine	M 6 Gaston	M 6 Colette	V 6 Marcellin	D 6 Prudence	M 6 Norbert	V 6 Marietta	L 6 transfiguration	J 6 Bertrand	S 6 Bruno	M 6 Léonard	J 6 Nicolas
D 7 Raymond	M 7 Eugénie	M 7 Félicité	S 7 J.B. de la Salle	L 7 Gisèle	J 7 Gilbert	S 7 Raoul	M 7 Gaëtan	V 7 Reine	D 7 Serge	M 7 Carine	V 7 Ambroise
L 8 Lucien	J 8 Jacqueline	J 8 Jean de Dieu	D 8 Julie	M 8 *Victoire 1945*	V 8 Médard	D 8 Thibaut	M 8 Dominique	S 8 Nativité	L 8 Pélagie	J 8 Geoffroy	S 8 Imm. Concept;
M 9 Alix	V 9 Apolline	V 9 Françoise	L 9 Gautier	M 9 Pacôme	S 9 Diane	L 9 Amandine	J 9 Amour	D 9 Alain	M 9 Denis	V 9 Théodore	D 9 Pierre Fourier
M 10 Guillaume	S 10 Arnaud	S 10 Vivien	M 10 Fulbert	J 10 Solange *Ascensi*	D 10 Landry	M 10 Ulrich	V 10 Laurent	L 10 Inès	M 10 Ghislain	S 10 Léonard	L 10 Romaric
J 11 Paulin	D 11 N.D.de L.	D 11 Rosine	M 11 Stanislas	V 11 Jeanne d'Arc	L 11 Barnabé	M 11 Benoît	S 11 Claire	M 11 Adelphe	J 11 Firmin	D 11 *Armistice 1918*	M 11 Daniel
V 12 Baptiste	L 12 Félix	L 12 Justine	J 12 Jules	S 12 Achille	M 12 Guy	J 12 Olivier	D 12 Clarisse	M 12 Apollinaire	V 12 Wilfried	L 12 Christian	M 12 Chantal
S 13 Yvette	M 13 Béatrice	M 13 Rodrigue	V 13 Ida	D 13 Rolande	M 13 Antoine	V 13 Henri / Joël	L 13 Hippolyte	J 13 Aimé	S 13 Gérard	M 13 Brice	J 13 Lucie
D 14 Nina	M 14 Valentin	M 14 Mathilde	S 14 Maxime	J 14 Matthias	J 14 Elisée	S 14 *Fête Nationale*	M 14 Evrard	V 14 Croix Glorieuse	D 14 Juste	M 14 Sidoine	V 14 Odile
L 15 Rémi	J 15 Claude	J 15 Louise	D 15 Paterne	M 15 Denise	V 15 Germaine	D 15 Donald	M 15 *Marie/Assomptio*	S 15 Roland	L 15 Thérèse d'Av.	J 15 Albert	S 15 Ninon
M 16 Marcel	V 16 Julienne	V 16 Bénédicte	L 16 Benoît	M 16 Honoré	S 16 Régis	L 16 N.D.	J 16 Armel	D 16 Edith	M 16 Edwige	V 16 Marguerite	D 16 Alice
M 17 Roseline	S 17 Alexis	S 17 Patrick	M 17 Anicet	J 17 Pascal	D 17 Hervé	M 17 Charlotte / Carol	V 17 Hyacinthe	L 17 Renaud	M 17 Baudoin	S 17 Elisabeth	L 17 Judicaël / Gaël
J 18 Prisca	D 18 Bernadette	D 18 Cyrille	M 18 Parfait	V 18 Eric	L 18 Léonce	M 18 Frédéric	S 18 Hélène	M 18 Nadège	J 18 Luc	D 18 Aude	M 18 Gatien
V 19 Marius	L 19 Gabin	L 19 Joseph	J 19 Emma	S 19 Yves	M 19 Romuald	J 19 Arsène	D 19 Jean-Eudes	M 19 Emilie	V 19 René	L 19 Tanguy	M 19 Urbain
S 20 Sébastien	M 20 Aimée	M 20 Herbert	V 20 Odette	D 20 Bernadin	M 20 Silvère	V 20 Marina	L 20 Bernard	J 20 Davy	S 20 Adeline	M 20 Edmond	J 20 Théophile
D 21 Agnès	M 21 Damien	M 21 Clémence	S 21 Anselme	L 21 Constantin Pente	J 21 Rodolphe / Jean	S 21 Victor	M 21 Christophe	V 21 Matthieu	D 21 Céline	M 21 Présentation	V 21 Pierre Canisius
L 22 Vincent	J 22 Isabelle	J 22 Léa	D 22 Alexandre	M 22 Emile	V 22 Alban	D 22 Marie-Madeleine	M 22 Fabrice	S 22 Maurice	L 22 Salomé	J 22 Cécile	S 22 Françoise
M 23 Barnard	V 23 Lazare	V 23 Victorien	L 23 Georges	M 23 Didier	S 23 Audrey	L 23 Brigitte	J 23 Rose	D 23 Constant	M 23 Jean de C.	V 23 Christ-Roi	D 23 Armand
M 24 François Sales	S 24 Modeste	S 24 Cath de Suède	M 24 Fidèle	J 24 Donatien	D 24 Jean-Baptiste	M 24 Christine	V 24 Barthélemy	L 24 Thècle	M 24 Florentin	S 24 Flora	L 24 Adèle
J 25 Paul	D 25 Roméo	D 25 Annonciation	M 25 Marcel	V 25 Sophie	L 25 Prosper	M 25 Jacques	S 25 Louis	M 25 Hermann	J 25 Crépin	D 25 Catherine	M 25 *Noël*
V 26 Paule	L 26 Nestor	L 26 Larissa	J 26 Alida	S 26 Béranger	M 26 Anthelme	J 26 Anne / Joachim	D 26 Natacha	M 26 Côme / Damien	V 26 Dimitri	L 26 Delphine	M 26 Etienne
S 27 Angèle	M 27 Honorine	M 27 Habib	V 27 Zita	D 27 Augustin	M 27 Fernand	V 27 Nathalie	L 27 Monique	J 27 Vincent de Paul	S 27 Emeline	M 27 Séverin	J 27 Jean l'Apôtre
D 28 Thomas d'Aq.	M 28 Romain	M 28 Gontran/	S 28 Valérie	L 28 Germain	J 28 Irénée	S 28 Samson	M 28 Augustin	V 28 Venceslas	D 28 Simon / Jude	M 28 Jacques de la M.	V 28 Sainte famille
L 29 Gildas		J 29 Gwladys	D 29 Cath. De S.	M 29 Aymar	V 29 Pierre / Paul	D 29 Marthe	M 29 Sabine	S 29 Michel / Gabriel	L 29 Narcisse	J 29 Saturnin	S 29 David
M 30 Martine		V 30 Amédée	L 30 Robert	M 30 Ferdinand	S 30 Martial	L 30 Juliette	J 30 Fiacre	D 30 Jérôme	M 30 Bienvenue	V 30 André	D 30 Roger
M 31 Marcelle		S 31 Benjamin		J 31 Visitation		M 31 Ignace	V 31 Aristide		M 31 Quentin		L 31 Sylvestre

1. Le salaire de base

Rappel, extrait du livre *La paie, ça s'apprend*

Par salaire de base, il faut entendre les éléments de rémunération pris en compte lors de chaque paiement du salaire et dont les modalités de calcul auront été fixées par le contrat de travail. C'est la rémunération prévue à l'embauche en contrepartie du travail fourni. Sous réserve de révision, le salaire de base est donc nettement défini par le contrat de travail et présente un caractère de fixité à chaque paie. Il se situe sur la *première ligne du bulletin de paie*, ce qui est évidemment déterminant pour toute la suite du bulletin. Il est décidé librement par l'employeur et le salarié, sous réserve de respecter :
- le principe de la liberté contractuelle ;
- le salaire minimum de croissance avec la garantie minimale de rémunération ;
- le minimum conventionnel ou les recommandations patronales s'ils existent dans l'entreprise ;
- les usages ou les engagements unilatéraux de l'employeur s'ils existent dans l'entreprise ;
- les principes d'ordre public, tels que l'égalité de rémunération entre les hommes et les femmes et l'absence de discrimination (Cass. soc., 20 octobre 1998, n° 95-44.290).

Valeur du Smic aujourd'hui

Montant du Smic : **9,88 € au 1er janvier 2018.**
Le Smic mensuel brut est ainsi porté à 1 498,47 € (calculé sur la base de 35 heures × 52 / 12 et correspondant à la mensualisation de la durée légale hebdomadaire du travail de 35 heures), mais à 1 498,50 € pour 151,67 heures mensuelles.

Le salaire brut

Des compléments de salaire viennent parfois s'ajouter au salaire de base et formeront ce qu'il est convenu d'appeler « le salaire brut » (c'est sur ce salaire brut que viendront se calculer les cotisations). Ces compléments sont par exemple : la prime d'ancienneté, les primes liées au travail, l'indemnité de transport, les avantages en nature, les frais professionnels, les indemnités de panier (pour une meilleure compréhension de ces exercices, voir les avantages en natures et frais professionnels en pages 22 à 31).

Éléments pris en compte pour la détermination du Smic

D'une façon générale, pour la détermination du Smic, il faut tenir compte du salaire horaire qui correspond à une heure de travail effectif auquel on rajoutera les avantages en nature logement (valeur 0,02 € par jour depuis 1951 !), les avantages en nature nourriture (valeur d'un minimum garanti pour un repas, soit 3,57 € en 2018), les pourboires et les majorations qui complètent le salaire habituellement (primes ou gratifications contractuelles) à l'exception notable des heures supplémentaires, des remboursements de frais et des sommes attribuées au titre de la participation ou de l'intéressement (Code du trav., art. D.3231-6).
Ne sont pas prises en compte pour la détermination du SMIC, les primes et gratifications :
- constituant des libéralités (prime exceptionnelle) ;
- à caractère aléatoire ou imprévisible (prime objectif) ;
- sans rapport avec le travail fourni (prime d'ancienneté, prime de production globale) ;
- qui rémunèrent le temps de pause (Cass. Soc. N° 09-42.890 à 892 du 13 juillet 2010).

Salaire inférieur au Smic

Si le salaire est inférieur au Smic, ramené au temps de travail effectivement réalisé, les salariés concernés doivent recevoir un « complément calculé de façon à porter leur rémunération au montant du Smic » (C ; du trav., art. D. 3321-5). Ce complément de rémunération s'appelle une « **indemnité différentielle** ».

Exercice 1 (Niveau 1)

Un salarié vient d'être embauché ce vendredi 1er juin 2018 à temps plein (35 heures par semaine) dans une entreprise de nettoyage.
L'entreprise lui propose :
• de le loger dans un appartement de fonction (un F2), correspondant à un avantage en nature de 74,00 € ;
• avec un salaire mensuel de 1 350 € ;
• une prime mensuelle fixe de production de 100 € ;
• et une indemnité mensuelle de transport de 55 €.

Pour vous, la paie de ce salarié respecte-t-elle le Smic ? Si votre réponse est négative, quel serait le montant de l'indemnité différentielle qui corrigerait cette anomalie ?

Exercice 2 (Niveau 1)

Ce même jour, un autre salarié a été lui aussi embauché à 39 heures par semaine dans cette même entreprise de nettoyage.
L'entreprise lui propose :
• un salaire mensuel de 1 320 € ;
• une indemnité panier quotidienne de 6,50 € ;
• un treizième mois payé par douzième chaque mois (l'accord collectif qui a instauré cette prime prévoit un paiement fractionné mois par mois) ;
• et des heures supplémentaires mensuelles de 17 h 33 (4 HS par semaine × 4,33 semaines).

Pour vous, la paie de ce salarié respecte-t-elle le Smic ? Si votre réponse est négative, quel serait le montant de l'indemnité différentielle qui corrigerait cette anomalie ?

2. La prime d'ancienneté

Rappel, extrait du livre *La paie, ça s'apprend*

L'ancienneté commence généralement, sauf dispositions conventionnelles différentes, à courir du jour de la conclusion du contrat de travail. Le tableau ci-après synthétise l'acquisition de l'ancienneté liée aux contrats de travail et aux principaux incidents affectant l'exécution de ces contrats.

Type de contrats et d'incident	Prise en compte dans l'ancienneté	Observations
Contrat à Durée Déterminée	Oui	C. Trav., art. L.1243-11
Contrat à temps partiel	Oui	C. Trav., art. L. 3123-12
Congés payés	Oui	Exécution normale du contrat
Congés parental total	Oui (pour la moitié de sa durée)	C. Trav., art. L.1225-54
Congé individuel de formation	Oui	C. Trav., art. L. 6322-13
Accident du travail	Oui	C. Trav., art. L.1226-7
Maladie	Oui	Sauf précision conventionnelle
Maternité	Oui	C. Trav., art. L.1225-16
Période militaire	Non (suspension)	C. Trav., art. L.3142-71
Changement d'employeur (art. L.1234-7)	Oui	Reprise de l'ancienneté déjà acquise

Deux particularités manquent dans ce tableau :

• lorsque l'entreprise utilisatrice embauche, après une mission, un salarié mis à sa disposition par une entreprise de travail temporaire, la durée des missions accomplies au sein de cette entreprise au cours des 3 mois précédant le recrutement est prise en compte pour le calcul de l'ancienneté du salarié. Cette durée est déduite de la période d'essai éventuellement prévue dans le nouveau contrat de travail (C. trav., art. L. 1251-38) ;

• lorsque le salarié s'absente pour un congé sabbatique, de création d'entreprise ou sans solde, la période d'absence se déduit bien évidemment de son ancienneté.

Calcul de la prime d'ancienneté

Il existe quatre façons de calculer le montant de la prime d'ancienneté. Celui-ci sera toujours composé d'une base et d'un taux. La base peut être :

• le salaire réel du salarié ;

• le salaire minimum de la convention collective correspondant au coefficient du salarié ;

• le salaire minimum de la convention collective correspondant à la classification du salarié ;

• un montant correspondant au produit du coefficient par la valeur du point attribuée par la convention collective.

Quant au taux, il est généralement un pourcentage fixe ou variable qui s'applique soit chaque année, soit par périodicité d'année (exemple : tous les 3 ans).

Lorsque l'horaire de l'entreprise est abaissé en dessous de 35 heures, les primes d'ancienneté doivent être calculées sur la base du nouvel horaire (Cass. soc., 12 janvier 1989, n° 86-40.714). Et la durée de l'ancienneté doit être décomptée pour les employés à temps partiel comme s'ils étaient à temps complet. Le montant de la prime est, par contre, calculé proportionnellement au temps de travail du salarié, suivant le principe de la proportionnalité des salaires des employés à temps partiel par rapport à ceux des employés à temps complet (Cass. soc., 18 février 1988, n° 86-41.980). De nombreuses conventions collectives ne précisent pas le mode de calcul de la prime d'ancienneté en cas de paiement d'heures supplémentaires. Dans cette hypothèse, que la prime d'ancienneté soit calculée sur un salaire minimum conventionnel ou sur le salaire réel, il convient de tenir compte de l'horaire réellement effectué par le salarié et de calculer la prime en conséquence.

Exercice 3 (Niveau 1)

La Convention collective de la métallurgie de la Loire et du bassin d'Yssingeaux énonce dans son article 19 – Prime d'ancienneté :
1. La majoration d'appointements pour ancienneté est calculée sur la rémunération minimale hiérarchique en fonction de l'horaire effectif. Elle subit les majorations pour heures supplémentaires.
2. Elle figure de façon distincte sur le bulletin de paie, sauf en cas d'appointements forfaités.
3. Les appointements sont majorés de 3 % après 3 ans. Ce taux est majoré ensuite de 1 % tous les ans pour atteindre un maximum de 15 % à 15 ans d'ancienneté. La prime d'ancienneté est acquise dès le premier jour du mois où le salarié a atteint le nombre d'années nécessaire.

La définition de la rémunération minimale hiérarchique (RMH) vient de l'article 17 – Rémunération §B – RMH :
La RMH pour une durée conforme aux dispositions législatives, réglementaires et conventionnelles en dessous de laquelle un salarié ne peut être rémunéré est fixée, pour chaque catégorie de salariés, en fonction d'une valeur de point unique. Le barème correspondant figure en cas d'accord à l'avenant n° 1.

L'avenant n° 1 donne la rémunération minimale hiérarchique sous forme de tableau, dont la dernière version (1er mai 2017) est reproduite ci-après :

Niveau	Echelon	Coefficient	RMH (en euros)
I	1	140	753,20
	2	145	780,10
	3	155	833,90
II	1	170	914,60
	2	180	968,40
	3	190	1 022,20
III	1	215	1 156,70
	2	225	1 210,50
	3	240	1 291,20
IV	1	255	1 371,90
	2	270	1 462,60
	3	285	1 533,30
V	1	305	1 640,90
	2	335	1 802,30
	3	365	1 963,70
	3	395	2 125,10

Calculez le brut d'un salarié travaillant dans une entreprise de métallurgie, à Yssingeaux dans la Loire, dont :
- **la date d'entrée est le 15 mai 2008 ;**
- **le salaire de base est 2 000 € pour 151,67 heures ;**
- **le coefficient est 270 ;**

et qui est présent tout ce mois de juillet 2018.

	Base	Taux	Montant
Salaire de base			
Prime d'ancienneté			
Salaire Brut			

Exercice 4 (Niveau 1)

Toujours en juillet 2018 et dans la même entreprise, il y a un autre salarié qui a effectué 10 heures supplémentaires dont 8 à 25 % et 2 à 50 %. Celui-ci est entré le 16 juillet 2008. Son salaire est de 2 100 € pour 151,67 heures, son coefficient est 305 et il a été présent tout le mois sans aucune absence.

Calculez son salaire brut de juillet 2018.

	Base ou nombre	Taux	Montant
Salaire de base			
Prime d'ancienneté			
H.S. à 125 %			
H.S. à 150 %			
Salaire Brut			

Exercice 5 (Niveau 1)

Toujours en juillet 2018 et dans la même entreprise, il y a un autre salarié qui est entré le 3 janvier 2010 en tant qu'intérimaire. L'entreprise l'a embauché en CDI le 1er septembre 2010. Son salaire actuel est de 1 800 € pour 151,67 heures, son coefficient est 215 et il a été présent tout le mois sans aucune absence.

Calculez son salaire brut de juillet 2018.

	Base	Taux	Montant
Salaire de base			
Prime d'ancienneté			
Salaire Brut			

3. Les avantages en nature

Rappel, extrait du livre *La paie, ça s'apprend*

Les avantages en nature

Les avantages en nature constituent un élément de la rémunération qui, au même titre que le salaire proprement dit, doit donner lieu à cotisations.

Conformément à l'article L. 3241-1 du Code du travail, le salaire doit en principe être payé en argent, mais il est admis que le salarié puisse également être rémunéré en nature. Cette rémunération peut couvrir l'intégralité de l'activité du salarié, mais en général elle a le caractère d'accessoire du salaire et constitue un avantage en nature.

L'avantage en nature consiste donc dans la fourniture ou la mise à disposition d'un bien ou service permettant au salarié de faire l'économie de frais qu'il aurait dû normalement supporter.

Les avantages en nature concernent le plus souvent la nourriture, un logement ou un véhicule. Mais ils peuvent aussi être constitués, en vertu d'usages maison, par la fourniture gratuite de produits fabriqués par l'entreprise, ou encore par la vente de produits fabriqués par l'entreprise avec un rabais supérieur à 30 %. Parfois, ils sont constitués de façon ponctuelle en liaison à un événement particulier, tel un cadeau ou un voyage. Leur montant est en général fixé soit par le contrat de travail, soit par la convention collective applicable.

ÉVALUATION

L'arrêté du 10 décembre 2002 prévoit en ses articles 1, 2, 3 et 4 un système de forfaits qui est applicable pour les principaux avantages en nature : nourriture, logement, véhicule et outils issus des nouvelles technologies de l'information et de la communication.
Dans les autres cas, les avantages en nature sont déterminés par rapport à la valeur réelle conformément aux dispositions de l'article 6 dudit arrêté. Leur montant est arrondi à la dizaine de centimes d'euros la plus proche. L'évaluation de l'avantage en nature d'après la valeur réelle est déterminée sur la base de l'économie réalisée par les salariés en bénéficiant.
Désormais, la référence au minimum garanti et la distinction entre rémunération supérieure ou inférieure au plafond sont supprimées.

• L'avantage en nature « Nourriture »

Lorsque l'employeur fournit la nourriture, cet avantage est évalué suivant un forfait par jour et la moitié de ce montant pour un repas. Toutefois, lorsque le salarié est en déplacement professionnel et empêché de regagner sa résidence ou son lieu habituel de travail et qu'il est remboursé intégralement de ses frais professionnels ou que l'employeur paie le repas directement au restaurateur, le forfait avantage en nature n'est pas réintégré dans l'assiette de cotisations.
Tableau de synthèse pour l'avantage en nature « Nourriture » (C. trav., art. D. 3231-9 à D. 3231-14)

Tableau de synthèse pour les avantages en nature « Nourriture »

Avantages en nature Nourriture	Pour le calcul du SMIC	Pour l'assiette des cotisations sociales	
En 2018		Hôtel, Cafés, Restaurant	Cas général
1 repas par jour	1 M.G. (3,57 €)	1 M.G. (3,57 €)	**4,80 €**
à la journée	2 M.G. (7,14 €)	2 M.G. (7,14 €)	**9,60 €**

• Le titre-restaurant

Le titre-restaurant a été institué pour permettre aux salariés des entreprises ne disposant pas sur place d'un local de restauration de consommer un repas au restaurant à des conditions financières avantageuses, leur employeur prenant en charge une partie du prix de ces repas.

La part contributive de l'employeur est exonérée :
• des charges fiscales : taxe sur les salaires, participation à la construction, formation continue ;
• des charges sociales : cotisations de Sécurité sociale, cotisations d'assurance chômage et de retraite complémentaire, CSG et CRDS (C. Séc. soc., art. L. 131-4).

Pour bénéficier de cette exonération, la participation de l'employeur au coût des titres-restaurant doit remplir deux conditions cumulatives :
• la participation patronale doit être comprise entre 50 et 60 % de la valeur libératoire du titre ;
• la valeur du titre ne doit pas dépasser un prix limité, fixé par arrêté.

Au 1er janvier 2018, la limite d'exonération de cette participation est fixée à 5,43 € par titre.
Cette limite d'exonération de 5,43 € porte la valeur du titre-restaurant :
• à 9,05 €, si la participation patronale est de 60 % ;
• à 10,86 €, si la participation patronale est de 50 %.

Si la participation n'excède pas le pourcentage compris entre 50 et 60 % de la valeur du titre, mais dépasse la limite d'exonération (5,43 €), la participation donne lieu à réintégration dans l'assiette des cotisations pour la fraction qui excède la limite d'exonération. Mais lorsque la participation excède 60 % de la valeur du titre-restaurant, c'est la totalité de cette contribution qui doit être réintégrée (Cass. soc., 23 octobre 1997).

• L'avantage en nature « Logement »

Lorsque l'employeur fournit le logement, l'estimation de cet avantage est évaluée forfaitairement ou peut être calculée, sur option de l'employeur, d'après la valeur locative servant à l'établissement de la taxe d'habitation dans les conditions prévues aux articles 1496 et 1516 du Code général des impôts et d'après la valeur réelle pour les avantages accessoires.

La valorisation du forfait avantage logement est présentée sous la forme d'un barème de huit tranches. Les avantages accessoires (eau, gaz, électricité, chauffage ou encore garage) sont intégrés dans le forfait.

Tableau de synthèse pour l'avantage en nature « Logement »

Pour le calcul du SMIC	Pour l'assiette des cotisations sociales en 2018				
Cas général et HCR	Rémunération mensuelle (R)	Le logement comporte une seule pièce principale		Le logement comporte plusieurs pièces principales	
Mois		Mois	Semaine	Mois	Semaine
0,02 x 30 = 0,60	R < 1 655,50 € (R < 0,5 Plafond SS)	69,20 €	17,30 €	37,00 € (par pièce principale)	1/4 de l'avantage mensuel (arrondi à la dizaine d'euros la plus proche)
	1 655,50 € ≤ R < 1 986,60 € (0,5 PSS ≤ R < 0,6 PSS)	80,80 €	20,20 €	51,90 € (par pièce principale)	
	1 986,60 € ≤ R < 2 317,70 € (0,6 PSS ≤ R < 0,7 PSS)	92,20 €	23,10 €	69,20 € (par pièce principale)	
	2 317,70 € ≤ R < 2 979,90 € (0,7 PSS ≤ R < 0,9 PSS)	103,60 €	25,90 €	86,40 € (par pièce principale)	
	2 979,90 € ≤ R < 3 642,10 € (0,9 PSS ≤ R < 1,1 PSS)	126,90 €	31,70 €	109,50 € (par pièce principale)	
	3 642,10 € ≤ R < 4 304,30 € (1,1 PSS ≤ R < 1,3 PSS)	149,90 €	37,50 €	132,40 € (par pièce principale)	
	4 304,30 € ≤ R < 4 966,50 € (1,3 PSS ≤ R < 1,5 PSS)	172,90 €	43,20 €	161,30 € (par pièce principale)	
	4 966,50 € ≤ R (1,5 PSS ≤ R)	195,90 €	49,00 €	184,40 € (par pièce principale)	

- **L'avantage en nature « Véhicule »**

Il faut distinguer deux types de véhicule : **la voiture de service** mise temporairement par l'entreprise à la disposition du salarié comme outil de travail, **qui n'est pas un avantage en nature**, et **la voiture de fonction affectée au salarié, qui peut l'utiliser pour ses besoins personnels**, les fins de semaine, voire pendant les vacances. L'utilisation par le salarié, à la fois pour ses besoins personnels et pour ses fonctions professionnelles, d'un véhicule d'entreprise dont celle-ci assure l'entretien, constitue un avantage en nature qui s'apprécie en fonction de la valeur réelle qu'il représente pour son bénéficiaire.

L'arrêté du 10 décembre 2002 a fixé de nouvelles règles d'évaluation de l'avantage en nature que constitue la mise à disposition permanente d'un véhicule pour un usage privé ou en partie privé pour le salarié. L'administration considère qu'il y a mise à disposition permanente lorsque le salarié n'est pas tenu de restituer le véhicule en dehors de ses périodes de travail, notamment en fin de semaine (samedi et dimanche) ou pendant ses périodes de congé.

L'employeur a le choix entre une évaluation sur la base des dépenses réelles, évaluation dont les modalités sont précisées, et une évaluation sur la base d'un forfait annuel. Par ailleurs, l'évaluation des dépenses engagées par l'employeur diffère selon que celui-ci est propriétaire ou locataire du véhicule. L'évaluation s'entend toutes taxes comprises. Il n'est désormais plus possible de se référer au barème kilométrique établi par l'administration fiscale.

L'option entre l'évaluation réelle et l'évaluation forfaitaire est laissée à la seule diligence de l'employeur. Celui-ci a la faculté de réviser en fin d'exercice l'option prise en fonction de son choix, pour l'année entière écoulée. Ainsi, l'entreprise qui, au cours de l'année écoulée, a utilisé l'évaluation forfaitaire peut en fin d'année revoir cette option en fonction de la valeur réelle, salarié par salarié ; l'inverse est également possible. L'entreprise prend alors sa décision en fin d'année, lors de l'établissement de la déclaration annuelle des données sociales (N4DS ou DSN rectificative).

Tableau de synthèse pour les avantages en nature « Véhicule »

<table>
<tr><th></th><th colspan="3">Evaluation des dépenses sur une base forfaitaire</th><th>Evaluation des dépenses réellement engagées</th></tr>
<tr><td rowspan="4">Si le véhicule a été acheté par l'employeur</td><td colspan="3">Le forfait est un pourcentage du coût d'achat du véhicule.
Ce pourcentage varie selon différentes situations.</td><td rowspan="4">L'évaluation des dépenses réelles comprend :
- l'amortissement de l'achat du véhicule sur 5 ans (soit 20% par an par rapport au coût d'achat) ;
si le véhicule a plus de 5 ans, l'amortissement de l'achat du véhicule est de 10%
- l'assurance ;
- les frais d'entretien (révision, changements de pneus, vidanges, lavages...) ;
- le cas échéant, les frais de carburant
l'ensemble au prorata de l'usage privé</td></tr>
<tr><td></td><td>Carburant NON payé par l'employeur</td><td>Carburant payé par l'employeur</td></tr>
<tr><td>Véhicule < 5 ans</td><td>9% du coût d'achat</td><td>9% du coût d'achat + dépenses réelles de carburant utilisé pour l'usage privé
OU
12% du coût d'achat</td></tr>
<tr><td>Véhicule > 5 ans</td><td>6% du coût d'achat</td><td>6% du coût d'achat + dépenses réelles de carburant utilisé pour l'usage privé
OU
9% du coût d'achat</td></tr>
<tr><td rowspan="3">Si le véhicule est loué par l'employeur ou loué avec option d'achat</td><td colspan="3">Le forfait est un pourcentage du coût global annuel.</td><td rowspan="3">L'évaluation des dépenses réelles comprend :
- le coût annuel de la location ;
- l'assurance ;
- les frais d'entretien (révision, changements de pneus, vidanges, lavages...) ;
- le cas échéant, les frais de carburant
l'ensemble au prorata de l'usage privé</td></tr>
<tr><td>Carburant NON payé par l'employeur</td><td colspan="2">Carburant payé par l'employeur</td></tr>
<tr><td>30% du coût global (comprenant la location, l'assurance et l'entretien du véhicule)</td><td colspan="2">30% du coût global (comprenant la location, l'assurance et l'entretien du véhicule) + dépenses réelles de carburant utilisé pour l'usage privé
OU
40% du coût global (comprenant la location, l'assurance, l'entretien du véhicule ET le carburant utilisé à titre privé et professionnel)</td></tr>
</table>

• **Les avantages issus des nouvelles technologies de l'information et de la communication**
Il s'agit de la téléphonie mobile, du micro-ordinateur, portable ou non, de progiciels, de modem d'accès à un télécopieur, à l'ordinateur de l'entreprise, à Internet, etc.

L'avantage résultant de l'usage privé est évalué sur option de l'employeur, sur la base de **dépenses réellement engagées** ou sur la base d'**un forfait en pourcentage** du coût d'achat de ces outils ou, le cas échéant, de l'abonnement, toutes taxes comprises.

Lorsque l'employeur opte pour les dépenses réellement engagées, la présentation des justificatifs de facture justifiant le temps passé pour l'utilisation privée suffit (numéro de téléphone, accès Internet, etc.).

Lorsque l'employeur ne peut apporter la preuve des dépenses réellement engagées, l'avantage résultant de l'usage privé doit être effectué d'après les forfaits suivants :
• lorsque l'employeur achète ces outils pour les mettre à la disposition permanente du salarié, l'avantage en nature déterminé par l'usage privé de ces outils est calculé annuellement sur la base forfaitaire de 10 % de son coût d'achat public, toutes taxes comprises ;

• lorsque, dans le cadre de l'activité professionnelle du salarié, l'employeur met à la disposition permanente de ce dernier des outils issus des NTIC dont l'usage est en partie privé, et que l'évaluation de l'avantage est effectuée sur la base du forfait, la valeur de l'avantage en nature est déterminée en prenant en compte le rabais dont aurait bénéficié le salarié si l'entreprise lui avait vendu un de ces outils. Le montant de l'avantage en nature est alors calculé en déduisant le niveau du rabais consenti à ses salariés lorsqu'elle leur vend ces outils, dans la limite de 30 % du prix public TTC pratiqué par l'employeur, pour le même produit ou le même service, à un consommateur non salarié de l'entreprise ;
• en cas de mise à disposition en cours d'année, l'évaluation devra être proratisée en fonction du nombre de mois de mise à disposition. Dans le cas de mois incomplets, c'est le mois intégral qui est pris en compte.

• Autres avantages en nature

Les **fournitures de produits et services** réalisés par l'entreprise à des conditions préférentielles ne constituent pas des avantages en nature dès lors que leurs réductions tarifaires n'excèdent pas 30 % du prix de vente public normal, toutes taxes comprises. Lorsque la fourniture est gratuite ou lorsque la remise dépasse 30 % du prix de vente normal, il convient de réintégrer la totalité de l'avantage en nature dans l'assiette.

S'agissant des vêtements, lorsque les dépenses d'habillement des salariés se traduisent par un remboursement, elles sont considérées comme des avantages en espèces qui doivent donc être réintégrés dans l'assiette de cotisations. Cependant, la fourniture gratuite aux salariés de vêtements qui répondent aux critères obligatoires de protection individuelle ainsi que leurs frais d'entretien relèvent des frais d'entreprise. Ces vêtements doivent demeurer la propriété de l'employeur.

• Les avantages en nature sur le bulletin de paie

Les **avantages en nature doivent figurer sur le bulletin de salaire.** Le Code de la Sécurité sociale précise que les avantages en nature s'ajoutent à la rémunération en espèces des salariés et doivent être soumis à cotisations. Non seulement, ils sont sur le bulletin de paie, mais ils y figurent **deux fois** :
• une première fois dans le haut du bulletin pour entrer dans la base soumise à cotisations (donc en plus) ;
• une deuxième fois, après le calcul des cotisations salariales (et patronales), pour les déduire (donc en moins). En effet, si l'employeur donne déjà un avantage en nature quelconque, il ne faut pas rajouter à la rémunération du salarié sa valeur en euros !

Les frais professionnels

Dans de nombreuses professions, le salarié bénéficie de **sommes allouées à titre de remboursement de frais professionnels**. Ces sommes compensent les **frais inhérents au travail** lui-même ou aux conditions dans lesquelles il s'effectue (dépenses engagées par le salarié pour le compte de l'entreprise et qui lui sont remboursées par celle-ci au titre de ses charges normales d'exploitation). Elles n'ont pas le caractère de salaire dès lors qu'il s'agit réellement du remboursement de frais dont le salarié a fait l'avance ; le remboursement ne sera donc pris en compte ni pour l'application du Smic, ni dans le salaire de base, ni dans l'assiette des cotisations. En revanche, lorsque les remboursements sont effectués forfaitairement et qu'ils ne correspondent pas à des dépenses réellement faites par le salarié, ils constituent un complément de rémunération (Cass. soc., 15 octobre 1987, n° 85-41.535).

• Remboursement de repas

L'employeur a deux possibilités pour prendre en charge les frais de repas de ses salariés en déplacement :
• remboursement des frais réels sur justificatifs. Ils sont exclus de l'assiette des cotisations dans la mesure où ils ne constituent pas un avantage en nature déguisé ;
• participation forfaitaire de l'employeur. Dans ce cas, l'exclusion de l'assiette de cotisations sociales et fiscales se fait à condition de ne pas dépasser les limites d'exonération sociales et fiscales.

Lorsque le salarié est en **déplacement professionnel** et empêché de regagner sa résidence, il peut percevoir une indemnité de repas non soumise à cotisations dans la **limite de 18,60 € (montant 2018)** par repas.

Lorsque le salarié est contraint de prendre une restauration sur le lieu de travail en raison de conditions particulières d'organisation de travail, l'employeur est autorisé à compenser les dépenses supplémentaires de restauration dans une **limite de 6,50 € (montant 2018)** exonérés de cotisations. C'est le cas des **primes de panier**.

Lorsque le salarié est en déplacement hors des locaux de l'entreprise et lorsque les conditions de travail lui interdisent de regagner sa résidence ou son lieu de travail pour le repas, l'employeur peut compenser les dépenses supplémentaires de repas dans la **limite de 9,10 € (montant 2018)** exonérés de cotisations. C'est le cas des **primes de casse-croûte**, ou des **primes de panier déplacement**.

• Grand déplacement

Un salarié empêché de regagner chaque jour sa résidence du fait de ses conditions de travail peut percevoir des allocations forfaitaires destinées à compenser ses dépenses supplémentaires de logement et de nourriture. On considérera que le salarié est empêché de regagner sa résidence lorsqu'il n'a pas la possibilité de regagner chaque jour son domicile et que, d'une part, la distance domicile-travail est au moins égale à 50 km, et d'autre part, les transports en commun ne lui permettent pas de regagner son domicile en moins de 1 h 30.
Ces allocations sont réputées être utilisées conformément à leur objet si :
• elles ne dépassent pas les limites fixées par arrêté ;
• l'employeur justifie que le salarié ne peut regagner chaque jour sa résidence et que, de ce fait, il engage des frais de double résidence.

Concernant les dépenses destinées à compenser les dépenses supplémentaires de logement et de petit déjeuner, l'employeur est autorisé à déduire ces **indemnités dans la limite de 66,50 € (montant 2018) par jour pour le salarié en déplacement à Paris**, dans les Hauts-de-Seine, la Seine-Saint-Denis et le Val-de-Marne, et de **49,40 € (montant 2018) par jour dans les autres départements** métropolitains.

Précision capitale : Tant que nous n'aurons pas étudié les cotisations en détail, nous nous concentrerons sur la partie du bulletin de paie expliquée précédemment. Afin d'avoir un net à payer, nous utiliserons un bulletin de paie « ultra-simplifié » avec un taux de cotisations salariales de 20 % (taux inférieur au réel, mais qui a le mérite de ne pas trop compliquer les calculs).

Exercice 6 (Niveau 1)

Ce salarié, ouvrier spécialisé, travaille dans une petite entreprise familiale pour un salaire de base de 1 800 € brut pour 151,67 heures par mois. Chaque jour, à midi, la femme du patron prépare un repas que tous les salariés partagent. Ce mois d'octobre 2018, il est présent tous les jours du mois.

Calculez sa paie pour le mois d'octobre 2018 (23 jours ouvrés).

Libellés	Calculs intermédiaires	Sommes en -	Sommes en +
Salaire de base			
Av. en Nature "Nourriture"			
Total du Brut			
Montant des cotisations (20%)			
Net fiscal			
Reprise Av. Nat. "Nourriture"			
Net à payer			

Exercice 7 (Niveau 1)

Ce salarié bûcheron travaille dans une petite scierie familiale perdue en pleine forêt pour un salaire de base de 1 800 € brut pour 151,67 heures par mois. Chaque lundi matin, il rejoint la scierie. Il retourne à la ville tous les vendredis à 16 heures, le travail de la semaine terminé. La femme du patron prépare un repas midi et soir. Durant la semaine, il est logé dans un petit F2. Ce mois d'octobre 2018 qui comporte 4 week-ends, il est présent tous les jours du mois.

Calculez sa paie pour le mois d'octobre 2018 (23 jours ouvrés).

Libellés	Calculs intermédiaires	Sommes en -	Sommes en +
Salaire de base			
Av. en Nature "Nourriture"			
Av. en Nature "Logement"			
Total du Brut			
Montant des cotisations (20%)			
Net fiscal			
Reprise Av. Nat. "Nourriture"			
Reprise Av. Nat. "Logement"			
Net à payer			

Exercice 8 (Niveau 1)

Ce salarié de la région de la Loire travaille à temps plein en équipe 2 × 8 (l'équipe du matin faisant 5 heures-midi, l'équipe de l'après-midi ayant un horaire de midi à 19 heures), dans une grande entreprise d'installation de panneaux solaires pour un salaire de base de 2 000 € brut pour 151,67 heures par mois.
Il fait partie de l'équipe du matin. Sa convention collective octroie un panier de 10 € par jour travaillé au personnel en équipe, qu'il soit ou non en déplacement.
Ce mois de septembre 2018, pendant une semaine, il effectue des allers-retours quotidiens avec la voiture société (carte essence et télépéage de l'entreprise) entre Loire et Rhône, déjeunant sur place.

Calculez sa paie pour le mois de septembre 2018 (20 jours ouvrés).

Libellés	Calculs intermédiaires	Sommes en -	Sommes en +
Salaire de base			
Paniers Soumis (Jour & Nuit)			
Paniers Soumis (Déplacement)			
Total du Brut			
Montant des cotisations (20%)			
Net fiscal			
Paniers Non Soumis (J & N)			
Paniers Non Soumis (Dépl,)			
Net à payer			

Exercice 9 (Niveau 2)

Ce salarié provincial travaille à temps plein dans une grande entreprise pour un salaire de base de 3 000 € brut pour 151,67 heures par mois. L'entreprise lui donne des titres-restaurant (valeur faciale : 9,05 €, participation patronale : 5,43 €) pour tous les jours travaillés au sein de son entreprise. Il est logé dans un grand F4. Ce mois de février 2018, il a suivi trois jours de formation à Paris les lundi 19, mardi 20 et mercredi 21. Ses billets de train (172 €) ainsi que ses tickets de métro (1,90 € × 6 = 11,40 €) après sa remise des justificatifs correspondants, lui sont remboursés sur son bulletin de paie. En revanche, pour ses 2 nuits d'hôtel, l'entreprise lui rembourse un forfait de 80 € par nuitée et pour ses repas au restaurant (3 à midi et 2 le soir) un forfait de 25 € par repas.

Calculez sa paie pour le mois de février 2018 (20 jours ouvrés).

Libellés	Calculs intermédiaires	Sommes en -	Sommes en +
Salaire de base			
Remboursement Repas			
Remboursement Hôtel			
Av. en Nature "Logement"			
Total du Brut			
Montant des cotisations (20%)			
Net fiscal			
Remboursement Repas			
Remboursement Hôtel			
Remboursement Frais de Dépl.			
Reprise Av. Nat. "Logement"			
Retenue Titres Restaurant			
Net à payer			

Exercice 10 (Niveau 2)

Ce salarié cadre travaille à temps plein dans une grande entreprise pour un salaire de base de 4 000 € brut pour 151,67 heures par mois.
L'entreprise lui a mis à disposition le 2 janvier 2018, et pour une durée indéterminée, une voiture (Renault Mégane DCI 110 Energy Air Nav, 5 portes) achetée 24 360 € (prix de la voiture neuve au 1er janvier 2018).
L'entreprise a pris également en charge l'assurance (1 650 €), tous les entretiens (1 200 €) et le carburant (2 000 €).
Au 31 décembre 2018, le salarié a parcouru 40 000 km dont 15 000 à titre privé.

Calculez le montant de l'avantage en nature « véhicule » selon les deux possibilités (au forfait et au réel) et quel sera le montant à passer dans la rubrique « Avantage en nature "véhicule" » en décembre 2018.

Exercice 11 (Niveau 3)

Ce salarié parisien travaille à temps plein dans une grande entreprise pour un salaire de base de 3 420 € brut pour 151,67 heures par mois. L'entreprise lui donne des titres-restaurant (valeur faciale : 10,86 €, participation patronale : 6,43 €) pour tous les jours travaillés au sein de son entreprise. Il est logé dans un grand F3.

Son entreprise lui fournit un téléphone portable (un S7 dont le prix public est de 299,90 € assorti d'un forfait 24/24 5 Go pour 33,99 € par mois) et un ordinateur portable (d'une valeur de 899,90 €). La durée d'amortissement du téléphone est de un an. Si l'entreprise lui vendait cet ordinateur, le salarié bénéficierait d'un rabais de 30 %.

Ce mois de juin 2018, il est allé par trois fois rencontrer ses clients en province, nécessitant à chaque fois une nuit d'hôtel, et un repas à midi et un autre le soir. Pour se déplacer, il a utilisé un des véhicules de service appartenant à l'entreprise.

Pour ses nuits d'hôtel, l'entreprise lui rembourse un forfait de 100 € par nuitée et, pour ses repas au restaurant, un forfait de 20 € par repas.

Calculez sa paie pour le mois de juin 2018 (21 jours ouvrés).

Libellés	Calculs intermédiaires	Sommes en -	Sommes en +
Salaire de base			
Remboursement Repas			
Remboursement Déplacement			
Av. en Nature "Téléphone"			
Av. en Nature "Ordinateur"			
Av. en Nature "Titres Resto"			
Av. en Nature "Logement"			
Total du Brut			
Montant des cotisations (20%)			
Net fiscal			
Remboursement Repas			
Remboursement Déplacement			
Reprise Av. Nat. "Téléphone"			
Reprise Av. Nat. "Ordinateur"			
Reprise Av. Nat. "Titres Resto"			
Reprise Av. Nat. "Logement"			
Retenue Titres Restaurant			
Net à payer			

Exercice 12 (Niveau 3)

Imaginons que le salarié de l'exercice précédent (exercice 11) ne soit plus parisien, mais provincial et qu'il « monte » à Paris pour rencontrer ses clients. Imaginons aussi que son entreprise lui donne des titres-restaurant (valeur faciale : 10,86 €, participation patronale : 8,00 €) pour tous les jours travaillés au sein de son entreprise.
Tout le reste de l'exercice 11 est identique.

Calculez sa paie pour le mois de juin 2018 (21 jours ouvrés).

Libellés	Calculs intermédiaires	Sommes en -	Sommes en +
Salaire de base			
Remboursement Repas			
Remboursement Déplacement			
Av. en Nature "Téléphone"			
Av. en Nature "Ordinateur"			
Av. en Nature "Titres Resto"			
Av. en Nature "Logement"			
Total du Brut			
Montant des cotisations (20%)			
Net fiscal			
Remboursement Repas			
Remboursement Déplacement			
Reprise Av. Nat. "Téléphone"			
Reprise Av. Nat. "Ordinateur"			
Reprise Av. Nat. "Titres Resto"			
Reprise Av. Nat. "Logement"			
Retenue Titres Restaurant			
Net à payer			

4. Les heures supplémentaires

Rappel, extrait du livre *La paie, ça s'apprend*

Définition des heures supplémentaires

Constituent des heures supplémentaires les **heures effectuées par le salarié à la demande de l'entreprise au-delà de la durée légale hebdomadaire du travail** (C. trav., art. L. 3121-11 et s.), à l'exception des heures d'équivalence (C. trav., art. L. 3121-9) et des heures de récupération (C. trav., art. L. 3121-25).

Elles se décomptent toujours dans le cadre de la semaine civile, sauf dans le cas d'horaires cycliques, modulés ou individualisés. Le cadre commun d'appréciation des heures supplémentaires est la semaine civile, qui débute le lundi à 0 heure et se termine le dimanche à 24 heures.

La durée légale est de 35 heures de travail effectif par semaine. Le temps de travail effectif est défini de la façon suivante (C. trav., art. L. 3121-1) : « La durée du travail effectif est le temps pendant lequel le salarié est à la disposition de l'employeur et doit se conformer à ses directives sans pouvoir vaquer librement à des occupations personnelles. »

Exercice 13 (Niveau 1)

Un salarié a effectué les heures suivantes au cours d'une semaine dans l'année 2018. C'est un ouvrier à temps complet mensualisé (151,67 heures) effectuant normalement 7 heures par jour et travaillant dans une entreprise qui paie les heures supplémentaires une première fois au taux horaire normal du salarié et qui applique les majorations à 25 % et 50 % sur 2 lignes différentes.

Jour	*Heures Théoriques*	*Heures Travaillées*
Lundi	7,00	7,00
Mardi	7,00	8,00
Mercredi	7,00	10,00
Jeudi	7,00	10,00
Vendredi	7,00	7,00
Samedi		4,00
Dimanche		
Total	35,00	

➲ Vous devez trouver :

❶ Nb d'H.S. au taux normal	
❷ Nb d'H.S. majorées à 25%	
❸ Nb d'H.S. majorées à 50%	

Exercice 14 (Niveau 1)

Un salarié a effectué les heures suivantes au cours d'une semaine dans l'année 2018. C'est un ouvrier à temps complet mensualisé (151,67 heures) effectuant normalement 7 heures par jour et travaillant dans une entreprise qui paie les heures supplémentaires une première fois au taux horaire normal du salarié et qui applique les majorations à 25 % et 50 % sur 2 lignes différentes. Ce jeudi-là, il s'est rendu aux obsèques de sa belle-mère.

Quel est l'impact de cette journée « Événement familial » sur ses heures supplémentaires ?

Jour	*Heures Théoriques*	*Heures Travaillées*	*Raison*
Lundi	7,00	9,00	
Mardi	7,00	8,00	
Mercredi	7,00	9,00	
Jeudi	7,00	0,00	Evenement Fam.
Vendredi	7,00	9,00	
Samedi			
Dimanche			
Total	35,00		

➲ Vous devez trouver :

❶ Nb d'H.S. au taux normal	
❷ Nb d'H.S. majorées à 25%	
❸ Nb d'H.S. majorées à 50%	

Exercice 15 (Niveau 2)

Un salarié a effectué les heures suivantes au cours d'une semaine dans l'année 2018. C'est un ouvrier à temps complet mensualisé (151,67 heures) effectuant normalement 7 heures par jour et travaillant dans une entreprise qui paie les heures supplémentaires une première fois au taux horaire normal du salarié, et qui applique les majorations à 25 % et 50 % sur 2 lignes différentes. Le lundi et le mardi, il était malade. Dès qu'il s'est senti mieux, il a presque rattrapé le retard qui s'était accumulé lors de son absence de l'entreprise.

Quel est l'impact de ces 2 jours de « Maladie » sur ses heures supplémentaires ?

Jour	*Heures Théoriques*	*Heures Travaillées*	*Raison*
Lundi	7,00	0,00	Maladie
Mardi	7,00	0,00	Maladie
Mercredi	7,00	8,00	
Jeudi	7,00	10,00	
Vendredi	7,00	10,00	
Samedi		4,00	
Dimanche			
Total	35,00		

➲ Vous devez trouver :

❶ Nb d'H.S. au taux normal	
❷ Nb d'H.S. majorées à 25%	
❸ Nb d'H.S. majorées à 50%	

Exercice 16 (Niveau 2)

Un salarié a effectué les heures suivantes au cours d'une semaine dans l'année 2018. C'est un ouvrier à temps complet mensualisé (151,67 heures) effectuant normalement 7 heures par jour et travaillant dans une entreprise qui paie les heures supplémentaires une première fois au taux horaire normal du salarié et qui applique les majorations à 25 % et 50 % sur 2 lignes différentes. C'était la semaine du jeudi de l'Ascension.

Quel est l'impact de ce « Jour férié » sur ses heures supplémentaires ?

Jour	***Heures Théoriques***	***Heures Travaillées***	***Raison***
Lundi	7,00	10,00	
Mardi	7,00	10,00	
Mercredi	7,00	9,00	
Jeudi	7,00	0,00	Jour Férié
Vendredi	7,00	8,00	
Samedi			
Dimanche			
Total	35,00		

➲ Vous devez trouver :

❶ Nb d'H.S. au taux normal

❷ Nb d'H.S. majorées à 25%

❸ Nb d'H.S. majorées à 50%

5. Les horaires individualisés

Rappel, extrait du livre *La paie, ça s'apprend*

L'horaire de travail est, en principe, collectif (C. trav., art. L. 3121-10). L'entreprise peut déroger à la règle générale de l'horaire collectif **en mettant en place des horaires individualisés**, appelés généralement « horaires à la carte », « horaires flexibles », « horaires libres » ou encore « horaires variables » (C. trav., art. L. 3122-23). Pour instituer des horaires individualisés, il faut que le personnel en ait fait la demande, que le CE ou à défaut les DP ne s'y soient pas opposés et que l'inspecteur du travail ait été préalablement informé (C. trav., art. L. 3122-24 et R. 3122-3).

L'entreprise qui pratique un système d'horaire variable met en place un **temps de présence obligatoire** dans le cadre de « plages fixes » et de « plages mobiles », durant lesquelles les salariés choisissent leurs horaires. Les horaires individualisés peuvent entraîner, dans la limite d'un nombre fixé par décret (C. trav., art. R. 3122-2), des reports d'heures d'une semaine à une autre, sans que ces heures ainsi reportées aient d'effet sur le nombre et le paiement des heures supplémentaires, pourvu qu'elles résultent d'un libre choix du salarié concerné. Le report ainsi prévu ne peut excéder 3 heures d'une semaine à une autre et le cumul des heures ainsi reportées ne peut être supérieur à 10 heures.

Pour établir la paie en fonction de la durée du travail, il est souvent indispensable de calculer la durée de travail non pas en minutes mais en centièmes car c'est le seul mode de calcul reconnu par les logiciels.

Pour convertir des minutes en centièmes d'heure, il faut diviser les minutes par 0,6.
Exemple : 45 minutes / 0,6 = 75 centièmes d'heure.

Pour convertir des centièmes d'heure en minutes, il faut multiplier les centièmes d'heure par 0,6.
Exemple : 80 centièmes d'heure × 0,6 = 48 minutes (les 7,80 heures du temps des 39 heures font 7 heures et 48 minutes).

Exercice 17 (Niveau 2)

Sachant que dans l'entreprise où travaille ce salarié :
• l'horaire mobile a été institué avec 2 plages mobiles :
– le matin de 7 heures à 9 heures,
– l'après-midi de 16 h 30 à 18 h 30 ;
• le déjeuner est fixe de 12 heures à 14 heures ;
• la durée hebdomadaire est de 35 heures sur 5 jours ;
• ce salarié a un crédit de 7 heures au titre du mois précédent.

Calculez le nombre d'heures travaillées par ce salarié et le report d'heures sur le mois suivant à partir de sa feuille de présence.

Jour	Arrivée	(Déjeuner)		Départ
1	8h30	(12h00)	(14h00)	17h00
2	8h30	(12h00)	(14h00)	16h30
3	8h45	(12h00)	(14h00)	18h00
4	8h15	(12h00)	(14h00)	17h45
5	9h00	(12h00)	(14h00)	17h30
6	8h45	(12h00)	(14h00)	17h15
7	8h15	(12h00)	(14h00)	17h00
8	7h45	(12h00)	(14h00)	17h30
9	absence	pour	cause	de C.P.
10	absence	pour	cause	de C.P.
11	absence	pour	cause	de C.P.
12	absence	pour	cause	de C.P.
13	7h45	(12h00)	(14h00)	17h00
14	8h45	(12h00)	(14h00)	17h15
15	7h45	(12h00)	(14h00)	17h30
16	9h00	(12h00)	(14h00)	17h30
17	8h00	(12h00)	(14h00)	18h00
18	8h00	(12h00)	(14h00)	18h30
19	8h45	(12h00)	(14h00)	17h45
20	8h00	(12h00)	(14h00)	17h00
21	8h00	(12h00)	(14h00)	16h30
22	8h00	(12h00)	(14h00)	17h15
23	absence	pour	cause	de C.P.

Exercice 18 (Niveau 2)

Dans cette entreprise, la durée hebdomadaire est de 35 heures sur 5 jours (7 heures théoriques par jour). Il y a 3 plages mobiles :

- matin : 8 h 00-9 h 00
- midi : 12 h 00-14 h 00 (temps de repas mini : une heure)
- soir : 17 h 00-18 h 00.

Sachant que :

- dans le mois considéré, il y a 20 jours ouvrés ;
- tout retard entraîne l'arrondi à l'heure suivante, tout départ anticipé entraîne l'arrondi à l'heure précédente ;
- l'arrivée du salarié avant 8 h 00 est ramenée à 8 h 00 et le départ après 18 h 00 est ramené à 18 h 00 ;
- ce salarié a un crédit de 3 heures au titre du mois précédent ;
- dès qu'un crédit de 7 heures est ouvert, le salarié a droit de prendre une journée de récupération (sous réserve d'acceptation de son supérieur hiérarchique).

Quel sera son nouveau report pour le mois suivant ?

Jour	Arrivée	Déjeuner		Départ	*Calculs*	
1	9h00	12h30	13h40	17h40		
2	7h50	12h20	13h10	17h30		
3	8h15	12h10	13h50	17h25		
4	8h30	13h15	14h00	18h15		
5	9h15	12h15	13h00	17h30		
6	7h45	12h15	13h30	17h45		
7	absence	pour	cause	de récup.		
8	8h15	12h45	13h35	17h30		
9	7h55	12h15	13h45	17h00		
10	8h15	12h00	13h15	17h30		
11	8h15	12h15	13h00	17h30		
12	8h55	12h10	13h20	17h20		
13	8h00	12h10	13h50	17h40		
14	7h45	12h15	13h05	17h15		
15	9h00	12h00	13h45	18h15		
16	8h30	12h30	13h45	17h00		
17	8h15	12h00	13h15	17h15		
18	absence	pour	cause	de récup.		
19	7h50	12h20	13h20	16h05		
20	8h20	12h10	13h30	17h55		

6. Les huit méthodes de décompte des absences

Rappel, extrait du livre *La paie, ça s'apprend*

En principe, le salaire n'est pas dû lorsque le travail n'est pas fourni. Néanmoins, **certaines périodes d'invalidité sont rémunérées**, en application :
• soit de la loi : accidents du travail, congés payés, dispenses de préavis, maladie, congés pour événements familiaux, etc. ;
• soit des conventions collectives, qui peuvent prévoir des indemnisations non prévues par la loi ou une indemnisation plus importante que celle prévue par la loi.
Quelle que soit l'origine du paiement, le calcul de l'absence se fera forcément avec l'une des huit méthodes suivantes.

1. Méthode des jours calendaires réels

Cette méthode consiste à diviser le salaire mensuel par autant de jours calendaires que compte le mois en cours, et à retenir autant de jours qu'il y a de jours calendaires d'absence. Les jours calendaires sont tous les jours du calendrier, soit : lundi, mardi, mercredi, jeudi, vendredi, samedi et dimanche (donc **7 jours calendaires par semaine**). Cette méthode est préconisée pour les absences maladie, maternité, paternité, accidents, puisque le médecin établit son arrêt de travail en jours calendaires réels, la Sécurité sociale indemnise l'absence en jours calendaires réels, la convention collective demande à l'employeur de maintenir le salaire un certain nombre de jours calendaires réels et la prévoyance prendra également le relais en complétant les IJSS en jours calendaires réels.

$$\text{Montant de l'absence} = \frac{\text{salaire} \times \text{nombre de jours } \textbf{calendaires} \text{ d'absence}}{\text{nombre de jours } \textbf{calendaires réels} \text{ du mois en cours}}$$

Le « nombre de jours calendaires réels du mois en cours » peut donc être 28 (février normal), 29 (février bissextile), 30 (avril, juin, septembre, novembre) ou 31 (tous les autres mois).

2. Méthode des jours calendaires moyens (méthode dite « du trentième »)

Cette méthode consiste à **diviser le salaire mensuel par 30 quel que soit le mois en cours** et à retenir autant de trentièmes qu'il y a de jours calendaires d'absence. Nous appliquions cette méthode quand le calcul des IJSS était le salaire des trois derniers mois divisé par 90 (30 × 3 mois). Depuis que la règle a remplacé 90 par 91,25, il convient d'appliquer la règle au réel (91,25 × 4 trimestres = 365 jours calendaires réels de l'année non bissextile).

$$\text{Montant de l'absence} = \frac{\text{salaire} \times \text{nombre de jours } \textbf{calendaires} \text{ d'absence}}{30}$$

3. Méthode des jours ouvrables réels

Cette méthode consiste à diviser le salaire mensuel par autant de jours ouvrables que compte le mois en cours et à retenir autant de jours qu'il y a de jours ouvrables d'absence. Les jours ouvrables sont tous les jours du calendrier sauf le dimanche, jour au cours duquel l'entreprise n'est pas censée être « ouverte », soit : lundi, mardi, mercredi, jeudi, vendredi et samedi (donc **6 jours ouvrables par semaine**).

$$\text{Montant de l'absence} = \frac{\text{salaire} \times \text{nombre de jours } \textbf{ouvrables} \text{ d'absence}}{\text{nombre de jours } \textbf{ouvrables réels} \text{ du mois en cours}}$$

Le « nombre de jours ouvrables réels du mois en cours » peut donc être : 24, 25, 26 ou 27 (selon les mois).

4. Méthode des jours ouvrables moyens (méthode dite « du vingt-sixième »)

Cette méthode consiste à **diviser le salaire mensuel par 26 quel que soit le mois en cours** et à retenir autant de vingt-sixièmes qu'il y a de jours ouvrables d'absence. Elle est préconisée pour les **absences de congés décomptées en jours ouvrables :**
26 = 52 semaines × 6 jours ouvrables/12 mois (exemple : les congés payés en jours ouvrables).

$$\text{Montant de l'absence} = \frac{\text{salaire} \times \text{nombre de jours } \textbf{ouvrables} \text{ d'absence}}{\textbf{26}}$$

5. Méthode des jours ouvrés réels

Cette méthode consiste à diviser le salaire mensuel par autant de jours ouvrés que compte le mois en cours et à retenir autant de jours qu'il y a de jours ouvrés d'absence. Les jours ouvrés sont tous les jours du calendrier sauf le dimanche et le samedi, jours au cours desquels le salarié n'est pas censé aller travailler, soit : lundi, mardi, mercredi, jeudi, vendredi (donc **5 jours ouvrés par semaine**).

$$\text{Montant de l'absence} = \frac{\text{salaire} \times \text{nombre de jours } \textbf{ouvrés} \text{ d'absence}}{\text{nombre de jours } \textbf{ouvrés réels} \text{ du mois en cours}}$$

Le « nombre de jours ouvrés réels du mois en cours » peut donc être 20, 21, 22 ou 23 (selon les mois).

6. Méthode des jours ouvrés moyens (méthode dite « du vingt et un soixante-septième »)

Cette méthode consiste à diviser le salaire mensuel par 21,67 quel que soit le mois et à retenir autant de vingt et un soixante-septième qu'il y a de jours ouvrés d'absence :
21,67 = 52 semaines × 5 jours ouvrés/12 mois.
Attention, certaines entreprises ont « arrondi » 21,67 à 21,75, voire à 22. Bien évidemment, le calcul obtenu se révèle moins juste ! Cette méthode est préconisée pour les **absences de congés décomptées en jours ouvrés** (exemples : RTT, jours fériés, congés payés en jours ouvrés).

$$\text{Montant de l'absence} = \frac{\text{salaire} \times \text{nombre de jours } \textbf{ouvrés} \text{ d'absence}}{\textbf{21,67}}$$

7. Méthode des heures moyennes (151,67 heures)

Cette méthode consiste à **diviser le salaire mensuel par le nombre moyen d'heures mensuelles de travail quel que soit le mois** et à retenir les heures réelles d'absence :
151,67 = 52 semaines × 35 heures/12 mois.

Elle fut longtemps préconisée par la Cour de cassation pour les absences non rémunérées. Aujourd'hui, le fait de diviser le salaire (plus la prime d'ancienneté éventuelle) par 151,67 est essentiellement utilisé pour les absences en heures payées (délégation, visite médicale obligatoire, DIF ou CPF, bilan de compétence, etc.) ou pour calculer le taux horaire moyen (heures supplémentaires, heures de nuit, etc.).

$$\text{Montant de l'absence} = \frac{\text{salaire} \times \text{nombre d'}\textbf{heures réelles}\text{ d'absence}}{\textbf{151,67}}$$

Le salaire mensuel (base 35 heures) étant obtenu par la formule : salaire horaire × 151,67, chaque heure est considérée valoir 1/151,67 de ce salaire mensuel.
Cependant, un mois peut comporter plus ou moins de 151,67 heures de travail : ainsi, février (20 jours ouvrés) comporte 140 heures, et mars (23 jours ouvrés) comporte 161 heures.
Exemple : Un salarié a été absent 151,67 heures en mars et il a travaillé 9,33 heures. Si on lui enlève 1/151,67 de son salaire par heure d'absence, il ne sera rien payé bien qu'ayant travaillé 9,33 heures. À l'inverse, s'il a été absent 140 heures en février, c'est-à-dire s'il n'a pas travaillé de tout le mois, il sera payé 11,33 heures si on lui applique la même règle !
C'est pour éviter ces résultats aberrants qu'il était recommandé avant 1982 de ne faire jouer cette règle que sur la partie la plus courte (absence ou présence) du mois.

8. Méthode des heures réelles

Cette méthode consiste à **diviser le salaire mensuel par autant d'heures réelles théoriquement travaillées que compte le mois en cours** et à retenir autant d'heures qu'il y a d'heures d'absence.

$$\text{Montant de l'absence} = \frac{\text{salaire} \times \text{nombre d'}\textbf{heures réelles}\text{ d'absence}}{\text{nombre d'}\textbf{heures réelles}\text{ du mois en cours}}$$

Le « nombre d'heures réelles du mois en cours » peut donc être 140 (si février est non bissextile : 20 jours ouvrés × 7 heures), 147 (si 21 jours ouvrés × 7 heures), 154 (si 22 jours ouvrés × 7 heures) ou 161 (si 23 jours ouvrés × 7 heures).
La chambre sociale de la Cour de cassation considère que « la retenue par heure d'absence d'un salarié payé au mois doit être en principe égale au quotient du salaire mensuel par le nombre d'heures de travail dans l'entreprise pour le mois considéré ». Les retenues obtenues par application de cette méthode sont différentes pour une absence de même durée suivant le mois où s'est située l'absence. Ainsi, trois jours d'absence donneront lieu à une réduction de salaire moins importante en mars qu'en février.
La chambre sociale de la Cour de cassation considère qu'il convient de retenir la méthode des heures réelles (Cass. soc., 11 février 1982, n° 80-40.359 ; Cass. soc., 4 février 1988, n° 84-45 300). **Elle a notamment écarté la méthode du trentième** en matière de retenue pour grève (Cass. soc., 27 juin 1989, n° 88-42.591) et surtout **en matière d'embauche en cours de mois** (Cass. soc., 24 juin 1992, n° 89-41.387). Malgré cette position jurisprudentielle, des entreprises continuent d'utiliser les méthodes du trentième et du vingt-sixième, en vertu de leur convention collective ou d'usages.
L'erreur fréquente à propos de la retenue entrée/sortie est de retenir par exemple deux trentièmes du salaire à un salarié qui entre dans une entreprise le lundi 3 alors que ce mois comporte un samedi 1er et un dimanche 2. Ces deux jours (le samedi et le dimanche) n'étant habituellement pas travaillés dans l'entreprise, il ne faut évidemment rien retenir au salarié et il doit percevoir son salaire entier, tel qu'il a été prévu dans le contrat de travail. *Idem* pour une sortie un vendredi 28 si le mois comporte 30 jours calendaires, ou un vendredi 29 si le mois comporte 31 jours calendaires.

Exercice 19 (Niveau 1)

Un salarié d'une grande entreprise a une absence maladie du 8 au 14 octobre 2018.

Son salaire étant de 2 170 € par mois pour 151,67 heures (7 heures par jour), calculez le montant de son absence.

Exercice 20 (Niveau 1)

Un salarié a été embauché dans une grande entreprise le lundi 11 juin 2018.

Son salaire étant de 2 520 € par mois pour 151,67 heures (7 heures par jour), calculez le montant de sa retenue Entrée/Sortie.

Exercice 21 (Niveau 1)

Un salarié d'une grande entreprise a été en délégation 10 heures ce mois de mai 2018.

Son salaire étant de 2 730 € par mois pour 151,67 heures (7 heures par jour), calculez la valeur de son absence délégation.

Exercice 22 (Niveau 1)

Un salarié d'une grande entreprise a pris 2 jours de RTT ce mois de septembre 2018.

Son salaire étant de 2 232 € par mois pour 151,67 heures (7 heures par jour), calculez le montant de son absence RTT.

Exercice 23 (Niveau 1)

Un salarié d'une grande entreprise, ayant 10 ans d'ancienneté, a pris une semaine de congés sans solde du 13 au 19 août 2018.

Son salaire étant de 3 220 € par mois pour 151,67 heures (7 heures par jour), calculez le montant de son absence congés sans solde.

Exercice 24 (Niveau 1)

Un salarié d'une grande entreprise et dont les droits à congés payés sont de 30 jours ouvrables par an part en congés payés du 16 au 29 juillet 2018.

Son salaire étant de 2 860 € par mois pour 151,67 heures (7 heures par jour), calculez le montant de son absence congés payés.

7. Les congés payés

Rappel, extrait du livre *La paie, ça s'apprend*

Tout salarié a droit chaque année à un congé payé à la charge de l'employeur (C. trav., art. L. 3141-1). La loi du 22 mars 2012 a modifié l'article L. 3141-3 du Code du travail en supprimant l'exigence d'une période minimale de travail effectif. Cet article est donc ainsi à présent libellé : « Le salarié a droit à un congé de 2,5 jours ouvrables par mois de travail effectif chez le même employeur. La durée totale du congé exigible ne peut excéder 30 jours ouvrables. »

Selon l'article R. 3141-4, « à défaut d'accord prévu à l'article L. 3141-10, le point de départ de la période prise en compte pour le calcul du droit à congé est fixé au 1er juin de chaque année ». On l'appelle aussi **période d'acquisition des droits.** Donc pour des congés payés pris en août 2018, l'année de référence va du 1er juin 2017 au 31 mai 2018. Cette notion d'année de référence joue un double rôle : pendant la première année de référence, le salarié acquiert des droits à congés et c'est pendant la seconde année de référence qu'il peut prendre ses droits à congés. **Dans le cas d'embauche en cours d'année**, il va de soi que **le point de départ de l'année de référence est la date d'embauche** et que le terme sera en principe le 31 mai. **Dans le cas de rupture du contrat de travail, le terme est** obligatoirement **la date de rupture du contrat de travail.**

Selon l'article L. 3141-5 du Code du travail : « Sont considérées comme périodes de travail effectif pour la détermination de la durée du congé :
1° les périodes de congé payé ;
2° les périodes de congé maternité, paternité et d'accueil de l'enfant et d'adoption ;
3° les contreparties obligatoires sous forme de repos prévues par les articles L. 3121-30, L. 3121-33 et L. 3121-38 ;
4° les jours de repos accordés au titre de l'accord collectif conclu en application de l'article L. 3121-44 ;
5° les périodes, dans la limite d'une durée ininterrompue d'un an, pendant lesquelles l'exécution du contrat de travail est suspendue pour cause d'accident du travail ou de maladie professionnelle ;
6° les périodes pendant lesquelles un salarié se trouve maintenu ou rappelé au service national à un titre quelconque. »

On **ne peut pas compter comme période de travail effectif celle où le contrat de travail est suspendu**, sans pour autant être rompu. C'est le cas pour les **absences pour convenance personnelle, maladie, grève, et de chômage total** (mais non d'activité partielle, car dans ce cas il n'y a que réduction d'horaire).

La durée des congés payés est déterminée à raison de 2,5 jours ouvrables par mois de travail, sans que la durée totale du congé puisse excéder 30 jours ouvrables (c'est-à-dire 5 semaines).

Lorsque le nombre de jours ouvrables obtenu n'est pas un nombre entier, la durée du congé est portée au nombre entier immédiatement supérieur (C. trav., art. L. 3141-7). Cette règle de l'arrondi se pratique donc sur le nombre de congés obtenu après la déduction proportionnelle aux absences (non assimilées à travail effectif). On peut bien sûr raisonner en jour ouvré et de nombreuses entreprises le font en appliquant la règle suivante : 5 jours ouvrés = 6 jours ouvrables.

Le congé de 30 jours ouvrables devient dans ce cas de 25 jours ouvrés (chaque période de 4 semaines donnant droit à 2,08 jours [25 jours ouvrés/12 mois]).

Cas d'un salarié à temps partiel : l'horaire de travail pratiqué chaque mois et sa répartition sur les différents jours de la semaine sont sans incidence sur les droits du salarié en matière de congé annuel. En effet, comme les autres salariés, ceux à temps partiel ont droit à 2,5 jours ouvrables de congés payés par mois de travail effectif, et l'étendue de leurs droits ne doit pas être appréciée en équivalence d'heures de travail (Cass. soc., 10 mai 2001, n° 99-42.566 ; Cass. soc., 13 novembre 2008, n° 07-43.126).

Exercice 25 (Niveau 1)

À l'aide du calendrier 2016-2017 représentant la période légale d'acquisition des congés :

2017							2018				
Juin	Juillet	Août	Septembre	Octobre	Novembre	Décembre	Janvier	Février	Mars	Avril	Mai
1 J	1 S	1 M	1 V	1 D	1 M	1 V	1 L	1 J	1 J	1 D	1 M
2 V	2 D	2 M	2 S	2 L	2 J	2 S	2 M	2 V	2 V	2 L	2 M
3 S	3 L	3 J	3 D	3 M	3 V	3 D	3 M	3 S	3 S	3 M	3 J
4 D	4 M	4 V	4 L	4 M	4 S	4 L	4 J	4 D	4 D	4 M	4 V
5 L	5 M	5 S	5 M	5 J	5 D	5 M	5 V	5 L	5 L	5 J	5 S
6 M	6 J	6 D	6 M	6 V	6 L	6 M	6 S	6 M	6 M	6 V	6 D
7 M	7 V	7 L	7 J	7 S	7 M	7 J	7 D	7 M	7 M	7 S	7 L
8 J	8 S	8 M	8 V	8 D	8 M	8 V	8 L	8 J	8 J	8 D	8 M
9 V	9 D	9 M	9 S	9 L	9 J	9 S	9 M	9 V	9 V	9 L	9 M
10 S	10 L	10 J	10 D	10 M	10 V	10 D	10 M	10 S	10 S	10 M	10 J
11 D	11 M	11 V	11 L	11 M	11 S	11 L	11 J	11 D	11 D	11 M	11 V
12 L	12 M	12 S	12 M	12 J	12 D	12 M	12 V	12 L	12 L	12 J	12 S
13 M	13 J	13 D	13 M	13 V	13 L	13 M	13 S	13 M	13 M	13 V	13 D
14 M	14 V	14 L	14 J	14 S	14 M	14 J	14 D	14 M	14 M	14 S	14 L
15 J	15 S	15 M	15 V	15 D	15 M	15 V	15 L	15 J	15 J	15 D	15 M
16 V	16 D	16 M	16 S	16 L	16 J	16 S	16 M	16 V	16 V	16 L	16 M
17 S	17 L	17 J	17 D	17 M	17 V	17 D	17 M	17 S	17 S	17 M	17 J
18 D	18 M	18 V	18 L	18 M	18 S	18 L	18 J	18 D	18 D	18 M	18 V
19 L	19 M	19 S	19 M	19 J	19 D	19 M	19 V	19 L	19 L	19 J	19 S
20 M	20 J	20 D	20 M	20 V	20 L	20 M	20 S	20 M	20 M	20 V	20 D
21 M	21 V	21 L	21 J	21 S	21 M	21 J	21 D	21 M	21 M	21 S	21 L
22 J	22 S	22 M	22 V	22 D	22 M	22 V	22 L	22 J	22 J	22 D	22 M
23 V	23 D	23 M	23 S	23 L	23 J	23 S	23 M	23 V	23 V	23 L	23 M
24 S	24 L	24 J	24 D	24 M	24 V	24 D	24 M	24 S	24 S	24 M	24 J
25 D	25 M	25 V	25 L	25 M	25 S	25 L	25 J	25 D	25 D	25 M	25 V
26 L	26 M	26 S	26 M	26 J	26 D	26 M	26 V	26 L	26 L	26 J	26 S
27 M	27 J	27 D	27 M	27 V	27 L	27 M	27 S	27 M	27 M	27 V	27 D
28 M	28 V	28 L	28 J	28 S	28 M	28 J	28 D	28 M	28 M	28 S	28 L
29 J	29 S	29 M	29 V	29 D	29 M	29 V	29 L		29 J	29 D	29 M
30 V	30 D	30 M	30 S	30 L	30 J	30 S	30 M		30 V	30 L	30 M
	31 L	31 J		31 M		31 D	31 D		31 S		31 J

1. Trouvez combien de jours ouvrables a acquis, pour cette année de référence 2017-2018, un salarié au 31 mai 2018, s'il a été embauché dans l'entreprise le lundi 3 juillet 2017.

2. Trouvez combien de jours ouvrables a acquis, pour cette année de référence 2017-2018, un salarié présent depuis 10 ans dans l'entreprise, s'il la quitte le vendredi 30 mars 2018.

3. Trouvez combien de jours ouvrés a acquis, pour cette année de référence 2017-2018, un salarié au 31 mai 2018, s'il a été embauché dans l'entreprise le vendredi 1er décembre 2017.

4. Trouvez combien de jours ouvrés a acquis, pour cette année de référence 2017-2018, un salarié au 31 mai 2018, présent à l'effectif toute l'année mais malade du 9 octobre 2017 au 11 mars 2018 inclus.

5. Trouvez combien de jours ouvrés a acquis, pour cette année de référence 2017-2018, un salarié qui n'a travaillé que du lundi 19 mars au vendredi 23 mars 2018 (rupture pendant la période d'essai).

6. Trouvez combien de jours ouvrés a acquis, pour cette année de référence 2017-2018, un salarié au 31 mai 2017, s'il ne travaille que les lundis et s'il a été embauché le 20 novembre 2017.

Mais peut-être que votre entreprise a une autre période de référence. En effet, depuis la loi n° 2016-1088 du 8 août 2016, l'article L. 3141-10 a été modifié et dit aujourd'hui : « Sous réserve de modalités particulières fixées en application de l'article L. 3141-32, un accord d'entreprise ou d'établissement ou, à défaut, une convention, un accord de branche peut :
1° fixer le début de la période de référence pour l'acquisition des congés ;
2° majorer la durée du congé en raison de l'âge, de l'ancienneté ou du handicap. »

Cette disposition était déjà possible (depuis la loi Aubry sur les 35 heures, 19 janvier 2000) pour harmoniser les périodes d'acquisition de jours de réduction de temps de travail (JRTT) et de congés payés. La loi El Khomri non seulement le confirme, mais souhaite visiblement que le droit privé se rapproche du droit public, voire de tous les autres pays du monde qui ont une période d'acquisition de congés sur une année calendaire.

Ce qui m'incite à penser cela est confirmé par l'article L. 3141-12 : « Les congés peuvent être pris dès l'embauche, sans préjudice des règles de détermination de la période de prise des congés et de l'ordre des départs et des règles de fractionnement du congé fixées dans les conditions prévues à la présente section. » Encore une fois, comme le droit public et tous les autres pays du monde !

C'est pourquoi je vous propose l'exercice suivant sur l'acquisition de congés payés sur une année calendaire, en l'occurrence cette année 2018. Le calendrier se trouve page suivante.

Exercice 26 (Niveau 1)

Calendrier 2018

Janvier	Février	Mars	Avril	Mai	Juin	Juillet	Août	Septembre	Octobre	Novembre	Décembre
L 1 *Jour de l'an*	J 1 Ella	J 1 Aubin	D 1 Hugues	M 1 *Fête du Travail*	V 1 Justin	D 1 Thierry	M 1 Alphonse	S 1 Gilles	L 1 Thérèse	J 1 *Toussaint*	S 1 Florence
M 2 Basile	V 2 Présent.	V 2 Charles le bon	L 2 Sandrine *Pâques*	M 2 Boris	S 2 Blandine	L 2 Martinien	J 2 Julien	D 2 Ingrid	M 2 Léger	V 2 Défunts	D 2 Viviane
M 3 Geneviève	S 3 Blaise	S 3 Guénolé	M 3 Richard	J 3 Jacques / Philippe	D 3 Kévin	M 3 Thomas	V 3 Lydie	L 3 Grégoire	M 3 Gérard	S 3 Hubert	L 3 François-Xavier
J 4 Odilon	D 4 Véronique	D 4 Casimir	M 4 Isidore	V 4 Sylvain	L 4 Clothilde	M 4 Florent	S 4 Jean-Marie	M 4 Rosalie	J 4 François d'Assise	D 4 Charles	M 4 Barbara
V 5 Edouard	L 5 Agathe	L 5 Olive	J 5 Irène	S 5 Judith	M 5 Igor	J 5 Antoine-Marie	D 5 Abel	M 5 Raïssa	V 5 Fleur	L 5 Sylvie	M 5 Gérald
S 6 Mélaine	M 6 Gaston	M 6 Colette	V 6 Marcellin	D 6 Prudence	M 6 Norbert	V 6 Marietta	L 6 transfiguration	J 6 Bertrand	S 6 Bruno	M 6 Léonard	J 6 Nicolas
D 7 Raymond	M 7 Eugénie	M 7 Félicité	S 7 J.B. de la Salle	L 7 Gisèle	J 7 Gilbert	S 7 Raoul	M 7 Gaétan	V 7 Reine	D 7 Serge	M 7 Carine	V 7 Ambroise
L 8 Lucien	J 8 Jacqueline	J 8 Jean de Dieu	D 8 Julie	M 8 *Victoire 1945*	V 8 Médard	D 8 Thibaut	M 8 Dominique	S 8 Nativité	L 8 Pélagie	J 8 Geoffroy	S 8 Imm. Concept.
M 9 Alix	V 9 Apolline	V 9 Françoise	L 9 Gautier	M 9 Pacôme	S 9 Diane	L 9 Amandine	J 9 Amour	D 9 Alain	M 9 Denis	V 9 Théodore	D 9 Pierre Fourier
M 10 Guillaume	S 10 Arnaud	S 10 Vivien	M 10 Fulbert	J 10 Solange *Ascension*	D 10 Landry	M 10 Ulrich	V 10 Laurent	L 10 Inès	M 10 Ghislain	S 10 Léonard	L 10 Romaric
J 11 Paulin	D 11 N.D.de L.	D 11 Rosine	M 11 Stanislas	V 11 Jeanne d'Arc	L 11 Barnabé	M 11 Benoît	S 11 Claire	M 11 Adelphe	J 11 Firmin	D 11 *Armistice 1918*	M 11 Daniel
V 12 Baptiste	L 12 Félix	L 12 Justine	J 12 Jules	S 12 Achille	M 12 Guy	J 12 Olivier	D 12 Clarisse	M 12 Apollinaire	V 12 Wilfried	L 12 Christian	M 12 Chantal
S 13 Yvette	M 13 Béatrice	M 13 Rodrigue	V 13 Ida	D 13 Rolande	M 13 Antoine	V 13 Henri / Joël	L 13 Hippolyte	J 13 Aimé	S 13 Géraud	M 13 Brice	J 13 Lucie
D 14 Nina	M 14 Valentin	M 14 Mathilde	S 14 Maxime	L 14 Matthias	J 14 Elisée	S 14 *Fête Nationale*	M 14 Evrard	V 14 Croix Glorieuse	D 14 Juste	M 14 Sidoine	V 14 Odile
L 15 Rémi	J 15 Claude	J 15 Louise	D 15 Paterne	M 15 Denise	V 15 Germaine	D 15 Donald	M 15 *Marie/Assomption*	S 15 Roland	L 15 Thérèse d'Av.	J 15 Albert	S 15 Ninon
M 16 Marcel	V 16 Julienne	V 16 Bénédicte	L 16 Benoît	M 16 Honoré	S 16 Régis	L 16 N.D.	J 16 Armel	D 16 Edith	M 16 Edwige	V 16 Marguerite	D 16 Alice
M 17 Roseline	S 17 Alexis	S 17 Patrick	M 17 Anicet	J 17 Pascal	D 17 Hervé	M 17 Charlotte / Caroline	V 17 Hyacinthe	L 17 Renaud	M 17 Baudoin	S 17 Elisabeth	L 17 Judicaël / Gaël
J 18 Prisca	D 18 Bernadette	D 18 Cyrille	M 18 Parfait	V 18 Eric	L 18 Léonce	M 18 Frédéric	S 18 Hélène	M 18 Nadège	J 18 Luc	D 18 Aude	M 18 Gatien
V 19 Marius	L 19 Gabin	L 19 Joseph	J 19 Emma	S 19 Yves	M 19 Romuald	J 19 Arsène	D 19 Jean-Eudes	M 19 Emilie	V 19 René	L 19 Tanguy	M 19 Urbain
S 20 Sébastien	M 20 Aimée	M 20 Herbert	V 20 Odette	D 20 Bernadin	M 20 Silvère	V 20 Marina	L 20 Bernard	J 20 Davy	S 20 Adeline	M 20 Edmond	J 20 Théophile
D 21 Agnès	M 21 Damien	M 21 Clémence	S 21 Anselme	L 21 Constantin Pentecote	J 21 Rodolphe / Jean	S 21 Victor	M 21 Christophe	V 21 Matthieu	D 21 Céline	M 21 Présentation	V 21 Pierre Canisius
L 22 Vincent	J 22 Isabelle	J 22 Léa	D 22 Alexandre	M 22 Emile	V 22 Alban	D 22 Marie-Madeleine	M 22 Fabrice	S 22 Maurice	L 22 Salomé	J 22 Cécile	S 22 Françoise
M 23 Barnard	V 23 Lazare	V 23 Victorien	L 23 Georges	M 23 Didier	S 23 Audrey	L 23 Brigitte	J 23 Rose	D 23 Constant	M 23 Jean de C.	V 23 Christ-Roi	D 23 Armand
M 24 François Sales	S 24 Modeste	S 24 Cath de Suède	M 24 Fidèle	J 24 Donatien	D 24 Jean-Baptiste	M 24 Christine	V 24 Barthélemy	L 24 Thècle	M 24 Florentin	S 24 Flora	L 24 Adèle
J 25 Paul	D 25 Roméo	D 25 Annonciation	M 25 Marcel	V 25 Sophie	L 25 Prosper	M 25 Jacques	S 25 Louis	M 25 Hermann	J 25 Crépin	D 25 Catherine	M 25 *Noël*
V 26 Paule	L 26 Nestor	L 26 Larissa	J 26 Alida	S 26 Béranger	M 26 Anthelme	J 26 Anne / Joachim	D 26 Natacha	M 26 Côme / Damien	V 26 Dimitri	L 26 Delphine	M 26 Etienne
S 27 Angèle	M 27 Honorine	M 27 Habib	V 27 Zita	D 27 Augustin	M 27 Fernand	V 27 Nathalie	L 27 Monique	J 27 Vincent de Paul	S 27 Emeline	M 27 Séverin	J 27 Jean l'Apôtre
D 28 Thomas d'Aq.	M 28 Romain	M 28 Gontran/	S 28 Valérie	L 28 Germain	J 28 Irénée	S 28 Samson	M 28 Augustin	V 28 Venceslas	D 28 Simon / Jude	M 28 Jacques de la M.	V 28 Sainte famille
L 29 Gildas		J 29 Gwladys	D 29 Cath. De S.	M 29 Aymar	V 29 Pierre / Paul	D 29 Marthe	M 29 Sabine	S 29 Michel / Gabriel	L 29 Narcisse	J 29 Saturnin	S 29 David
M 30 Martine		V 30 Amédée	L 30 Robert	M 30 Ferdinand	S 30 Martial	L 30 Juliette	J 30 Fiacre	D 30 Jérôme	M 30 Bienvenue	V 30 André	D 30 Roger
M 31 Marcelle		S 31 Benjamin		J 31 Visitation		M 31 Ignace	V 31 Aristide		M 31 Quentin		L 31 Sylvestre

1. Trouvez combien de jours ouvrables a acquis, pour cette année de référence 2018, un salarié au 31 décembre 2018 s'il a été embauché le 2 juillet 2018.

2. Trouvez combien de jours ouvrables a acquis, pour cette année de référence 2018, un salarié présent depuis longtemps dans l'entreprise mais qui démissionne le 27 avril 2018.

3. Trouvez combien de jours ouvrés a acquis, pour cette année de référence 2018, un salarié présent depuis longtemps dans l'entreprise mais qui a pris un congé sans solde du 2 juillet au 30 septembre 2018, mais toujours présent au 31 décembre 2018.

4. Trouvez combien de jours ouvrés a acquis, pour cette année de référence 2018, un salarié, s'il a été embauché le 12 février 2018, qui a été en absence maladie du 9 avril au 17 juin, qui a fait grève du 10 au 14 septembre et qui démissionne le 7 décembre 2017.

5. Trouvez combien de jours ouvrables a acquis, pour cette année de référence 2018, un salarié au 31 décembre 2018, s'il a été embauché le 1er octobre 2017 pour 24 heures par semaine dans une entreprise travaillant 39 heures par semaine.

8. Le décompte des congés payés pris

Rappel, extrait du livre *La paie, ça s'apprend*

En jours ouvrables

Lorsque la durée des congés à laquelle a droit le salarié est fixée en jours ouvrables, le décompte de nombre de jours pris s'effectue également en jours ouvrables.

Lorsque, dans une entreprise, l'horaire hebdomadaire est réparti sur cinq jours seulement, le lundi ou le samedi étant chômé, ce lundi ou ce samedi demeure un jour ouvrable, pris en compte pour le calcul de la durée des congés. Le premier jour de congé décompté est le premier jour où le salarié aurait dû normalement travailler. *A contrario*, le dernier jour ouvrable de la période de congés doit être pris en compte pour le calcul des jours ouvrables de congé, même s'il correspond à une journée non travaillée dans l'entreprise.

Quelle est l'incidence d'un jour férié pendant le congé ? Si ce jour férié habituellement chômé dans l'entreprise coïncide avec un jour ouvrable normalement travaillé dans l'entreprise, il ne sera pas décompté en jour de congé.

En jours ouvrés

Lorsque la durée des congés de chaque salarié est fixée en jours ouvrés, le décompte de nombre de jours pris s'effectue également en jours ouvrés. La notion de jours ouvrés doit être définie de la même manière pour la détermination de la durée des congés que pour le décompte des jours de congé pris. Le nombre de jours de congé pris par le salarié est égal au nombre de jours d'ouverture de l'entreprise couvrant sa période de congés. Lorsque l'horaire de travail est réparti sur cinq jours, une semaine de congé du lundi au dimanche comporte cinq jours ouvrés.

- **Quelle est l'incidence d'un jour férié pendant le congé ?**

Nous distinguons trois cas :

1) le jour férié tombe un **dimanche** : aucune incidence ;

2) le jour férié tombe un **jour ouvrable ouvré** (un lundi, mardi, mercredi, jeudi ou vendredi) :
   - si l'entreprise travaille le jour férié, celui-ci reste donc ouvrable ouvré et n'a pas d'incidence sur la durée du congé,
   - si l'entreprise ne travaille pas ce jour férié, celui-ci n'est donc pas ouvrable ni ouvré et n'est pas décompté dans la durée du congé ;

3) Le jour férié tombe un **jour ouvrable non ouvré** (le samedi, donc) :
   - si l'entreprise n'accorde pas à ses salariés des congés plus longs que ceux prévus par la loi, l'employeur doit prolonger le congé d'un jour, car le fait de décompter le congé en jours ouvrés ne doit pas être défavorable par rapport à un décompte en jours ouvrables (Cass. soc., 13 février 1991, n° 89-75423),
   - si l'entreprise accorde des congés plus longs que ceux prévus par la loi, le congé annuel n'a pas à être prolongé (Cass. soc., 27 octobre 2004, n° 02-44149).

Cas particulier du « pont »

Un « pont » concerne un jour ouvré coincé entre un week-end et un jour férié. Par exemple, cette année 2018, il y a le pont du 8 mai (samedi 5, dimanche 6, lundi 7 et mardi 8 mai – jour habituellement férié dans la majorité des entreprises). Pour que les salariés profitent de quatre jours de repos consécutifs, il faut que ce jour du 7 mai soit un pont. Pour ce faire, il y a plusieurs solutions :

- si vous étiez censé travailler ce jour-là, l'entreprise peut vous « l'offrir ». Généralement, les salariés sont avertis très tôt dans l'année afin de pouvoir prendre des dispositions ;
- mais cette générosité des entreprises a été mise à mal depuis la mise en place des 35 heures. En effet, de nombreux salariés profitent aujourd'hui de « jours de réduction de temps de travail », et les entreprises peuvent, selon les accords collectifs en vigueur, demander que les salariés qui souhaitent faire ce pont posent un jour de RTT (voire également l'imposer à tout le personnel) ;
- les salariés peuvent aussi, avec l'accord de l'entreprise, travailler quelques heures de plus par semaine, sans que ce soit des heures supplémentaires, pour se « payer » ce pont (supposons une heure de plus que l'horaire habituel pendant 7 semaines dans l'année).

• Quelle est l'incidence d'un pont pendant le congé ?

Si, pendant les congés d'un salarié, l'employeur accorde « généreusement » un jour de pont chômé dans l'entreprise, ce jour reste un jour ouvré pour le salarié en congé et il n'a droit à **aucun jour supplémentaire**. En effet, ce pont n'est donné qu'à ceux qui sont censés travailler ce jour-là. Si un salarié est déjà absent pour une autre raison (maladie, maternité, accident, congé création d'entreprise, congé sabbatique, etc.), il n'en profite pas non plus.

En revanche, si le salarié a l'obligation de poser un jour de RTT, cette journée lui sera décomptée en JRTT et non pas en congés payés.

Enfin, s'il a déjà travaillé ses 7 heures de plus pour se payer ce pont, cette journée ne lui sera pas décomptée dans son compteur de jours de congés payés pris.

Cas particulier du salarié à temps partiel

Quand un salarié à temps partiel prend ses congés, il faut raisonner différemment selon le nombre de jours travaillés. S'il ne travaille qu'un jour par semaine, ce jour représente pour lui toute sa semaine de travail et donc, dans ce cas, il faut lui décompter soit cinq jours ouvrés, soit six jours ouvrables (1 jour de travail = 5 jours ouvrés de congés payés, ou = 6 jours ouvrables de congés payés).

Si un salarié travaille habituellement 2 jours par semaine et qu'il part une semaine en congés payés, lui seront décomptés soit 5 jours ouvrés (dans ce cas, 2 jours de travail = 5 jours ouvrés et donc chaque jour de travail = 5/2, soit 2,5 jours ouvrés), soit 6 jours ouvrables (dans ce cas, 2 jours de travail = 6 jours ouvrables et donc chaque jour de travail = 6/2 soit 3 jours ouvrables).

Ce principe d'égalité est bien évidemment à appliquer lorsque le salarié ne prend qu'une seule de ces deux journées habituellement travaillées en congés payés. La pratique de certaines entreprises consistant à vouloir appliquer la règle de décompte des jours ouvrables pour un temps plein (décompter du premier jour de congés payés jusqu'à la veille du retour du salarié en entreprise) n'est pas de bon aloi dans notre cas présent et donne lieu pour celles qui l'appliquent à de sérieuses incohérences, car le décompte serait différent selon la répartition des jours de travail dans la semaine.

Exemple : si un salarié qui travaillerait tous les lundis et mardis ne prenait que le lundi en congé payé, on ne lui décompterait qu'un jour, alors que s'il ne prenait que le mardi on lui décompterait quatre jours ouvrés ou cinq jours ouvrables ! À votre avis, si le salarié n'a besoin que d'un seul jour de congé, quel jour choisira-t-il ? Et s'il travaille tous les lundis et vendredis ? Un lundi pris en congés payés lui vaudrait à présent quatre jours (lundi, mardi, mercredi et jeudi) ?

Je repense à tous ces stagiaires venus me trouver en me demandant s'il était normal que, ne travaillant que les lundis, mardis, jeudis et vendredis, leur entreprise décompte trois jours ouvrés s'ils ne prenaient que les lundis et mardis d'une semaine, alors que s'ils ne prenaient que les jeudis et vendredis, leur entreprise ne décomptait que deux jours. Je leur explique que, dans leur cas, 4 jours de travail = 5 jours ouvrés. Donc chaque jour de travail représente 4/5e de jour de congé, soit 1,25 jour. S'ils ne prennent que les lundis et mardis, il ne faut décompter que 2,5 jours de congé (*sans arrondir !*), je trouverai bien sûr le même résultat s'ils prenaient les jeudis et vendredis. Et ils trouvent tous cette méthode plus juste sous plusieurs angles : justice et égalité entre les salariés à temps plein et temps partiel, d'une logique absolue, mathématiquement inattaquable et par conséquent facile à mettre en œuvre informatiquement (alors que pour un lundi qui vaut parfois un, deux, trois ou quatre jours, comment faire, sinon « à la main » en forçant le logiciel ? – D'ailleurs, si les personnes du service paie forcent leur logiciel, c'est que ce qu'elles font n'est, la plupart du temps, pas « logique »).

Enfin, certains trouvent que décompter un nombre de jours *non arrondi* peut décontenancer les salariés. Et quand on leur attribue 2,08 jours toutes les 4 semaines de travail effectif quel que soit leur temps de travail, ça les décontenance ou pas ?

Exercice 27
(Niveau 1 pour les 1, 2, 3 ; Niveau 2 pour les 4, 5, 6 ; Niveau 3 pour les 7, 8, 9)

Période de prise de congés payés de 2018

2018											
Mai		Juin		Juillet		Août		Septembre		Octobre	
1	M	1	V	1	D	1	M	1	S	1	L
2	M	2	S	2	L	2	J	2	D	2	M
3	J	3	D	3	M	3	V	3	L	3	M
4	V	4	L	4	M	4	S	4	M	4	J
5	S	5	M	5	J	5	D	5	M	5	V
6	D	6	M	6	V	6	L	6	J	6	S
7	L	7	J	7	S	7	M	7	V	7	D
8	M	8	V	8	D	8	M	8	S	8	L
9	M	9	S	9	L	9	J	9	D	9	M
10	J	10	D	10	M	10	V	10	L	10	M
11	V	11	L	11	M	11	S	11	M	11	J
12	S	12	M	12	J	12	D	12	M	12	V
13	D	13	M	13	V	13	L	13	J	13	S
14	L	14	J	14	S	14	M	14	V	14	D
15	M	15	V	15	D	15	M	15	S	15	L
16	M	16	S	16	L	16	J	16	D	16	M
17	J	17	D	17	M	17	V	17	L	17	M
18	V	18	L	18	M	18	S	18	M	18	J
19	S	19	M	19	J	19	D	19	M	19	V
20	D	20	M	20	V	20	L	20	J	20	S
21	L	21	J	21	S	21	M	21	V	21	D
22	M	22	V	22	D	22	M	22	S	22	L
23	M	23	S	23	L	23	J	23	D	23	M
24	J	24	D	24	M	24	V	24	L	24	M
25	V	25	L	25	M	25	S	25	M	25	J
26	S	26	M	26	J	26	D	26	M	26	V
27	D	27	M	27	V	27	L	27	J	27	S
28	L	28	J	28	S	28	M	28	V	28	D
29	M	29	V	29	D	29	M	29	S	29	L
30	M	30	S	30	L	30	J	30	D	30	M
31	J			31	M	31	V			31	M

1. Ayant un congé principal de 25 jours ouvrés, ce salarié part en congés payés du lundi 6 au dimanche 26 août 2018 inclus. Combien de jours lui décomptez-vous ?

2. Ayant un congé principal de 30 jours ouvrables, ce salarié part en congés payés du lundi 2 juillet au lundi 30 juillet 2018 inclus. Combien de jours lui décomptez-vous ?

3. Ayant un congé principal de 30 jours ouvrables, ce salarié part en congés payés du mercredi 2 au mardi 29 mai 2018 inclus. Combien de jours lui décomptez-vous ?

4. Ayant un congé principal de 25 jours ouvrés, ce salarié part en congés payés du lundi 2 au dimanche 29 juillet 2018 inclus. Combien de jours lui décomptez-vous ?

5. Ayant un congé principal de 25 jours ouvrés, ce salarié part en congés payés du lundi 7 au jeudi 31 mai 2018 inclus. Sachant que l'entreprise donne le vendredi 11 mai en jour de pont, combien de jours lui décomptez-vous ?

6. Ayant un congé principal de 27 jours ouvrés, ce salarié part en congés payés du lundi 2 au dimanche 29 juillet 2018 inclus. Combien de jours lui décomptez-vous ?

7. Ayant un congé principal de 10 jours ouvrés, l'entreprise de ce salarié ferme du lundi 23 juillet au dimanche 19 août 2018 inclus. Comment passez-vous les jours non acquis sur la paie ?

8. Ayant un congé principal de 25 jours ouvrés, ne travaillant que les lundis, mardis et vendredis, ce salarié part en congés payés du lundi 6 août au lundi 27 août 2018 inclus. Combien de jours lui décomptez-vous ?

9. Question identique au 8 mais s'il ne travaille que les lundis et mercredis ?

Exercice 28
(Niveau 1 pour les 1, 2 ; Niveau 2 pour les 3, 4 ; Niveau 3 pour les 5, 6)

Période légale de prise des congés payés pour 2017

2017											
Mai		Juin		Juillet		Août		Septembre		Octobre	
1	L	1	J	1	S	1	M	1	V	1	D
2	M	2	V	2	D	2	M	2	S	2	L
3	M	3	S	3	L	3	J	3	D	3	M
4	J	4	D	4	M	4	V	4	L	4	M
5	V	5	L	5	M	5	S	5	M	5	J
6	S	6	M	6	J	6	D	6	M	6	V
7	D	7	M	7	V	7	L	7	J	7	S
8	L	8	J	8	S	8	M	8	V	8	D
9	M	9	V	9	D	9	M	9	S	9	L
10	M	10	S	10	L	10	J	10	D	10	M
11	J	11	D	11	M	11	V	11	L	11	M
12	V	12	L	12	M	12	S	12	M	12	J
13	S	13	M	13	J	13	D	13	M	13	V
14	D	14	M	14	V	14	L	14	J	14	S
15	L	15	J	15	S	15	M	15	V	15	D
16	M	16	V	16	D	16	M	16	S	16	L
17	M	17	S	17	L	17	J	17	D	17	M
18	J	18	D	18	M	18	V	18	L	18	M
19	V	19	L	19	M	19	S	19	M	19	J
20	S	20	M	20	J	20	D	20	M	20	V
21	D	21	M	21	V	21	L	21	J	21	S
22	L	22	J	22	S	22	M	22	V	22	D
23	M	23	V	23	D	23	M	23	S	23	L
24	M	24	S	24	L	24	J	24	D	24	M
25	J	25	D	25	M	25	V	25	L	25	M
26	V	26	L	26	M	26	S	26	M	26	J
27	S	27	M	27	J	27	D	27	M	27	V
28	D	28	M	28	V	28	L	28	J	28	S
29	L	29	J	29	S	29	M	29	V	29	D
30	M	30	V	30	D	30	M	30	S	30	L
31	M			31	L	31	J			31	M

1. Ayant un congé principal de 25 jours ouvrés, ce salarié part en congés payés du lundi 31 juillet au lundi 21 août 2017 inclus. Combien de jours lui décomptez-vous ?

2. Ayant un congé principal de 30 jours ouvrables, ce salarié part en congés payés du lundi 3 au lundi 24 juillet 2017 inclus. Combien de jours lui décomptez-vous ?

3. Ayant un congé principal de 25 jours ouvrés, ce salarié part en congés payés du mardi 2 au dimanche 28 mai 2017 inclus. Combien de jours lui décomptez-vous ?

4. Ayant un congé principal de 30 jours ouvrables, ce salarié part en congés payés du lundi 22 mai au dimanche 11 juin 2017 inclus. Sachant que l'entreprise donne le vendredi 26 mai en jour de pont, combien de jours lui décomptez-vous ?

5. Ayant un congé principal de 25 jours ouvrés, ne travaillant pas les mercredis, ce salarié part en congés payés du lundi 3 au dimanche 23 juillet 2017 inclus. Combien de jours lui décomptez-vous ?

6. Ayant un congé principal de 30 jours ouvrables, ne travaillant pas les lundis et mardis, ce salarié part en congés payés du mercredi 2 au mardi 22 août 2017 inclus. Combien de jours lui décomptez-vous ?

9. Le fractionnement du congé principal (de 24 jours ouvrables)

Rappel, extrait du livre *La paie, ça s'apprend*

Selon l'article L. 3141-23 (modifié par la loi n° 2016-1088 du 8 août 2016) du code du travail :
« À défaut de stipulation dans la convention ou l'accord conclu en application de l'article L. 3141-22 :

1° la fraction continue d'au moins douze jours ouvrables est attribuée pendant la période du 1er mai au 31 octobre de chaque année ;

2° le fractionnement des congés au-delà du douzième jour est effectué dans les conditions suivantes :

a) les jours restant dus en application du second alinéa de l'article L. 3141-19 peuvent être accordés en une ou plusieurs fois en dehors de la période du 1er mai au 31 octobre de chaque année,

b) deux jours ouvrables de congé supplémentaire sont attribués lorsque le nombre de jours de congé pris en dehors de cette période est au moins égal à six et un seul lorsque ce nombre est compris entre trois et cinq jours. Les jours de congé principal dus au-delà de vingt-quatre jours ouvrables ne sont pas pris en compte pour l'ouverture du droit à ce supplément.

Il peut être dérogé au présent article après accord individuel du salarié. »

La durée des congés pouvant être pris en une seule fois ne peut excéder 24 jours ouvrables (sauf exception des salariés qui justifient de contraintes géographiques particulières). Le Code du travail a, depuis l'attribution de la cinquième semaine de congés payés le 19 janvier 1982, introduit une obligation de fractionnement du congé annuel qui doit être pris en, au moins, deux fois. La période de prise de la cinquième semaine n'a pas été fixée par la loi, elle pourra soit être prise pendant la période légale, soit en dehors. De même, la loi ne précise pas si cette cinquième semaine doit être prise en une seule fois ou si elle peut être fractionnée. Là aussi, si tout le monde est d'accord, le fractionnement est possible.

Le fractionnement du congé principal est autorisé sous certaines conditions, pour la partie du congé comprise entre 12 et 24 jours ouvrables. Le congé continu comporte donc une durée minimale de 12 jours et une durée maximale de 24 jours. En cas de fractionnement, le congé doit obligatoirement comprendre une fraction de 12 jours ouvrables continus, attribuée pendant la période légale des congés. La faculté de fractionnement, qu'elle soit mise en œuvre par l'employeur ou demandée par le salarié, implique dans tous les cas l'accord de l'autre partie.

Deux situations doivent être distinguées :
- si le congé est pris par roulement, la décision de fractionner le congé par l'employeur est subordonnée à l'agrément du salarié ;
- si le congé s'accompagne de la fermeture de l'entreprise, le fractionnement peut être effectué par l'employeur, sur avis conforme des délégués du personnel, ou à défaut de délégués, avec l'agrément des salariés.

Sauf dispositions conventionnelles contraires ou renonciation expresse du salarié, les jours de congés payés qui n'ont pas été pris avec le congé principal et qui sont pris en dehors de la période légale (1er mai-31 octobre) donnent droit à des jours de congé supplémentaires.

Si l'entreprise donne des congés payés en jours ouvrables, ce nombre de jours est :

- 1 jour supplémentaire si le reliquat pris hors période légale est compris entre 3 et 5 jours ;
- 2 jours supplémentaires si le reliquat pris hors période légale est au moins égal à 6 jours.

Si on convertit ces jours ouvrables en jours ouvrés, cela donne :

- 1 jour supplémentaire si le reliquat pris hors période légale est compris entre 2 et 4 jours ;
- 2 jours supplémentaires si le reliquat pris hors période légale est au moins égal à 5 jours.

Ces jours sont accordés également aux salariés entrés en cours d'année dès lors qu'ils prennent des congés en dehors de la période légale. La prise de jours de congé par anticipation, en dehors de la période légale, ouvre droit aussi aux jours supplémentaires de fractionnement (Cass. soc., 7 mars 1990, n° 87-40.629). **Le fractionnement est dû non seulement quand l'employeur l'impose aux salariés mais aussi dans le cas où c'est le salarié qui demande à fractionner son reliquat de congé et où il obtient l'accord tacite de son employeur.** Selon la Cour de cassation, le droit aux jours de congés supplémentaires naît du seul fait du fractionnement, que ce soit le salarié lui-même ou l'employeur qui en ait pris l'initiative (Cass. soc., 4 juillet 2001, n° 99-43.494). Cependant, une dérogation peut y être apportée après accord individuel du salarié (renonciation individuelle, annuelle et écrite). En aucun cas la renonciation résultant d'une note de service, unilatéralement établie par l'employeur, ne saurait être valable.

Exercice 29
(Niveau 1 pour les 1, 2, 3 ; Niveau 2 pour les 4, 5, 6 ; Niveau 3 pour les 7, 8, 9)

Période légale de prise des congés payés pour 2010

2010											
Mai		Juin		Juillet		Août		Septembre		Octobre	
1	S	1	M	1	J	1	D	1	M	1	V
2	D	2	M	2	V	2	L	2	J	2	S
3	L	3	J	3	S	3	M	3	V	3	D
4	M	4	V	4	D	4	M	4	S	4	L
5	M	5	S	5	L	5	J	5	D	5	M
6	J	6	D	6	M	6	V	6	L	6	M
7	V	7	L	7	M	7	S	7	M	7	J
8	S	8	M	8	J	8	D	8	M	8	V
9	D	9	M	9	V	9	L	9	J	9	S
10	L	10	J	10	S	10	M	10	V	10	D
11	M	11	V	11	D	11	M	11	S	11	L
12	M	12	S	12	L	12	J	12	D	12	M
13	J	13	D	13	M	13	V	13	L	13	M
14	V	14	L	14	M	14	S	14	M	14	J
15	S	15	M	15	J	15	D	15	M	15	V
16	D	16	M	16	V	16	L	16	J	16	S
17	L	17	J	17	S	17	M	17	V	17	D
18	M	18	V	18	D	18	M	18	S	18	L
19	M	19	S	19	L	19	J	19	D	19	M
20	J	20	D	20	M	20	V	20	L	20	M
21	V	21	L	21	M	21	S	21	M	21	J
22	S	22	M	22	J	22	D	22	M	22	V
23	D	23	M	23	V	23	L	23	J	23	S
24	L	24	J	24	S	24	M	24	V	24	D
25	M	25	V	25	D	25	M	25	S	25	L
26	M	26	S	26	L	26	J	26	D	26	M
27	J	27	D	27	M	27	V	27	L	27	M
28	V	28	L	28	M	28	S	28	M	28	J
29	S	29	M	29	J	29	D	29	M	29	V
30	D	30	M	30	V	30	L	30	J	30	S
31	L			31	S	31	M			31	D

1. Ayant un congé principal de 25 jours ouvrés, ce salarié part en congés payés du 21 juin au 18 juillet inclus. Combien de jours de fractionnement lui accordez-vous au 31 octobre ?

2. Ayant un congé principal de 30 jours ouvrables, l'entreprise de ce salarié ferme du 2 au 22 août inclus. Combien de jours de fractionnement lui accordez-vous au 31 octobre ?

3. Ayant un congé principal de 30 jours ouvrables, ce salarié part en congés payés du 7 au 13 juin inclus, puis du 5 au 19 juillet inclus. Combien de jours de fractionnement lui accordez-vous au 31 octobre ?

4. Ayant un congé principal de 25 jours ouvrés, ce salarié part en congés payés du 28 juin au 18 juillet inclus, puis les 30 et 31 août. Combien de jours de fractionnement lui accordez-vous au 31 octobre ?

5. Ayant un congé principal de 25 jours ouvrés, ce salarié part en congés payés du 3 au 9 mai, puis du 16 juillet au 1er août inclus. Combien de jours de fractionnement lui accordez-vous au 31 octobre ?

6. Ayant un congé principal de 28 jours ouvrés, ce salarié part en congés payés du 21 au 31 mai inclus, puis du 9 au 23 août inclus. Combien de jours de fractionnement lui accordez-vous au 31 octobre ?

7. Ayant un congé principal de 15 jours ouvrés, ce salarié part en congés payés du 9 au 22 août inclus. Combien de jours de fractionnement lui accordez-vous au 31 octobre ?

8. Ayant un congé principal de 30 jours ouvrables, ce salarié part en congés payés du 18 octobre au 31 octobre inclus. Combien de jours de fractionnement lui accordez-vous au 31 octobre ?

9. Ayant un congé principal de 30 jours ouvrables, ce salarié part en congés payés du 5 au 18 juillet et du 16 au 22 août inclus. Combien de jours de fractionnement lui accordez-vous au 31 octobre ?

10. L'indemnisation des congés payés

Rappel, extrait du livre *La paie, ça s'apprend*

Pour calculer l'indemnisation des congés payés, l'article L. 3141-24 (modifié par la loi n° 2016-1008 du 8 août 2016 et correspondant à l'ancien article L. 3141-22 du Code du travail) nous donne la règle :

« I – Le congé annuel prévu par l'article L. 3141-3 ouvre droit à une indemnité égale au dixième de la rémunération brute totale perçue par le salarié au cours de la période de référence.
Pour la détermination de la rémunération brute totale, il est tenu compte :

1° de l'indemnité de congé de l'année précédente ;

2° des indemnités afférentes à la contrepartie obligatoire sous forme de repos prévues à l'article L. 3121-30, L. 3121-33 et L. 3121-38 ;

3° des périodes assimilées à un temps de travail par les articles L. 3141-4 et L. 3141-5 qui sont considérées comme ayant donné lieu à rémunération en fonction de l'horaire de travail de l'établissement.
Lorsque la durée du congé est différente de celle prévue à l'article L. 3141-3, l'indemnité est calculée selon les règles fixées au présent I et proportionnellement à la durée du congé effectivement dû.

II – Toutefois, l'indemnité prévue au I du présent article ne peut être inférieure au montant de la rémunération qui aurait été perçue pendant la période de congé si le salarié avait continué à travailler.
Cette rémunération, sous réserve du respect des dispositions légales, est calculée en fonction :

1° du salaire gagné dû pour la période précédant le congé ;

2° de la durée du travail effectif de l'établissement.

III – Un arrêté du ministre chargé du travail détermine les modalités d'application du présent article dans les professions mentionnées à l'article L. 3141-32. »

L'article L. 3141-24 prévoit donc deux modes de calcul pour l'indemnité de congés payés :
- la règle du dixième (I) ;
- le maintien du salaire (II).

Ces dispositions sont d'ordre public. Aucun accord d'entreprise ne peut en conséquence contenir des stipulations moins favorables au salarié (Cass. soc., 11 février 1982, n° 80-40.163). Ce mode de calcul s'applique aux jours supplémentaires pour ancienneté prévus par les conventions collectives (Cass. soc., 26 mars 2002, n° 99-46.097).

Pour chaque salarié, il faut donc chercher la règle la plus favorable, celle du dixième ou celle du maintien de salaire.

Règle du dixième

Le premier mode de calcul consiste à déterminer l'indemnité de congé payé par rapport au salaire déterminé en fonction de la rémunération totale perçue par le salarié au cours de la période de référence (1er juin-31 mai). Ainsi, selon la règle du dixième, **l'indemnité de congés payés est égale à un dixième de la rémunération totale brute perçue au cours de la période de référence.**

Le montant obtenu correspond à la totalité des congés acquis par le salarié (soit 30 jours ouvrables pour un salarié ayant travaillé pendant toute la période de référence).

Que comprend la rémunération totale ?

Il s'agit des sommes brutes (avant retenues pour cotisations), présentant un caractère soit réel, soit fictif. Ce sont précisément :

• le salaire de base ou forfaitaire et ses majorations pour heures supplémentaires (Cass. soc., 31 octobre 2012, n° 11-19.170), travail de nuit (Cass. soc., 25 janvier 1968, n° 66-40.557P) et éventuellement travail du dimanche ou du jour férié (Cass. soc., 11 février 1998, n° 93-44.887) ;

• l'indemnité de congés payés de l'année précédente (C. trav., art. L. 3141-22) ;

• les commissions. Les primes et commissions liées à l'activité de l'entreprise ou à la production doivent être incluses, à condition toutefois que ces éléments de rémunération soient réellement liés à l'activité personnelle du salarié (Cass. soc., 3 juin 2009, n° 07-43.798). Attention toutefois : ces commissions sont exclues lorsqu'elles sont calculées sur l'année entière, y compris sur la période de congés payés du salarié ;

• les **primes et indemnités versées en fonction des résultats du salarié**. Selon la jurisprudence, ces primes doivent répondre aux critères suivants :

– elles doivent être versées en contrepartie du travail du salarié (et non pas de son service ou de son entreprise), et revêtir un caractère de généralité, de fixité et de constance qui les rend obligatoires pour l'employeur,

– elles ne doivent pas présenter le caractère de remboursement de frais, ni rémunérer un risque exceptionnel,

– elles ne doivent pas déjà indemniser la période de congé.

Selon la Cour de cassation, répondent donc à ces critères :

– les primes de rendement, production ou productivité liées aux résultats personnels du salarié et non à l'activité globale de l'entreprise, lorsqu'elles sont attribuées de façon régulière depuis plusieurs années (Cass. soc., 20 janvier 2010 n° 08-43.310),

– les primes d'objectifs attribuées en fonction de résultats personnels (Cass. soc., 30 avril 2003, n° 01-41.884),

– les primes de performance récompensant l'activité déployée par les salariés personnellement et les objectifs réalisés par l'unité à laquelle appartient le salarié (Cass. soc., 10 octobre 2001, n° 99-44 300) ;

• les **primes liées à l'exécution du travail**. Ce sont :

– les primes d'ancienneté (Cass. soc., 13 juin 2012, n° 10-30.590), sauf si elles sont versées toute l'année et ont déjà rémunéré une période de congé (Cass. soc., 24 mars 2004, n° 02-41.828),

– les primes d'assiduité conventionnelles si elles sont versées en contrepartie du travail du salarié et non calculées sur l'année entière (Cass. soc., 26 mai 1999, n° 97-43.681) ;

• les **primes liées à l'organisation du travail**. Ce sont :

– les primes panier (Cass. soc., 15 janvier 1997, n° 95-43.996),

– les indemnités de repas forfaitaire versées aux travailleurs de nuit (Cass. soc., 18 décembre 2012, n° 11-13.813),

– les indemnités de déplacement versées, que le salarié soit ou non en déplacement (Cass. soc., 12 novembre 2008, n° 07-41.348), une prime de transport indemnisant la sujétion liée à l'organisation spécifique de l'entreprise dont l'activité requiert une exploitation en dehors des heures d'activité des transports en commun (Cass. soc., 7 décembre 2011, n° 10-23.686),

– les primes d'équipe ne représentant ni un remboursement de frais, ni une indemnité d'un risque exceptionnel ;

• les **primes de sujétion** compensant des avantages accessoires **habituellement accordés** (C. trav., art. n° L. 3141-23). Si elles sont bien versées chaque mois, ce sont par exemple les primes d'insalubrité, de salissure, de hauteur, de froid, etc. ;

• les **primes liées à une servitude de l'emploi**. Ce sont :
– les primes d'astreinte, versées toute l'année, compensant une servitude de l'emploi (Cass. soc., 4 juillet 1983, n° 81-40.819P),
– les primes de soirée, versées forfaitairement à des visiteurs médicaux (Cass. soc., 16 octobre 2001, n° 99-44.464),
– les primes pour heures de permanence (Cass. soc., 14 février 1996, n° 92-43.110) ;

• les **primes liées à l'éloignement du salarié**. Ce sont :
– les primes d'expatriation ou de dépaysement qui constituent en tout ou partie un complément de rémunération destiné à compenser les désagréments de l'éloignement plus qu'un remboursement de frais inhérents au séjour à l'étranger (Cass. soc., 19 décembre 2007, n° 06-44.887),
– les primes de mission versées aux salariés pendant leur affectation à l'étranger en vue de compenser les principales contraintes provenant du milieu géographique ou des conditions de travail en mer (Cass. soc., 4 février 1993, n° 89-42.464) ;

• les **pourboires** – sur la base des sommes soumises aux cotisations de Sécurité sociale (C. trav., art. n° 3141-24) ;

• les **avantages en nature**. Il doit être tenu compte des avantages accessoires et des prestations en nature dont le salarié ne continuerait pas à jouir pendant la durée de son congé (C. trav. art. n° L. 3141-23 ; Cass. soc., 27 septembre 1989, n° 86-43.169). *A contrario*, les avantages en nature dont le salarié continue à profiter pendant son congé ne sont pas pris en compte (Cass. soc., 7 mars 2007, n° 05-42.826) ;

• les **indemnités perçues en période d'absence de travail**. Sont également inclus les salaires fictifs des absences assimilées à du temps de travail pour le calcul des congés payés par la loi ou une convention collective. Sont concernés :
– le congé maternité,
– l'arrêt de travail pour accident de travail ou maladie professionnelle limité à une durée ininterrompue d'un an,
– la période de maintien ou de rappel sous les drapeaux,
– l'indemnité afférente à la contrepartie en repos pour heures supplémentaires (C. trav. art. n° L. 3121-11 et n° L. 3121-22 ; Cass. soc., 23 octobre 2001, n° 99-40.879P),
– le salaire des jours fériés chômés,
– les indemnités compensant la précarité d'emploi pour les travailleurs temporaires et les CDD (C. trav., art. n° L. 1243-8).

Que faut-il exclure de la rémunération totale ?

• Les **primes** et **gratifications versées globalement couvrant l'ensemble de l'année**, période de travail et période de congés. Les inclure dans le calcul de l'indemnité de congés aboutirait à les faire payer partiellement une seconde fois. C'est notamment le cas pour :
– les primes de vacances, de type 13e mois payées en une seule fois pour l'ensemble de l'année (Cass. soc., 2 avril 1997, n° 94-41.389 ; Cass. soc., 8 juin 2011, n° 09-71.056P),

- les primes de récompense ou gratification bénévole – prime exceptionnelle (Cass. soc., 14 octobre 2009, n° 07-45.587P),
- les pourcentages sur chiffre d'affaires de l'entreprise calculés globalement sur l'année et sans rapport nécessaire avec le travail du salarié (Cass. soc., 30 janvier 1985, n° 81-41.769) ;

• les **primes de sujétion compensant un risque ou un inconvénient qui n'existe pas pendant les congés**, si le risque est exceptionnel et n'est pas lié à l'activité permanente du salarié (Cass. soc., 29 octobre 1980, n° 79-40.840P) ;

• les **remboursements de frais professionnels**. Ceux-ci n'existent pas pendant la période de congés. Ce sont :
- les primes de panier, subordonnées à des conditions d'octroi, remboursant les frais de repas supplémentaires (Cass. soc., 8 juin 1994, n° 90-43.014),
- les primes de transport remboursant des frais professionnels forfaitaires (Cass. soc., 22 janvier 1992, n° 90-44.249P),
- l'indemnité d'expatriation remboursant des frais inhérents au séjour à l'étranger (Cass. soc., 25 mars 1998, n° 96-40.754) ;

• les **primes d'intéressement et de participation**, car elles ne constituent pas une rémunération (C. trav., art. n° L. 3312-4 et n° L. 3325-1).
Lorsque la durée du congé est différente de la durée légale, l'indemnité est calculée proportionnellement à la durée du congé effectivement dû.

Formules pour le calcul du dixième

$$\frac{\text{Rémunération brute totale}}{10} = \text{Indemnité totale du congé payé}$$

Lorsque la durée du congé est différente de la durée légale, l'indemnité est calculée proportionnellement à la durée du congé effectivement dû. Donc, si le salarié bénéficie d'un congé d'une durée supérieure à la durée légale, il y a lieu de **corriger proportionnellement l'indemnité** de cette façon :

$$\frac{\text{Rémunération brute totale}}{10} \times \frac{E}{L} = \text{Indemnité totale du congé payé}$$

Pour calculer l'indemnité à chaque prise de congés, on remplacera à chaque fois « E » par le nombre de jours de congé donnés par l'entreprise pour la période, et « L » par le nombre de jours de congé donnés par la loi pour la même période.

Règle du maintien de salaire

Néanmoins, l'article L. 3141-22 du Code du travail nous rappelle que l'indemnité de congés payés ne peut être inférieure au montant de la rémunération qui aurait été perçue pendant la période de congés payés si le salarié avait continué à travailler.

Le salaire maintenu est déterminé en fonction de la durée du travail effectif de l'établissement au cours de la période considérée ainsi que de l'horaire de travail du salarié. Ainsi, si un salarié travaille habituellement et alternativement 40 heures une semaine puis 30 heures la semaine suivante, l'indemnité de congés payés doit être calculée selon l'horaire qui aurait été pratiqué, sauf en cas de lissage de la rémunération.

Formules pour le calcul du maintien de salaire

Plusieurs méthodes de calcul peuvent s'appliquer. Ce sont :

- la méthode du **jour ouvrable moyen.** On retient un vingt-sixième du salaire mensuel par jour ouvrable de congé pris ;
- la méthode du **jour ouvré moyen.** On retient un vingt et un soixante-septième du salaire mensuel par jour ouvré de congé pris ;
- la méthode du **jour ouvrable réel.** On divise le salaire mensuel par le nombre de jours ouvrables du mois en cours et on multiplie le résultat par le nombre de jours ouvrables de congé pris ;
- la méthode du **jour ouvré réel.** On divise le salaire mensuel par le nombre de jours ouvrés du mois en cours et on multiplie le résultat par le nombre de jours ouvrés de congé pris.

La plupart des entreprises optent pour le calcul en jours ouvrables moyens (ou jours ouvrés moyens). C'est la solution la plus logique : pourquoi reviendrait-on en réels alors qu'on cherche à comparer ce montant avec une valeur moyenne calculée sur l'année de référence des congés payés ?

Exercice 30 (Niveau 1)

La rémunération de ce salarié pour la période 2017 / 2018 est la suivante :

Mois	Année	Salaire Brut	Brut pour Calcul du 10ème CP	Particularités
Juin	2017	1 500,00 €		
Juillet	2017	1 900,00 €		dont "prime de vacances" de 400 €
Août	2017	1 500,00 €		dont "congés payés" de 1000 €
Septembre	2017	2 000,00 €		dont "prime de rentrée scolaire" de 500 €
Octobre	2017	1 500,00 €		
Novembre	2017	1 500,00 €		dont "congés payés" de 300 €
Décembre	2017	3 000,00 €		Il y a un "13ème mois"
Janvier	2018	1 600,00 €		Le salarié est augmenté
Février	2018	2 000,00 €		dont "prime de froid" de 400 €
Mars	2018	2 300,00 €		dont "prime exceptionnelle" de 700 €
Avril	2018	1 600,00 €		
Mai	2018	1 600,00 €		dont "congés payés" de 300 €
Juin	2018	1 600,00 €		
Juillet	2018	2 000,00 €		dont "prime de vacances" de 400 €

Ce salarié part en congés payés du lundi 6 au lundi 27 août 2018 inclus. La société dans laquelle il travaille raisonne en jours ouvrables.

1. Déterminez la rémunération brute totale (pour le calcul du dixième) 2017-2018.

2. Déterminez le nombre de jours ouvrables d'absence congés payés.

3. Calculez le montant de l'absence de ces jours ouvrables de congés payés.

4. Calculez le montant du paiement de cette absence.
a) Avec la règle du dixième.

b) Avec la règle du maintien de salaire.

5. Calculez son brut du mois d'août 2018 (salaire – abs. CP + paiement CP = brut).

Exercice 31 (Niveau 1)

Ce salarié a quitté (démission) l'entreprise le vendredi 13 avril 2018 au soir. Les droits à CP dans cette entreprise sont la durée légale plus 1 jour ouvré (soit 26 jours ouvrés pour une année). Il n'a pas de solde de congé de l'année écoulée.

La rémunération de ce salarié pour la période 2017 / 2018 est la suivante :

Mois	Année	Salaire Brut	Brut pour Calcul du 10ème CP	Particularités
Juin	2017	2 000,00 €		
Juillet	2017	2 500,00 €		dont "prime de vacances" de 500 €
Août	2017	2 250,00 €		dont "congés payés" de 1.250 €
Septembre	2017	2 000,00 €		
Octobre	2017	2 400,00 €		dont "heures supp." de 400 €
Novembre	2017	2 150,00 €		dont "congés payés" de 950 €
Décembre	2017	4 000,00 €		Il y a un "13ème mois"
Janvier	2018	2 100,00 €		Le salarié est augmenté
Février	2018	2 100,00 €		
Mars	2018	2 100,00 €		
Avril	2018			Le salarié part le vendredi 13 avril 2018
Total				

1. Déterminez la rémunération brute totale (pour le calcul du dixième) 2017-2018.

2. Déterminez le nombre de jours ouvrés de droits à congés payés.

3. Calculez le montant de son indemnité compensatrice avec la règle du maintien de salaire.

4. Calculez le montant de son indemnité compensatrice avec la règle du dixième.

5. Calculez son brut du mois d'avril 2018.

Salaire
ICCP ____________

Total brut

Exercice 32 (Niveau 2)

Voici le tableau récapitulatif de la rémunération 2017-2018 de cette salariée :

Année	2017							2018				
Mois	J	J	A	S	O	N	D	J	F	M	A	M
Salaire de base	1 800,00	1 800,00	1 800,00	1 800,00	1 800,00	1 800,00	1 800,00	1 800,00	1 800,00	1 800,00	1 800,00	1 800,00
Pr. d'ancienneté	180,00	180,00	180,00	180,00	180,00	180,00	180,00	198,00	198,00	198,00	198,00	198,00
Pr. d'assiduité		120,00	120,00	120,00	120,00	120,00	120,00	120,00			120,00	120,00
Pr. d'équipe	32,00	40,00	4,00	42,00	44,00	42,00	40,00	44,00	40,00	42,00	30,00	38,00
Pr. de risque				80,00								
Pr. Exceptionnelle					1 000,00							
Pr. d'objectif		900,00										
Pr. de vacances		500,00										
Av. Nat. Nourriture	76,00	95,00	9,50	99,75	104,50	9,50				38,40	72,00	91,20
Abs. Congé Ss Solde	-428,57											
Abs. Maternité						-2 142,00	-2 140,00	-2 162,00	-1 475,79			
Abs. Maladie									-562,21	-1 316,13		
Paiem. Maladie									562,21	1 316,13		
Abs. Congés Payés			-1 938,46								-488,77	
Paiem. Congés Payés			1 938,46								815,54	
13ème mois							1 800,00					
Av. Nat. Logement	102,80	262,20	137,00	171,00	216,80	73,20	102,80	74,00	74,00	138,40	172,80	138,40
Ind. de transport	36,50	36,50		36,50	36,50					37,60	37,60	37,60

- Son salaire de base est (malheureusement) constant : 1 800 €.
- Sa prime d'ancienneté était de 10 % jusqu'en décembre. Elle a pris 1 % supplémentaire à partir de janvier.
- Si la salariée est présente tout le mois, elle a droit à une prime d'assiduité de 120 €. En cas d'absence, cette prime est supprimée.
- Sa prime d'équipe est de 2 € par jour ouvré travaillé.
- Elle a des avantages en nature nourriture (4,75 € en 2017 ; 4,80 € en 2018) par jour ouvré travaillé et comme elle est logée dans un F2 appartenant à l'entreprise, elle a également des avantages en nature logement.
- Elle a pris exceptionnellement une semaine de congé sans solde en juin.
- Ses objectifs personnels ayant été atteints, elle a droit à sa prime d'objectif en juillet.
- En août, elle est partie 4 semaines en congés payés du mardi 1er au mardi 29 inclus.
- Sa prime de risque compense des circonstances particulières.
- Son congé maternité a commencé le lundi 6 novembre 2017 pour s'achever 16 semaines plus tard, le dimanche 25 février 2018.
- Son médecin lui a accordé 4 semaines de congé pathologique suite à sa maternité.
- Elle a soldé ses congés payés (la 5e semaine) du lundi 23 au dimanche 29 avril 2018. L'entreprise lui a versé son complément dixième à cette occasion.
- Comme son F2 est à huit stations de métro, l'entreprise lui indemnise son Pass Navigo mensuellement.

1. Calculez sa rémunération brute totale (pour le calcul du dixième) 2017-2018.

2. Déterminez le nombre de jours ouvrables auxquels elle aura droit pour la période 2018-2019.

Exercice 33 (Niveau 2)

- Ce salarié est entré dans l'entreprise le 2 janvier 1994.
- Il quitte l'entreprise le vendredi 7 décembre 2018 au soir.
- Son salaire de base (151,67 heures) (inchangé depuis le 1er juin 2017) est de 2 020 €.
- Sa prime d'ancienneté (inchangée depuis le 1er juin 2017) est de 180 €.
- Ses droits aux congés payés sont de 25 jours ouvrés.
- Ses droits aux congés d'ancienneté sont de 2 jours ouvrés.
- Il a droit à un 13e mois (au *prorata temporis*) avec la paie de novembre.
- Il a droit aussi à une prime de vacances (au *prorata temporis*) de 450 €.
- Au moment de son départ, il lui reste 4 jours de congé (période 2017-2018).

Quel sera le montant total de ses indemnités de congés payés sur son solde de tout compte ?

1. a) Déterminez sa rémunération brute totale (pour le calcul du dixième) 2017-2018.

b) Déterminez son indemnité compensatrice 2017-2018.

- **Avec la règle du dixième.**

- **Avec la règle du maintien de salaire.**

2. a) Déterminez sa rémunération brute totale (pour le calcul du dixième) 2018-2019.

b) Déterminez son nombre de jours de CP 2018-2019 acquis.

c) Déterminez son indemnité compensatrice 2018-2019.

- **Avec la règle du dixième.**

- **Avec la règle du maintien de salaire.**

Conclusion

indemnités compensatrices CP 2017-2018 =
\+ indemnités compensatrices CP 2018-2019 =

Exercice 34 (Niveau 2)

- Ce salarié est entré dans l'entreprise le 2 juillet 1989.
- Il passe à temps partiel (17,50 heures par semaine ; 3,50 heures tous les matins) le 1er juin 2018.
- Sachant :

– qu'il a 25 jours ouvrés de droit à CP ;
– qu'il gagnait 2 300 € à temps complet ;
– qu'il part en congés du lundi 2 au dimanche 22 juillet 2018 inclus.

Établissez son brut du mois de juillet, en appliquant la règle la plus favorable.

1. Déterminez sa rémunération brute totale (pour le calcul du dixième) 2017-2018.

2. Déterminez son nombre de jours d'absence CP.

3. Déterminez le montant de l'absence CP.

4. Déterminez le montant de l'indemnité CP.

5. Brut du mois de juillet 2018 pour ce salarié.

+ Salaire =
– Absence CP =
+ Paiement CP =

Exercice 35 (Niveau 3)

• Ce salarié est entré dans l'entreprise le 2 juillet 1989.
• Il passe à temps partiel (28 heures par semaine : L, M, M, J, 7 heures par jour) le 1er juin 2017.
• Le 1er février 2018, il change d'horaire en passant à 17,50 heures par semaine : chaque jour 3 h 50.
• Le 1er juin 2018, il change encore d'horaire en passant à 21 heures par semaine : lundi, mardi et vendredi, chaque jour 7 heures.
• Sachant :
– qu'il a 27 jours ouvrés de droit à CP à temps plein ;
– qu'il gagnait 1 500 € à temps complet ;
– qu'il part en congés du lundi 6 au lundi 27 août 2018 inclus.

Établissez son brut du mois d'août 2018, en appliquant la règle la plus favorable.

1. Déterminez sa rémunération brute totale (pour le calcul du dixième) 2017-2018.

2. Déterminez son nombre de jours d'absence CP.

3. Déterminez le montant de l'absence CP.

4. Déterminez le montant de l'indemnité CP.

5. Brut de ce salarié en août 2018.

+ Salaire =
– Absence CP =
+ Paiement CP =

Mais il n'y a aucune obligation à faire à chaque fois les deux calculs puisque la comparaison n'est à établir qu'à la fin de la prise des congés. Dans la pratique, on se contentera de maintenir purement et simplement le salaire pendant les congés et à la fin de la période de référence, on se livrera à la comparaison entre les calculs. Si l'application de la règle du dixième est plus avantageuse, le salarié bénéficiera d'un complément congé, souvent appelé « régul. dixième ».

Exercice 36 (Niveau 3)

- Ce salarié est entré dans l'entreprise le 4 septembre 2000.
- L'entreprise indemnise les absences CP au maintien toute l'année et régularise si besoin est au dixième sur la paie de mai.
- Son salaire de base (151,67 heures) était de 2 100 € du 1er juin 2016 au 31 décembre 2017, puis est passé à 2 200 € le 1er janvier 2018.
- Ses droits conventionnels à congés payés sont de 28 jours ouvrés au 1er juin 2017.
- Il est parti en congés payés du lundi 7 au lundi 28 août 2017 inclus, puis il est parti du mardi 26 décembre 2017 au mardi 2 janvier 2018 inclus, et enfin du mardi 3 au lundi 16 avril 2018 inclus.

Quel est le montant de la rubrique « Régul. dixième » qui se déclenche sur la paie de mai 2018 ?

1. Déterminez sa rémunération brute totale (pour le calcul du dixième) 2016-2017.

2. Déterminez le montant des absences « congés payés » :

a) du 7 au 28 août 2016 ;

b) du 26 décembre 2017 au 2 janvier 2018 ;

c) du 3 au 16 avril 2018.

Montant total des absences « congés payés » :

3. Déterminez l'indemnité dixième totale.

4. Déterminez le montant de la régularisation dixième.

11. La régularisation mensuelle progressive

Rappel, extrait du livre *La paie, ça s'apprend*

Les tranches des cotisations (A, B, C, autres)

L'assiette de cotisations est la base sur laquelle est calculée une charge. L'assiette peut être soit le **gain total** (on parlera de « salaire brut »), soit une **partie du** gain (on parlera alors de « tranche »).

On appelle « **plancher** » la limite **inférieure** d'une tranche. On appelle « **plafond** » la limite **supérieure** d'une tranche. Il est très important de bien faire la différence entre la notion de tranche et la notion de plafond : un plafond est une limite alors qu'une tranche est une partie du salaire délimitée par un plancher et un plafond. Ce plafond peut être celui de la Sécurité sociale ou le salaire lui-même s'il est inférieur au plafond SS.

- **Les tranches**

Ce sont **des parties du salaire** que l'on appelle communément tranche A, tranche B, tranche C, tranche D. Nous allons définir chacune d'elles.

Le plancher de la **tranche A** est le premier euro (voire le premier centime). En pratique, nous prendrons zéro comme valeur. Le plafond de la tranche A correspond au plafond de la Sécurité sociale. La valeur de la tranche A est donc au maximum égale au plafond de la Sécurité sociale moins le plancher qui est égal à zéro.

Le plancher de la **tranche B** correspond au plafond de la tranche A (+ 1 centime). Le plafond de la tranche B est égal à quatre fois le plafond de la tranche A. La tranche B a donc pour valeur maximale la différence entre ces deux limites : quatre fois le plafond de la tranche A (ou le salaire brut si celui-ci est inférieur) moins le plafond de la tranche A, ce qui nous donne au maximum trois fois la valeur de la tranche A.

Le plancher de la **tranche C** correspond au plafond de la tranche B (+ 1 centime). Le plafond de la tranche C est égal à huit fois le plafond de la tranche A. La valeur de la tranche C correspond donc à la différence entre ces deux limites : huit fois le plafond de la tranche A (ou le salaire brut si celui-ci est inférieur) moins le plafond de la tranche B qui est lui-même égal à quatre fois le plafond de la tranche A, soit quatre fois la valeur de la tranche A.

La **tranche D** est très peu courante, car d'une part elle correspond à un niveau de salaire très élevé, et d'autre part il n'y a pas de cotisation assise spécifiquement sur cette tranche. Son plancher correspond au plafond de la tranche C (+ 1 centime). Il n'existe pas aujourd'hui de plafond à cette tranche. Sa valeur sera donc la différence entre le niveau du salaire et le plafond de la tranche C.

La valeur du plafond Sécurité sociale au 1er janvier 2018 est de : 3 311 €/mois.

Le principe de la **régularisation mensuelle progressive des cotisations** est de calculer les tranches, non pas en fonction de ce que gagne le salarié chaque mois, mais sur la masse des salaires gagnés depuis le début de l'année. Son principe est de travailler sur les cumuls uniquement. Il ne faut donc plus comparer le brut du mois par rapport au plafond du mois mais comparer le brut cumulé par rapport au plafond cumulé. Quand on pratique cette régularisation, on doit se poser chaque mois la question suivante : est-ce que le brut cumulé est supérieur au plafond cumulé de la Sécurité sociale ?

• Si la réponse est oui, alors la tranche A cumulée est égale au plafond cumulé, et la tranche B cumulée est égale à la différence entre le brut cumulé et le plafond cumulé.

• Si la réponse est non, alors la tranche A cumulée est égale au brut cumulé, et la tranche B est égale à zéro.

Ensuite seulement, on détermine la tranche A du mois qui est toujours égale à la différence entre la tranche A cumulée de ce mois et la tranche A cumulée du mois précédent. De même, la tranche B du mois est toujours égale à la différence entre la tranche B cumulée de ce mois et la tranche B du mois précédent. C'est ainsi que, parfois, la tranche B du mois peut être négative. Si le mois précédent, le salarié avait une tranche B cumulée élevée et que ce mois, ayant moins gagné, il a une tranche B cumulée moins élevée, il faut bien lui rembourser ce qu'il a cotisé en trop.

Exercice 37 (Niveau 1)

Remplissez le tableau de régularisation mensuelle progressive avec les bruts mensuels indiqués.

Plafond 2018 : 3 311

Le brut cumulé est-il > ou < au plafond cumulé ?

Mois	Brut du mois	Brut cumulé	Tranche A cumulée	Tranche A du mois	>/<	Plafond cumulé	Tranche B cumulée	Tranche B du mois
Janvier	3 300							
Février	3 300							
Mars	3 300							
Avril	3 400							
Mai	3 300							
Juin	3 300							
Juillet	3 300							
Août	3 300							
Septembre	3 300							
Octobre	3 300							
Novembre	3 400							
Décembre	6 600							

Le brut cumulé doit sur chaque ligne être égal à la somme Tranche A cumulée + Tranche B cumulée

Le brut du mois doit sur chaque ligne être égal à la somme Tranche A du mois + Tranche B du mois

Exercice 38 (Niveau 1)

Remplissez le tableau de régularisation mensuelle progressive avec les bruts mensuels indiqués.

Plafond 2018 : 3 311

Le brut cumulé est-il > ou < au plafond cumulé ?

Mois	Brut du mois	Brut cumulé	Tranche A cumulée	Tranche A du mois	>/<	Plafond cumulé	Tranche B cumulée	Tranche B du mois
Janvier	3 500							
Février	3 200							
Mars	3 200							
Avril	3 200							
Mai	3 500							
Juin	3 200							
Juillet	3 200							
Août	3 200							
Septembre	3 500							
Octobre	3 200							
Novembre	3 500							
Décembre	3 500							

Le brut cumulé doit sur chaque ligne être égal à la somme Tranche A cumulée + Tranche B cumulée

Le brut du mois doit sur chaque ligne être égal à la somme Tranche A du mois + Tranche B du mois

Exercice 39 (Niveau 1)

Remplissez le tableau de régularisation mensuelle progressive avec les bruts mensuels indiqués.

Plafond 2018 : 3 311

Le brut cumulé est-il > ou < au plafond cumulé ? ⇒

Mois	Brut du mois	**Brut cumulé**	**Tranche A cumulée**	Tranche A du mois	>/<	**Plafond cumulé**	**Tranche B cumulée**	Tranche B du mois
Janvier	**3 300**							
Février	**3 452**							
Mars	**3 614**							
Avril	**3 265**							
Mai	**3 186**							
Juin	**3 217**							
Juillet	**3 169**							
Août	**3 184**							
Septembre	**3 395**							
Octobre	**3 349**							
Novembre	**3 301**							
Décembre	**3 486**							

Le brut cumulé doit sur chaque ligne être égal à la somme Tranche A cumulée + Tranche B cumulée

Le brut du mois doit sur chaque ligne être égal à la somme Tranche A du mois + Tranche B du mois

Rappel, extrait du livre *La paie, ça s'apprend*

Il existe quatre cas de réductions de plafond SS, mais les règles ont changé depuis le 1er janvier 2018 (décret n° 2017-858 du 9 mai 2017, paru au JO le 10 mai 2017, textes 37 et 45). L'Agirc et l'Arrco se sont alignés sur les mêmes principes par la circulaire n° 2017-9 DRJ du 27 octobre 2017.

Cas des absences non rémunérées

Avant le 1er janvier 2018

Les absences non rémunérées ne donnaient lieu à réduction du plafond SS que dans la mesure où elles couvraient une période comprise entre deux échéances habituelles de paie.

Si le salarié était payé au mois et s'il bénéficiait d'un congé sans solde d'un mois compris entre deux échéances de paie, le plafond annuel était réduit du plafond mensuel correspondant. Toutes les autres absences non rémunérées plus courtes que la période de paie, qui couvraient donc une période de travail rémunérée et plusieurs périodes d'absence non rémunérées, ne donnaient pas lieu à réduction de plafond.

Par exemple, le salarié qui s'absentait 35 jours, du lundi 11 septembre au dimanche 15 octobre 2017, n'avait aucune réduction de plafond ! En revanche, le salarié qui s'absentait également 35 jours, mais du lundi 31 juillet au dimanche 3 septembre 2017, n'avait pas de plafond en août !

Depuis le 1er janvier 2018

Les absences non rémunérées donnent à présent lieu à réduction de plafond sans exiger que ces absences couvrent l'intégralité de la période de paie. Le plafond du mois comprenant une absence non payée est donc égal à :

$$\frac{\text{Plafond du mois} \times (\text{nombre de jours calendaires du mois} - \text{nombre de jours calendaires d'absence})}{\text{Nombre de jours calendaires du mois}}$$

Par exemple, pour un salarié ayant 2 jours de congé sans solde en janvier 2018, son plafond SS est de :

$$\frac{3\,311 \times 29 \text{ (31 jours calendaires de janvier} - \text{2 jours d'absences non rémunérées)}}{31} = 3\,097{,}39\ €.$$

Cas des entrées et sorties en cours de mois

Avant le 1er janvier 2018

Pour la Sécurité sociale, et par souci de simplification, tous les mois avaient 30 jours calendaires (principe du trentième de plafond). Il y avait donc deux principes fondamentaux pour le calcul du plafond mensuel :

- en cas de présence du salarié dans l'entreprise l'intégralité du mois, le plafond était entier (30 trentièmes), quel que soit le mois ;
- en cas de mois incomplet, le plafond avait autant de trentièmes que de jours calendaires de présence du salarié dans l'entreprise dans le mois considéré (dans la limite maximale de 30 selon le principe du trentième).

Exemple : Si un salarié était embauché le lundi 27 mars 2017 et que son contrat se terminait le vendredi 19 mai 2017, le plafond à prendre en compte se calculait de la manière suivante :
- du 27 au 31 mars : 5 trentièmes de 3 269 € (le 27 = 1, le 28 = 1, le 29 = 1, le 30 = 1, le 31 = 1) ;
- au mois d'avril : 30 trentièmes de 3 269 € ;
- du 1er au 19 mai : 19 trentièmes de 3 269 €.

Total : 54 trentièmes de 3 269 €, soit : 5 884,20 €.

Depuis le 1er janvier 2018

Il faut maintenant appliquer le même principe que pour les absences non rémunérées, le plafond d'un salarié qui entre ou sort de l'entreprise au cours d'un mois est donc égal à :

$$\frac{\text{Plafond du mois} \times (\text{nombre de jours calendaires du mois} - \text{nombre de jours calendaires d'absence})}{\text{Nombre de jours calendaires du mois}}$$

Exemple : Si un salarié est embauché le lundi 26 mars 2018 et que son contrat se terminait le vendredi 18 mai 2018, le plafond à prendre en compte se calcule désormais de la manière suivante :
- du 26 au 31 mars : 6 / 31èmes de 3 311 € (le 26 = 1, le 27 = 1, le 28 = 1, le 29 = 1, le 30 = 1, le 31 = 1) ;
- au mois d'avril : 30 / 30èmes de 3 311 € ;
- du 1er au 18 mai : 18/31èmes de 3 311 €.

Total : (3 311 × 6/31) + 3 311 + (3 311 × 18/31) = 640,84 + 3 311 + 1 922,52 = 5 874,36 €.

Cas des salariés à temps partiel

Cette réduction de plafond ne se pratique que pour les salariés à temps partiel qui ont déjà été définis précédemment, uniquement dans la mesure où leur salaire calculé à temps plein est supérieur au plafond Sécurité sociale non seulement sur un mois donné mais également sur l'année entière. Cet abattement n'est pas applicable aux salariés à employeurs multiples qui auraient pu être considérés comme étant à temps partiel chez chacun d'eux (circulaire Acoss n° 86-57 du 16 décembre 1986).

Avant le 1er janvier 2018

La formule appliquée était la suivante :

$$\text{Plafond réduit} = \frac{\text{Salaire à temps partiel} \times \text{Plafond période de paie}}{\text{Salaire à temps plein}}$$

Le salaire à temps plein reconstitué était le salaire que le salarié à temps partiel aurait perçu s'il avait travaillé à temps plein [Salaire à temps plein = salaire à temps partiel × durée du travail à temps plein / nombre d'heures rémunérées (C. Séc. soc., art. R. 242-7 en vigueur jusqu'au 31 décembre 2017)].

Exemple : Un salarié à temps plein gagnait 5 250 € pour 35 heures en 2017.
S'il passait à temps partiel à 3 600 € pour 24 heures.
Le calcul de son plafond réduit était :

$$\frac{3\,600 \times 3\,269}{5\,250} = 2\,241{,}60$$

Depuis le 1er janvier 2018

La formule à appliquer dorénavant est la suivante :

$$\text{Plafond réduit} = \frac{\text{Plafond SS} \times \text{Nombre d'heures contractuelles} + \text{Nombre d'heures complémentaires}}{\text{Horaire légal (ou conventionnel)}}$$

Mais attention, l'application de cette formule ne peut pas conduire à ce que le plafond réduit soit supérieur au plafond mensuel en vigueur (3 311 € en 2018) (C. Séc. soc., art. R. 242-2 modifié, I, al. 7).

Exemple : Un salarié à temps plein gagne 5 250 € pour 35 heures en 2018.
S'il passe à temps partiel à 3 600 € pour 24 heures, soit 104 heures mensuellement (24 × 52 / 12).
Le calcul de son plafond réduit est :

$$\frac{3\,311 \times 104}{151{,}67 \text{ heures}} = 2\,270{,}35 \text{ €}$$

Cas des salariés à employeurs multiples

Selon le Code de la Sécurité sociale, les salariés à employeurs multiples sont des salariés qui travaillent régulièrement et simultanément pour plusieurs employeurs. La part incombant à chaque employeur est déterminée au prorata des rémunérations que chacun a versées dans la limite du plafond. Cette règle n'est pas cumulable avec celle appliquée aux salariés à temps partiel examinée précédemment.

Exemple : Si un salarié est employé dans trois entreprises : A, B et C, et que ses rémunérations sont respectivement :

- Pour A : 1 000 €
- Pour B : 1 200 €
- Pour C : 1 800 €

Total : 4 000 €

Son gain est donc très nettement supérieur au plafond Sécurité sociale. Pour les cotisations dont l'assiette est limitée à ce plafond, si chaque employeur le fait cotiser sur les sommes réellement perçues, il cotiserait au total sur 4 000 € et non pas sur la valeur du plafond actuel, ce qui n'est intéressant ni pour les employeurs, ni pour le salarié.

Calcul du plafond réduit chez chaque employeur

$$\text{Employeur A : } \frac{1\,000 \times 3\,311}{4\,000} = 827{,}75 \text{ €}$$

$$\text{Employeur B : } \frac{1\,200 \times 3\,311}{4\,000} = 993{,}30 \text{ €}$$

$$\text{Employeur C : } \frac{1\,800 \times 3\,311}{4\,000} = 1\,489{,}95 \text{ €}$$

827,75 + 993,30 + 1 489,95 = 3 311 € (ce qui est bien la valeur du plafond de la Sécurité sociale du 1er janvier 2018 au 31 décembre 2018).

Exercice 40 (Niveau 2)

1. Un CDI, temps plein, devant percevoir 2 200 € de salaire mensuel, entre dans une entreprise le lundi 5 mars 2018.

Quels sont son brut et son plafond SS de ce mois ?

Calcul du brut	Calcul du plafond

2. Un CDI, temps plein, percevant 2 750 € de salaire ayant les 12, 13 et 14 mars 2018 d'absence non rémunérée, quitte l'entreprise le 23 mars.

Quels sont son brut et son plafond SS de ce mois ?

Calcul du brut	Calcul du plafond

3. Un CDD, temps partiel à 25 heures par semaine (5 heures par jour), entre dans une entreprise le 12 février 2018 pour un salaire de 1 500 €. Il a effectué 2 heures complémentaires lors de sa première semaine et 1 heure complémentaire lors de sa seconde semaine.

Quels sont son brut et son plafond SS de ce mois ?

Calcul du brut	Calcul du plafond

4. Un CDI, employeurs multiples, entre dans une entreprise le lundi 3 septembre 2018. Il perçoit 1 000 € pour 12 heures. Ses autres emplois lui rapportent 2 000 € pour 23 heures.

Quels sont son brut et son plafond SS de ce mois ?

Calcul du brut	Calcul du plafond

Exercice 41 (Niveau 3)

Ce salarié non cadre perçoit **3 100,00 €** de salaire pour 151,67 heures par mois.
Nous sommes en l'année **2018** où le plafond du 1er janvier au 31 décembre est de **3 311 €**
Déterminer en régularisation progressive sa tranche A et sa tranche B.

Le brut cumulé est-il <ou> au plafond cumulé ? ♣

Mois	Brut du mois	**Brut Cumulé**	>/<	**Plafond Cumulé**	**Tranche 1 Cumulée**	Tranche 1 du mois	**Tranche 2 Cumulée**	Tranche 2 du mois
Janvier **Tps plein**	3 100							
***Février* : Congés ss solde à partir du 12**								
***Mars* : Congés ss solde**								
***Avril* : revient le 9 et demande un tps partiel**								
***Mai* : Le temps partiel est accepté à 60%**	1 860							
***Juin* : Prime vacances 1000 € (Mt id. tt pers.)**								
***Juillet* : Congés Payés de 3 semaines (maintien)**								
Août* : *6 heures complémentaires (10%)								
***Septembre* : Prime de rentrée (1000 € / tps plein)**								
***Octobre* : 1 semaine de convenance personnelle**								
***Novembre* : + 4 H.C. (pose démis. le 7 Déc.)**								
***Décembre* : + 1200 € ind. CP et + 800€ 13e mois**								

Le Brut Cumulé doit sur chaque ligne être égal à la somme Tr. A Cumulée + Tr. B Cumulée

Le Brut du mois doit sur chaque ligne être égal à la somme : Tr. A du mois + Tr. B du mois

Quelques précisions : Les congés sans solde sont une absence autorisée non payée. Quand le salarié revient le lundi 9 avril, il fait une demande de temps partiel (60 %, mais 5 jours travaillés), qui sera acceptée au 1er mai. En juin, l'entreprise donne une prime de vacances de 1 000 € (dont le montant est identique à tout le personnel, même à temps partiel). En juillet, les congés payés sont au maintien de salaire. En août, le salarié effectue 6 heures complémentaires (majorées à 10 %). En septembre, la prime de rentrée scolaire est proratisée en fonction du temps de travail. La convenance personnelle d'une semaine (5 jours ouvrés) est également une absence autorisée non payée mais généralement plus courte que les congés sans solde. Enfin en novembre, notre salarié pose sa démission pour le 7 décembre et réalise 4 heures complémentaires. En décembre, le salarié aura sur son solde de tout compte 1 200 € d'indemnité compensatrice congés payés et 800 € de treizième mois (tous deux déjà calculés au prorata).

Rappel, extrait du livre *La paie, ça s'apprend*

Cas d'un salarié avec une tranche C

Afin de procéder à une régularisation mensuelle progressive, il nous faut prendre en compte des notions supplémentaires par rapport aux régularisations précédentes.
Dans un salaire, il n'existe une tranche C que si le salaire est supérieur au plafond de la tranche B (le plafond de la tranche B est égal à quatre fois le plafond de la tranche A). Pour faire la régularisation mensuelle progressive, il va donc falloir se poser une question supplémentaire (et préalable à celle que nous avons vue plus haut et qui était : « Est-ce que le brut cumulé est supérieur au plafond cumulé de la Sécurité sociale ? »).

Est-ce que le brut cumulé est supérieur au plafond B cumulé de la Sécurité sociale ?
1. Si la réponse est « oui », alors la tranche A cumulée est égale au plafond A cumulé, la tranche B cumulée est égale à la différence entre le plafond B cumulé et le plafond A cumulé, et la tranche C cumulée est égale à la différence entre le brut cumulé et le plafond B cumulé.
2. Si la réponse est « non », alors la tranche C cumulée est égale à zéro et on se repose la question précédente (est-ce que le brut cumulé est supérieur au plafond cumulé de la Sécurité sociale ?) pour connaître les valeurs des tranches A et B cumulées.

Comme vu précédemment, on détermine seulement après la tranche C du mois qui est toujours égale à la différence entre la tranche C cumulée de ce mois et la tranche C cumulée du mois précédent. La tranche C du mois peut, elle aussi, être négative dans le cas où le salarié avait gagné beaucoup jusqu'à présent et qu'il gagne moins ce mois.

Exercice 42 (Niveau 2)

Remplissez le tableau de régularisation mensuelle progressive avec les bruts mensuels indiqués.

Plafond 2018 : 3 311

Le brut cumulé est-il > ou < au plafond B cumulé ?

Le brut cumulé est-il > ou < au plafond cumulé ?

Mois	Brut du mois	Brut cumulé	Tranche A cumulée	Tranche A du mois	>/<	Plafond cumulé	Tranche B cumulée	Tranche B du mois	>/<	Plafond B cumulé	Tranche C cumulée	Tranche C du mois
Janvier	13 000											
Février	14 000											
Mars	13 000											
Avril	12 500											
Mai	12 500											
Juin	14 000											
Juillet	13 000											
Août	14 000											
Septembre	13 500											
Octobre	13 500											
Novembre	13 000											
Décembre	12 500											

Le brut cumulé doit sur chaque ligne être égal à la somme Tranche A cumulée + Tranche B cumulée + Tranche C cumulée

Le brut du mois doit sur chaque ligne être égal à la somme Tranche A du mois + Tranche B du mois + Tranche C du mois

Exercice 43 (Niveau 2)

Remplissez le tableau de régularisation mensuelle progressive avec les bruts mensuels indiqués.

Plafond 2018 : 3 311

Le brut cumulé est-il > ou < au plafond B cumulé ?

Le brut cumulé est-il > ou < au plafond cumulé ?

Mois	Brut du mois	Brut cumulé	Tranche A cumulée	Tranche A du mois	>/<	Plafond cumulé	Tranche B cumulée	Tranche B du mois	>/<	Plafond B cumulé	Tranche C cumulée	Tranche C du mois
Janvier	13 500											
Février	13 300											
Mars	13 000											
Avril	13 200											
Mai	13 000											
Juin	13 000											
Juillet	14 000											
Août	13 000											
Septembre	13 000											
Octobre	13 200											
Novembre	13 500											
Décembre	13 200											

Le brut cumulé doit sur chaque ligne être égal à la somme Tranche A cumulée + Tranche B cumulée + Tranche C cumulée

Le brut du mois doit sur chaque ligne être égal à la somme Tranche A du mois + Tranche B du mois + Tranche C du mois

Tableau des charges sociales sur les salaires pour 2018

Pour l'historique, les détails, les raisons d'être, les contreparties des charges, voir le livre *La Paie, ça s'apprend*.

	Charges sociales sur salaires Année 2018	Précisions	Taux (en %) Salarié	Employeur	Total	Assiette mensuelle Tranche	En Euros
Sécurité Sociale	Maladie, maternité, invalidité, décès	Tous départements sauf	0	13,00	13,00	Brut	
		Alsace-Moselle	*1,50*	*13,00*	*14,50*	*Brut*	
	Contribution Solidarité Autonomie		0	0,30	0,30	Brut	
	Accidents du travail		0	variable	variable	Brut	
	Allocations familiales		0	3,45	3,45	Brut	
		Supplém. si Rém.An>3,5 SMiC	0	1,80	1,80	Brut	
	Vieillesse	Plafonnée	6,90	8,55	15,45	A	De 0 à 3 311 €
		Déplafonnée	0,40	1,90	2,30	Brut	
	Fonds National d'Aide au Logement	Effectif < 20 salariés	0	0,10	0,10	A	De 0 à 3 311 €
		Effectif ≥ 20 salariés	0	0,50	0,50	Brut	
	Forfait Social	Effectif ≥ 11 salariés	0	8,00	8,00	Mt des cotis. patr. des Prévoyances	
	Contribution au Dialogue Social		0	0,016	0,016	Brut	
	Versement transport	Effectif ≥ 11 salariés	0	variable	variable	Brut	
	Contribution Sociale Généralisée	Déductible du Net Fiscal	6,80	0	6,80	(Brut x 98,25% dans la limite de 13 244 € + brut x 100% au-delà de 13 244 €) + montants des cotisations patronales des prévoyances	
	Contribution Sociale Généralisée	Non déductible du Net Fiscal	2,40	0	2,40		
	Contrib. au Remb. de la Dette Sociale	Non déductible du Net Fiscal	0,50	0	0,50		
Chômage	Régime Assurance Chômage	(Au 1er octobre, le taux salarial passe à 0%)	0,95	4,05	5,00	A+B	De 0 à 13 244 €
	Association Garantie des Salaires		0	0,15	0,15	A+B	De 0 à 13 244 €
Retraites Complémentaires	Régime des non-cadres						
	ARRCO	(sauf entrep. avec taux + élevé)	3,10	4,65	7,75	1	De 0 à 3 311 €
			8,10	12,15	20,25	2	De 3 311 à 9 933 €
	Association Gestion Fonds Financement		0,80	1,20	2,00	1	De 0 à 3 311 €
			0,90	1,30	2,20	2	De 3 311 à 9 933 €
	Régime des cadres						
	ARRCO	(sauf entrep. avec taux + élevé)	3,10	4,65	7,75	A	De 0 à 3 311 €
	Association Gestion Fonds Financement		0,80	1,20	2,00	A	De 0 à 3 311 €
	AGIRC		7,80	12,75	20,55	B	De 3 311 à 13 244 €
	Association Gestion Fonds Financement		0,90	1,30	2,20	B+C	De 3 311 à 26 488 €
	AGIRC		7,80	12,75	20,55	C	De 13 244 à 26 488 €
	Contribution Exceptionnelle Temporaire		0,13	0,22	0,35	A+B+C	De 0 à 26 488 €
	Association Pour l'Emploi des Cadres		0,024	0,036	0,060	A+B	De 0 à 13 244 €
	Prévoyance décès des cadres	(Minimum obligatoire)	0	1,50	1,50	A	De 0 à 3 311 €
Taxes Diverses	Taxe d'apprentissage	Tous départements sauf	0	0,68	0,68	Brut	
		Alsace-Moselle	*0*	*0,44*	*0,44*	*Brut*	
	Participation à la construction	Effectif ≥ 20 salariés	0	0,45	0,45	Brut	
	Participation à la formation	Effectif < 11 salariés	0	0,55	0,55	Brut	
		Effectif ≥ 11 salariés	0	1,00	1,00	Brut	
		Supplément si C.D.D.	0	1,00	1,00	Salaire CDD	
						Assiette annuelle	
	Taxe sur les salaires pour les employeurs non assujettis à la T.V.A.		0	4,25	4,25	De 0 à 7 799 €	
			0	8,50	8,50	De 7 799 à 15 572 €	
			0	13,60	13,60	Au-delà de 15 572 €	
	Prévoyance Frais de Santé	Obligatoire depuis 01/2016	variable	variable	variable	Dépend de l'accord	

Total des charges sociales	Total / A	21,680%	45,286%	66,966%
	Total / B	19,734%	45,192%	64,926%
	Total / C	18,930%	42,756%	61,686%

Depuis le 1er janvier 2017, dans une entreprise dont l'effectif est supérieur à 300 salariés, il faut appliquer le nouvel article R. 3241-1, soit une nouvelle forme de bulletin de paie, appelé « bulletin de paie simplifié » ou encore « bulletin de paie clarifié ». Depuis le 1er janvier 2018, ce bulletin de paie « simplifié » est applicable également dans les entreprises de moins de 300 salariés. Autrement dit, il est applicable dans toutes les entreprises.

Voici le texte de cet article :

Article R.3243-1 (Modifié par Décret n°2017-1676 du 7 décembre 2017 - art. 6 (V)).

Le bulletin de paie prévu à l'article L. 3243-2 comporte :

1. Le nom et l'adresse de l'employeur ainsi que, le cas échéant, la désignation de l'établissement dont dépend le salarié ;

2. Le numéro de la nomenclature d'activité mentionnée au 1 de l'article R. 123-223 du code de commerce caractérisant l'activité de l'établissement d'emploi (*dénommé « code de l'activité principale exercée », code APE avant le 1er janvier 1993 et nommé « code des nomenclatures des activités françaises », code NAF depuis cette date*), ainsi que, pour les employeurs inscrits au répertoire national des entreprises et des établissements, le numéro d'inscription de l'employeur au répertoire national mentionné à l'article R. 123-220 du même code ;

3. S'il y a lieu, l'intitulé de la convention collective de branche applicable au salarié ou, à défaut, la référence au code du travail pour les dispositions relatives à la durée des congés payés du salarié et à la durée des délais de préavis en cas de cessation de la relation de travail ;

4. Le nom et l'emploi du salarié ainsi que sa position dans la classification conventionnelle qui lui est applicable. La position du salarié est notamment définie par le niveau ou le coefficient hiérarchique qui lui est attribué ;

5. La période et le nombre d'heures de travail auxquels se rapporte le salaire en distinguant, s'il y a lieu, les heures payées au taux normal et celles qui comportent une majoration pour heures supplémentaires ou pour toute autre cause et en mentionnant le ou les taux appliqués aux heures correspondantes :

a) La nature et le volume du forfait auquel se rapporte le salaire des salariés dont la rémunération est déterminée sur la base d'un forfait hebdomadaire ou mensuel en heures, d'un forfait annuel en heures ou en jours ;

b) L'indication de la nature de la base de calcul du salaire lorsque, par exception, cette base de calcul n'est pas la durée du travail ;

6. La nature et le montant des accessoires de salaire soumis aux cotisations salariales et patronales ;

7. Le montant de la rémunération brute du salarié ;

8. a) Le montant et l'assiette des cotisations et contributions d'origine légale et conventionnelle à la charge de l'employeur et du salarié avant déduction des exonérations et exemptions mentionnées au 12° ainsi que, pour les cotisations et contributions d'origine légale et conventionnelle à la charge du salarié, leurs taux ;

b) La nature et le montant des versements et retenues autres que celles mentionnées au a effectués sur la période, notamment au titre de la prise en charge des frais de transport public ou de frais de transports personnels ;

9. L'assiette, le taux et le montant de la retenue à la source prévue au 1° du 2 de l'article 204 A du code général des impôts ainsi que la somme qui aurait été versée au salarié en l'absence de retenue à la source ;

10. Le montant de la somme effectivement reçue par le salarié ;

11. La date de paiement de cette somme ;

12. Les dates de congé et le montant de l'indemnité correspondante, lorsqu'une période de congé annuel est comprise dans la période de paie considérée ;

13. Le montant total des exonérations et exemptions de cotisations et contributions sociales qui figurent dans l'annexe mentionnée au 5° du III de l'article LO 111-4 du code de la sécurité sociale, appliquées à la rémunération mentionnée au 7° ;

14. Le montant total versé par l'employeur, c'est-à-dire la somme de la rémunération mentionnée au 7° et des cotisations et contributions à la charge de l'employeur mentionnées au a du 8°, déduction faite des exonérations et exemptions des mêmes cotisations et contributions mentionnées au 13° ;

15. La mention de la rubrique dédiée au bulletin de paie sur le portail www. service-public.fr.

Article R.3243-2 (créé par décret n° 2008-244 du 7 mars 2008 – art. V et Modifié par décret n°2017-858 du 9 mai 2017 - art. 10) :
Les informations mentionnées aux a) du 8°, 9°, 13° et 14° de l'article R. 3243-1 sont libellées et ordonnées ainsi que, pour les éléments à la charge de l'employeur, regroupées conformément à un modèle défini par arrêté des ministres chargés de la sécurité sociale et du travail.
La contribution mentionnée à l'article L. 136-3 du code de la sécurité sociale et la contribution prévue à l'article 14 de l'ordonnance n°96-50 du 24 janvier 1996 relative au remboursement de la dette sociale sont agrégées. Les contributions autres que les contributions sociales mentionnées au a) du 8° sont également agrégées dans une seule rubrique, qui donne le montant total de cette contribution.

Enfin, l'arrêté du 25 février 2016, paru au JO le 26 février 2016 donne le modèle de regroupement des cotisations et contributions. Il est à noter que cet arrêté donne deux modèles : un pour les cadres et un pour les non-cadres. Si lors de sa parution, l'arrêté demandait la séparation des cotisations par bases et les taux correspondant, le nouveau modèle mis en ligne par le gouvernement sur le site www.gouvernement.fr/bulletin-de-paie agrège toutes les cotisations sans distinction de tranches et sans mention d'aucun taux ni salarial, ni patronal.

Selon ce modèle, les lignes suivantes doivent apparaître ainsi :

ASSURANCE SANTÉ
- Sécurité sociale (autrement dit : la cotisation maladie, maternité, invalidité, décès)
- Complément santé (toutes les lignes concernant la prévoyance frais de santé)
- Incapacité, invalidité, capital décès (toutes les lignes concernant la prévoyance décès)

ASSURANCE ACCIDENT DU TRAVAIL, MALADIE PROFESSIONNELLE (la cotisation patronale acc. trav.)

ASSURANCE RETRAITE
- Sécurité sociale (mélanger les 2 cotisations vieillesse – la plafonnée et la non-plafonnée)
- Complémentaire (mélanger toutes les cotisations de retraite complémentaire – Arrco, Agirc, CET, AGFF, GMP, quels que soient leurs bases et leurs taux)
- Supplémentaire (idem pour les éventuelles cotisations de retraite supplémentaire)

FAMILLE – ALLOCATIONS FAMILIALES (cumuler la cotisation allocation familiale avec son éventuel supplément si le brut annuel du salarié est supérieur à 3,5 Smic)

ASSURANCE CHÔMAGE (Mélanger les cotisations du RAC et de l'AGS)

AUTRES CONTRIBUTIONS DUES PAR L'EMPLOYEUR
L'article 3 de l'arrêté du 25 février 2016 précise : La rubrique intitulée « Autres contributions dues par l'employeur » agrège les contributions dues uniquement par l'employeur, notamment le versement transport, la contribution au Fonds national d'aide au logement, la contribution solidarité autonomie, le forfait social, la taxe d'apprentissage et la contribution patronale au financement des organisations syndicales. Depuis cette date, la dernière contribution a été rebaptisée « Contribution au dialogue social » et une nouvelle est apparue : la « Contribution pénibilité ».

COTISATIONS DE CONVENTION COLLECTIVE OU STATUTAIRE

CSG NON IMPOSABLE (la CSG à 6,80 % reste seule sur cette ligne)
CSG et CRDS IMPOSABLES (regrouper la CSG à 2,40 % et la CRDS à 0,50 %)

ALLÈGEMENT DE COTISATIONS (cumuler l'allègement Fillon avec les divers allègements possibles : allocations familiales, ZRR, zone franche, etc.)

Exercice 44 (Niveau 1)

Ce salarié, CDI, est employé depuis le 1er janvier 2018 à temps plein dans une grande entreprise parisienne (effectif de 150 salariés et taux de versement transport de 2,95 %) pour un salaire de base de 2 000 € brut pour 151,67 heures par mois. Sa rémunération n'a pas varié depuis son entrée. Le taux d'accident du travail pour cette entreprise est de 2,44 %. Le montant des cotisations prévoyance « Frais de santé » est de 50 € aussi bien pour le salarié que pour l'employeur. L'entreprise bénéficie d'une couverture prévoyance décès dont les taux sont de 1 % pour le salarié et de 2 % pour l'employeur sur la tranche A.

Établissez son bulletin de paie simplifié à l'aide du tableau des charges.

Libellé des Rubriques	Base	Taux	Montant	Commentaires
Salaire				
Total Brut				

Cotisations	Part Salariale	Part Patronale
Assurance Santé		
Sécurité Sociale		
Complémentaire Santé		
Incapacité, Invalidité, Capital Décès		
Assurance Accident du Travail, Maladie Prof.		
Assurance Retraite		
Sécurité Sociale		
Complémentaire		
Supplémentaire		
Allocations Familiales		
Assurance Chômage		
A.P.E.C.		
Autres Contributions dues par l'employeur		
Cotisatations Statutaires ou prévues par la Conv. Coll.		
C.S.G. Non imposable		
C.S.G. & C.R.D.S. imposables		
Allègement de cotisations		
Total des cotisations et contributions		
RETENUES ET REMBOURSEMENTS DIVERS		
Total des Retenues et Remboursements		

Net Payé en euros	
Total versé par l'employeur	Allègement de cotisations

Exercice 45 (Niveau 1)

Ce salarié, CDI, est cadre depuis le 5 octobre 2015 à temps plein dans une grande entreprise parisienne (effectif de 150 salariés et taux de versement transport de 2,95 %) pour un salaire forfaitaire de 6 000 € brut pour 151,67 heures par mois. Sa rémunération n'a pas varié depuis son entrée (6 000 € bruts chaque mois). Le taux d'accident du travail pour cette entreprise est de 2,44 %. Le montant des cotisations prévoyance Frais de santé est de 60 € aussi bien pour le salarié que pour l'employeur. L'entreprise n'applique que le minimum de la prévoyance « Décès » obligatoire pour les cadres.

Établissez son bulletin de paie simplifié à l'aide du tableau des charges.

Libellé des Rubriques	Base	Taux	Montant	Commentaires
Salaire				
Total Brut				

Cotisations	Part Salariale	Part Patronale
Assurance Santé		
Sécurité Sociale		
Complémentaire Santé		
Incapacité, Invalidité, Capital Décès		
Assurance Accident du Travail, Maladie Prof.		
Assurance Retraite		
Sécurité Sociale		
Complémentaire		
Supplémentaire		
Allocations Familiales		
Assurance Chômage		
A.P.E.C.		
Autres Contributions dues par l'employeur		
Cotisatations Statutaires ou prévues par la Conv. Coll.		
C.S.G. Non imposable		
C.S.G. & C.R.D.S. imposables		
Allègement de cotisations		
Total des cotisations et contributions		
RETENUES ET REMBOURSEMENTS DIVERS		
Total des Retenues et Remboursements		
	Net Payé en euros	
	Total versé par l'employeur	Allègement de cotisations

Exercice 46 (Niveau 2)

Le salarié de l'exercice précédent a un collègue dans la même entreprise que lui, entré en CDI le même jour que lui, mais ce collègue est cadre supérieur pour un salaire forfaitaire de 16 000 € brut pour 151,67 heures par mois. Sa rémunération n'a pas varié non plus depuis son entrée (16 000 € brut chaque mois). Le taux d'accident du travail pour cette entreprise est toujours de 2,44 %. Le montant des cotisations prévoyance Frais de santé est également de 60 €, aussi bien pour le salarié que pour l'employeur. Même pour ses cadres supérieurs, l'entreprise n'applique que le minimum de la prévoyance « Décès » obligatoire.

Établissez son bulletin de paie simplifié à l'aide du tableau des charges.

Libellé des Rubriques	Base	Taux	Montant	Commentaires
Salaire Forfaitaire			**16 000,00**	Avril 2018
				Date d'entrée : 5 octobre 2015
				Plafond du mois : 3 311 €
Total Brut			16 000,00	

Cotisations	Part Salariale	Part Patronale
Assurance Santé		
Sécurité Sociale		
Complémentaire Santé		
Incapacité, Invalidité, Capital Décès		
Assurance Accident du Travail, Maladie Prof.		
Assurance Retraite		
Sécurité Sociale		
Complémentaire		
Supplémentaire		
Allocations Familiales		
Assurance Chômage		
A.P.E.C.		
Autres Contributions dues par l'employeur		
Cotisatations Statutaires ou prévues par la Conv. Coll.		
C.S.G. Non imposable		
C.S.G. & C.R.D.S. imposables		
Allègement de cotisations		
Total des cotisations et contributions		

	Net Payé en euros	
	Total versé par l'employeur	**Allègement de cotisations**

Exercice 47 (Niveau 3)

Un salarié (CDI non cadre) entre dans une entreprise parisienne (ayant 150 salariés, qui compte les congés payés en jours ouvrables et dont l'horaire de travail est de 7 heures par jour) le lundi 9 avril 2018, pour un salaire mensuel (151,67 heures) de 3 280 €. Durant le mois de mai, il travaille normalement. Mais, ayant trouvé mieux ailleurs, avant la fin de sa période d'essai, il quitte l'entreprise le vendredi 22 juin 2018 au soir. L'entreprise paye les jours fériés quelle que soit l'ancienneté du salarié.

Sachant que le taux de la cotisation accident du travail est de 2,44 %, que le montant de la prévoyance « Frais de santé » est de 40 € pour le salarié et pour l'employeur, et que l'entreprise a une prévoyance « Décès » au taux de 1 % pour le salarié et de 2 % pour l'employeur sur la tranche A, établissez les trois bulletins de salaire de ces trois mois en n'oubliant pas de faire la régularisation mensuelle progressive.

Pour vous aider, voici le calendrier 2018 (avril, mai et juin).

Avril			Mai			Juin		
D	1	Hugues	M	1	*Fête du Travail*	V	1	Justin
L	2	Sandrine *Pâques*	M	2	Boris	S	2	Blandine
M	3	Richard	J	3	Jacques / Philippe	D	3	Kévin
M	4	Isidore	V	4	Sylvain	L	4	Clothilde
J	5	Irène	S	5	Judith	M	5	Igor
V	6	Marcellin	D	6	Prudence	M	6	Norbert
S	7	J.B. de la Salle	L	7	Gisèle	J	7	Gilbert
D	8	Julie	M	8	*Victoire 1945*	V	8	Médard
L	9	Gautier	M	9	Pacôme	S	9	Diane
M	10	Fulbert	J	10	Solange *Ascension*	D	10	Landry
M	11	Stanislas	V	11	Jeanne d'Arc	L	11	Barnabé
J	12	Jules	S	12	Achille	M	12	Guy
V	13	Ida	D	13	Rolande	M	13	Antoine
S	14	Maxime	J	14	Matthias	J	14	Elisée
D	15	Paterne	M	15	Denise	V	15	Germaine
L	16	Benoît	M	16	Honoré	S	16	Régis
M	17	Anicet	J	17	Pascal	D	17	Hervé
M	18	Parfait	V	18	Eric	L	18	Léonce
J	19	Emma	S	19	Yves	M	19	Romuald
V	20	Odette	D	20	Bernadin	M	20	Silvère
S	21	Anselme	L	21	Constantin Pentecote	J	21	Rodolphe / Jean
D	22	Alexandre	M	22	Emile	V	22	Alban
L	23	Georges	M	23	Didier	S	23	Audrey
M	24	Fidèle	J	24	Donatien	D	24	Jean-Baptiste
M	25	Marcel	V	25	Sophie	L	25	Prosper
J	26	Alida	S	26	Béranger	M	26	Anthelme
V	27	Zita	D	27	Augustin	M	27	Fernand
S	28	Valérie	L	28	Germain	J	28	Irénée
D	29	Cath. De S.	M	29	Aymar	V	29	Pierre / Paul
L	30	Robert	M	30	Ferdinand	S	30	Martial
			J	31	Visitation			

Mois d'avril 2018

Libellé des Rubriques	Base	Taux	Montant	Commentaires
Salaire				
Total Brut				

Cotisations	Part Salariale	Part Patronale
Assurance Santé		
Sécurité Sociale		
Complémentaire Santé		
Incapacité, Invalidité, Capital Décès		
Assurance Accident du Travail, Maladie Prof.		
Assurance Retraite		
Sécurité Sociale		
Complémentaire		
Supplémentaire		
Allocations Familiales		
Assurance Chômage		
A.P.E.C.		
Autres Contributions dues par l'employeur		
Cotisatations Statutaires ou prévues par la Conv. Coll.		
C.S.G. Non imposable		
C.S.G. & C.R.D.S. imposables		
Allègement de cotisations		
Total des cotisations et contributions		

Net Payé en euros	
Total versé par l'employeur	Allègement de cotisations

Mois de mai 2018

Libellé des Rubriques	Base	Taux	Montant	Commentaires
Salaire				
Total Brut				

Cotisations	Part Salariale	Part Patronale
Assurance Santé		
Sécurité Sociale		
Complémentaire Santé		
Incapacité, Invalidité, Capital Décès		
Assurance Accident du Travail, Maladie Prof.		
Assurance Retraite		
Sécurité Sociale		
Complémentaire		
Supplémentaire		
Allocations Familiales		
Assurance Chômage		
A.P.E.C.		
Autres Contributions dues par l'employeur		
Cotisatations Statutaires ou prévues par la Conv. Coll.		
C.S.G. Non imposable		
C.S.G. & C.R.D.S. imposables		
Allègement de cotisations		
Total des cotisations et contributions		

Net Payé en euros	
Total versé par l'employeur	Allègement de cotisations

Mois de juin 2018

Libellé des Rubriques	Base	Taux	Montant	Commentaires
Salaire				
Total Brut				

Cotisations	Part Salariale	Part Patronale
Assurance Santé		
Sécurité Sociale		
Complémentaire Santé		
Incapacité, Invalidité, Capital Décès		
Assurance Accident du Travail, Maladie Prof.		
Assurance Retraite		
Sécurité Sociale		
Complémentaire		
Supplémentaire		
Allocations Familiales		
Assurance Chômage		
A.P.E.C.		
Autres Contributions dues par l'employeur		
Cotisatations Statutaires ou prévues par la Conv. Coll.		
C.S.G. Non imposable		
C.S.G. & C.R.D.S. imposables		
Allègement de cotisations		
Total des cotisations et contributions		

Net Payé en euros	
Total versé par l'employeur	Allègement de cotisations

12. La garantie minimale de points (GMP)

Rappel, extrait du livre *La paie, ça s'apprend*

Depuis de nombreuses années, l'Agirc constatait un « tassement » des salaires, les salariés cadres peinant de plus en plus à dépasser le plafond de Sécurité sociale. Comme les points de retraite de l'Agirc se calculent sur la tranche B, les salariés cadres en avaient de moins en moins. Il fut donc décidé d'instituer une garantie minimale de points (GMP) au 1er janvier 1989. Le principe est d'établir un « sur-plafond » au-dessus du plafond SS garantissant une tranche B minimum pour ceux qui n'atteindraient pas ce « sur-plafond ». Cette tranche B « fictive » permettant de garantir l'acquisition de points de retraite complémentaire (144 par an, ou 12 par mois), ce « sur-plafond » est aussi appelé « salaire charnière » ou encore « plafond GMP ».

Avant le 1er janvier 1997, l'Agirc déterminait en début de chaque année un salaire de référence qui servait au calcul mensuel de la cotisation. Les points garantis étaient acquis en contrepartie d'une cotisation calculée en fonction du salaire de référence de l'année en cours, selon la formule :

Cotisations = nombre de points garantis × salaire de référence × taux d'appel des cotisations

Depuis le 1er janvier 1997, l'Agirc donne un plafond annuel (4 109,76 € pour 2017) 4 245,84 € pour 2018 qui, divisé par 12, nous donne le montant mensuel (soit 342,48 € pour 2017) : 353,82 € pour 2018, le nombre de points garantis n'étant plus de 144 mais de 120 (ou de 10 par mois) pour un taux de 16,44 %.
Pour 2018, le salaire annuel sous lequel joue la GMP s'élève à 43 977,84 € (ou 3 664,82 € par mois).

Exemple 1 : Pour un salarié cadre percevant 3 000 € par mois, la tranche B est égale à zéro (pour toutes les cotisations assises sur cette tranche) mais est égale à 353,82 € pour la cotisation Agirc Tr. B. Le libellé de la rubrique étant soit « Agirc Tr. B », soit « Agirc GMP ».

Exemple 2 : Pour un salarié cadre percevant 3 500 € par mois, la tranche B est égale à (3 500 - 3 311) 189 €. Sur le bulletin, il peut n'y avoir qu'une seule rubrique « Agirc Tr. B » = 353,82 € ou deux ; la première étant « Agirc Tr. B » = 189 € et la seconde étant « Agirc GMP » = (353,82 – 189) 164,82 €.

Exemple 3 : Pour un salarié cadre percevant 4 000 € par mois, la tranche B est égale à (4 000 - 3 311) 689 €. Sur le bulletin, il peut également n'y avoir qu'une seule rubrique « Agirc Tr. B » = 689 € ou deux ; la première étant « Agirc Tr. B » = 335,18 € et la seconde étant « Agirc GMP » = 353,82 €.

Je préfère la notion de « plafond GMP » à celle de « salaire charnière » car cette valeur se réduit de la même façon que le plafond SS lors des quatre cas de réduction vus précédemment (Absence non payée, Entrée ou sortie en cours de mois, Temps partiel et Salariés à employeurs multiples).

Exercice 48 (Niveau 3)

Un salarié cadre (CDI) est embauché dans une entreprise parisienne (ayant 150 salariés, dont l'horaire collectif est de 151,67 heures par mois, et qui compte les congés payés en jours ouvrables) le lundi 15 octobre 2018 pour 21,00 heures par semaine (le salarié travaille 7 heures tous les lundis, mercredis et vendredis). Le salaire mensuel correspondant à un temps plein est de 3 400 €. Mais, ayant trouvé mieux ailleurs, avant la fin de sa période d'essai, il quitte l'entreprise le vendredi 7 décembre 2018 au soir. L'entreprise paye les jours fériés quelle que soit l'ancienneté du salarié.

Sachant que le taux de la cotisation accident du travail est de 2,44 %, que le montant de la prévoyance « Frais de santé » est de 60 € pour le salarié et pour l'employeur, et que l'entreprise a une prévoyance « Décès » au taux de 2 % pour le salarié et de 3 % pour l'employeur sur la tranche A, faites les trois bulletins de salaire (octobre, novembre et décembre).

Pour vous aider, voici le calendrier des mois d'octobre à décembre 2018.

Octobre			Novembre			Décembre		
L	1	Thérèse	J	1	*Toussaint*	S	1	Florence
M	2	Léger	V	2	Défunts	D	2	Viviane
M	3	Gérard	S	3	Hubert	L	3	François-Xavier
J	4	François d'Assise	D	4	Charles	M	4	Barbara
V	5	Fleur	L	5	Sylvie	M	5	Gérald
S	6	Bruno	M	6	Léonard	J	6	Nicolas
D	7	Serge	M	7	Carine	V	7	Ambroise
L	8	Pélagie	J	8	Geoffroy	S	8	Imm. Concept;
M	9	Denis	V	9	Théodore	D	9	Pierre Fourier
M	10	Ghislain	S	10	Léonard	L	10	Romaric
J	11	Firmin	D	11	*Armistice 1918*	M	11	Daniel
V	12	Wilfried	L	12	Christian	M	12	Chantal
S	13	Géraud	M	13	Brice	J	13	Lucie
D	14	Juste	M	14	Sidoine	V	14	Odile
L	15	Thérèse d'Av.	J	15	Albert	S	15	Ninon
M	16	Edwige	V	16	Marguerite	D	16	Alice
M	17	Baudoin	S	17	Elisabeth	L	17	Judicaël / Gaël
J	18	Luc	D	18	Aude	M	18	Gatien
V	19	René	L	19	Tanguy	M	19	Urbain
S	20	Adeline	M	20	Edmond	J	20	Théophile
D	21	Céline	M	21	Présentation	V	21	Pierre Canisius
L	22	Salomé	J	22	Cécile	S	22	Françoise
M	23	Jean de C.	V	23	Christ-Roi	D	23	Armand
M	24	Florentin	S	24	Flora	L	24	Adèle
J	25	Crépin	D	25	Catherine	M	25	*Noël*
V	26	Dimitri	L	26	Delphine	M	26	Etienne
S	27	Emeline	M	27	Séverin	J	27	Jean l'Apôtre
D	28	Simon / Jude	M	28	Jacques de la M.	V	28	Sainte famille
L	29	Narcisse	J	29	Saturnin	S	29	David
M	30	Bienvenue	V	30	André	D	30	Roger
M	31	Quentin				D	31	Sylvestre

Mois d'octobre 2018

Libellé des Rubriques	Base	Taux	Montant	Commentaires
Salaire				
Total Brut				

Cotisations	Part Salariale	Part Patronale
Assurance Santé		
Sécurité Sociale		
Complémentaire Santé		
Incapacité, Invalidité, Capital Décès		
Assurance Accident du Travail, Maladie Prof.		
Assurance Retraite		
Sécurité Sociale		
Complémentaire		
Supplémentaire		
Allocations Familiales		
Assurance Chômage		
A.P.E.C.		
Autres Contributions dues par l'employeur		
Cotisatations Statutaires ou prévues par la Conv. Coll.		
C.S.G. Non imposable		
C.S.G. & C.R.D.S. imposables		
Allègement de cotisations		
Total des cotisations et contributions		

	Net Payé en euros	
	Total versé par l'employeur	**Allègement de cotisations**

Mois de novembre 2018

Libellé des Rubriques	Base	Taux	Montant	Commentaires
Salaire				
Total Brut				

Cotisations	Part Salariale	Part Patronale
Assurance Santé		
Sécurité Sociale		
Complémentaire Santé		
Incapacité, Invalidité, Capital Décès		
Assurance Accident du Travail, Maladie Prof.		
Assurance Retraite		
Sécurité Sociale		
Complémentaire		
Supplémentaire		
Allocations Familiales		
Assurance Chômage		
A.P.E.C.		
Autres Contributions dues par l'employeur		
Cotisatations Statutaires ou prévues par la Conv. Coll.		
C.S.G. Non imposable		
C.S.G. & C.R.D.S. imposables		
Allègement de cotisations		
Total des cotisations et contributions		

Net Payé en euros	
Total versé par l'employeur	**Allègement de cotisations**

Mois de décembre 2018

Libellé des Rubriques	Base	Taux	Montant	Commentaires
Salaire				
Total Brut				

Cotisations	Part Salariale	Part Patronale
Assurance Santé		
Sécurité Sociale		
Complémentaire Santé		
Incapacité, Invalidité, Capital Décès		
Assurance Accident du Travail, Maladie Prof.		
Assurance Retraite		
Sécurité Sociale		
Complémentaire		
Supplémentaire		
Allocations Familiales		
Assurance Chômage		
A.P.E.C.		
Autres Contributions dues par l'employeur		
Cotisatations Statutaires ou prévues par la Conv. Coll.		
C.S.G. Non imposable		
C.S.G. & C.R.D.S. imposables		
Allègement de cotisations		
Total des cotisations et contributions		

Net Payé en euros	
Total versé par l'employeur	Allègement de cotisations

13. La réduction des charges sociales

Rappel, extrait du livre *La paie, ça s'apprend*

Maintenant qu'on sait sur quelles bases et à quels taux les cotisations, contributions et taxes sont calculées, il nous reste à voir un des différents dispositifs d'exonération, de réduction ou encore d'allègement des charges patronales.

« Mais pourquoi y a-t-il des réductions de charges ? » vous demandez-vous. Comme vous l'avez constaté sur le tableau des cotisations, les employeurs paient au moins 45,026 % de charges patronales directes. Si on ajoute une mutuelle par-ci et une prévoyance par-là, les charges atteignent facilement 50 %. Autrement dit, pour qu'un salarié ait 1 500 € nets dans sa poche, il faut un brut de 2 000 et ça coûte 3 000 € à l'entreprise. À peu d'euros près, le double du net à payer ! Pour les gouvernements successifs depuis le début des années 1990, le poids des charges est un frein à l'embauche. Donc, pour que les entreprises engagent de nouveaux salariés, plusieurs systèmes de réduction de charges patronales ont été créés selon les différentes visions politiques.

Après les réductions Bérégovoy (1992), Balladur (1994), Juppé 1 (1995), De Robien (1996), Juppé 2 (1997), Aubry 1 (1998) et Aubry 2 (2000), il ne subsiste plus que la réduction Fillon (2003).

L'allègement des charges (appelée « réduction Fillon » ou encore « allègement Fillon »)

Ne bénéficient de cette réduction que les salariés qui gagnent moins de 1,6 fois le Smic annuel. Pourquoi 1,6 Smic ? Parce que cette somme correspond plus ou moins au **salaire brut médian** en France (environ 28 000 € annuels) et que le Premier ministre de l'époque souhaitait en faire bénéficier un salarié sur deux. Donc si le salarié perçoit plus que 1,6 Smic, il n'y a pas de réduction des charges. Si, en revanche, il est payé au Smic, la réduction est d'environ 427,67 € par mois (en 2018). Entre ces deux extrêmes, la formule que je vais détailler ci-après vous permettra de calculer le montant exact de la réduction.

Le montant de la réduction Fillon est calculé pour chaque salarié. Il peut être cumulé, le cas échéant, avec d'autres mesures d'exonération, dans la limite du montant des cotisations patronales de Sécurité sociale dues pour l'emploi du salarié.

Le montant de la réduction est obtenu en multipliant la rémunération annuelle brute du salarié par un coefficient déterminé par une formule de calcul. Celle-ci intègre la rémunération annuelle brute (heures supplémentaires ou complémentaires incluses) et le nombre annuel d'heures travaillées (1 820 + les HS ou HC) × Smic horaire. **Le coefficient est décroissant en fonction de la rémunération.** La formule de calcul du coefficient est la suivante :

$$\text{Coefficient} = \left(\frac{T}{0,6}\right) \times \left[\left(1,6 \times \frac{\text{Nombre annuel d'heures travaillées x SMIC horaire}}{\text{Rémunération annuelle brute}}\right) - 1\right]$$

Depuis le 1er janvier 2018, « T » est égal au taux « réel » des cotisations patronales dues à l'Urssaf, à savoir :

- 13,00 % (assurance maladie) ;
- 10,45 % (assurance vieillesse plafonnée et déplafonnée) ;
- 3,45 % (allocations familiales) ;
- 0,10 % ou 0,50 % (Fnal en fonction de la taille de l'entreprise) ;
- 0,30 % (contribution solidarité autonomie) ;
- 0,84 % (accident du travail).

Donc, **T = 0,2814** pour les entreprises de moins 20 salariés et **T = 0,2854 pour les entreprises de 20 salariés et plus**.

Le coefficient est arrondi à quatre décimales, au millième le plus proche. Si le résultat obtenu est supérieur à 0,2854 (ou 0,2814 pour les entreprises de moins de 20 salariés), il est pris en compte pour une valeur égale à 0,2854 (ou 0,2814). S'il est égal ou inférieur à zéro, la rémunération brute annuelle n'ouvre pas droit à réduction. Le montant annuel de réduction obtenu est arrondi au centime d'euros le plus proche.

La référence au Smic

Le montant mensuel du Smic à prendre en compte est le Smic calculé sur la base de la durée légale du travail, soit 1 820 fois le Smic horaire (151,667 × 12). Ce montant est corrigé dans différentes situations (temps partiel, absence non rémunérée ou partiellement rémunérée…). Pour déterminer le Smic mensuel à prendre en compte, il faut donc, dans tous les cas, commencer par établir le Smic base 1 820 heures. Ensuite, selon la situation du salarié, on utilisera ce montant entier ou proratisé.

Pour l'année 2018, le Smic annuel devrait être de : 9,88 € × 1 820 heures = 17 981,60 €.

• Situations dans lesquelles le Smic base 1 820 heures est proratisé

– Contrat de travail à temps partiel :
Smic mensuel à prendre en compte : Smic 1 820 heures × durée contractuelle / durée légale

– Durée collective du travail inférieure à la durée légale
Smic mensuel à prendre en compte : Smic 1 820 heures × durée collective / durée légale

– Embauche ou départ en cours d'année
Smic mensuel à prendre en compte : Smic 1 820 heures × nombre d'heures payées / 1 820

– Absence non rémunérée
Smic mensuel à prendre en compte : Smic 1 820 heures × nombre d'heures payées / 1 820

– Absence partiellement rémunérée
Smic mensuel à prendre en compte : Smic 1 820 heures × rém. brute annuelle / rém. brute théorique

La rémunération brute annuelle

La rémunération à prendre en compte est la **rémunération annuelle brute soumise à cotisations de Sécurité sociale et versée au salarié au cours de l'année civile considérée.** Selon les règles de l'article L. 242-1 du Code de la Sécurité sociale, la **rémunération annuelle brute est l'ensemble des éléments de rémunération**, en espèces ou en nature, attribués en contrepartie ou à l'occasion du travail, quelle que soit sa dénomination (salaire, prime, gratification, indemnités, notamment de congés payés ou en cas de maladie…).

En cas d'abattement supplémentaire pour frais professionnels, c'est la rémunération après abattement qui est retenue pour le calcul de la réduction. Mais **les sommes représentant les frais professionnels** au sens de l'arrêté du 20 décembre 2002, c'est-à-dire les sommes versées aux salariés pour couvrir des charges de caractère spécial inhérentes à la fonction à l'emploi, **ne sont pas prises en compte dans la rémunération.**

Les **allocations** versées aux salariés poursuivant une activité à temps plein dans le cadre de conventions d'allocations temporaires dégressives ou à temps partiel dans le cadre de conventions de préretraite progressive, d'aide au passage à temps partiel, ou en cas d'activité partielle, **ne sont pas prises en compte** dans le calcul de la réduction.

Depuis le 1er janvier 2012, les heures supplémentaires et complémentaires sont réintroduites dans le brut servant au diviseur de la formule, et **le mode de calcul du Smic annuel tient maintenant compte du nombre d'heures supplémentaires et complémentaires réellement effectuées.** Le but de la manœuvre est bien sûr de diminuer le montant de l'allègement en cas d'heures supplémentaires majorées (la modification est en revanche neutre pour les heures complémentaires rémunérées au taux normal).

Salariés relevant du bâtiment, travaux publics (BTP)

Comme nous venons de le voir plus haut, la réduction Fillon se calcule sur la base d'une formule mathématique appliquée sur la rémunération brute annuelle de chaque employé. Or, dans le BTP, cette rémunération ne comprend pas les indemnités de congés payés (ICP), versées par les caisses de congés dans la grande majorité des cas. Pour corriger ce problème, la spécificité des entreprises du BTP est prise en compte par l'application en leur faveur d'une **formule de calcul spéciale pour cette réduction Fillon** qui est maintenant égale à la rémunération annuelle brute soumise à cotisations du salarié (brut - 10 % pour frais professionnels) multipliée par un coefficient. Ce coefficient est obtenu grâce à la formule mathématique suivante : C = (T /0,6) × [(1,6 × Smic annuel/rémunération annuelle brute) -1] × **100/90.**

Avec un plafond égal à C = T × 100/90. Le résultat obtenu doit être arrondi à quatre décimales, comme pour les autres entreprises.

Exercice 49 (Niveau 1)

Quel est le montant de la réduction des charges sociales Fillon du mois d'octobre 2018 pour un salarié embauché le lundi 1er octobre 2018, en CDI à temps complet (151,67 heures), dans une entreprise de 100 salariés, toujours présent en fin de mois, et qui a un brut de 2 000 € ?

Exercice 50 (Niveau 2)

Exercice sur 3 mois consécutifs.
Un salarié est embauché le 2 janvier 2018 dans une entreprise de 100 salariés pour un **salaire de base de 1 800 €** à temps plein (151,67 heures). Il n'a ni absence ni heures supplémentaires.

1. Quel est le montant de la réduction Fillon de janvier 2018 ?

2. Quel est le montant de la réduction Fillon de février 2018, alors qu'il a 8 HS majorées à 25 % et 4 HS majorées à 50 % ?

3. Quel est le montant de la réduction Fillon de mars 2018, alors qu'il a une prime trimestrielle d'assiduité de 200 € et une prime exceptionnelle de 500 € ?

Exercice 51 (Niveau 3)

Puisqu'un lecteur avait trouvé que mes exercices sur l'allègement Fillon étaient « trop faciles », je vous livre un exercice « réel », basé sur un « vrai » salarié, dans une « vraie » entreprise. À toutes fins utiles, je certifie que le résultat final a été validé par un « vrai » contrôleur de l'Urssaf.

Ce salarié travaillait dans une entreprise de BTP (de plus de 100 salariés) au cours de l'année 2015, durant laquelle le Smic horaire était 9,61 € ; la formule du coefficient pour calculer l'allègement Fillon était :

$$\text{Coefficient} = \left(\frac{0{,}2835}{0{,}6}\right) \times \left[\left(1{,}6 \times \frac{\text{Nombre annuel d'heures travaillées x SMIC horaire}}{\text{Rémunération annuelle brute}}\right) - 1\right]$$

Bien que ce cas réel date de 2015, le raisonnement était identique à celui de 2018. Il y a juste les valeurs du Smic et le 0,2854 d'aujourd'hui qui était 0,2835.

Voici quels sont les éléments dont vous disposez pour calculer l'allègement Fillon de l'année 2015 pour ce salarié (les primes et indemnités diverses entrent dans le brut) :

	Salaire de base		Heures Supplémentaires		Abs Non Payées		Abs Payées		Abs. C.P.		Primes et Indemnités Diverses (Montant)
	Nb d'heures	Montant	Nb d'heures	Montant	Nb d'heures	Montant	Nb d'heures	Montant	Nb d'heures	Montant	
Janvier	151,67	2 238,65					1,50	22,14	5,50	81,18	333,97
Février	151,67	2 238,65			1,00	14,76					93,43
Mars	151,67	2 238,65									98,38
Avril	151,67	2 238,65							49,00	723,24	51,48
Mai	151,67	2 238,65	2,00	36,90							68,64
Juin	151,67	2 238,65	8,00	147,60							99,78
Juillet	151,67	2 238,65							70,00	1 033,20	49,04
Août	151,67	2 238,65	8,00	147,60					7,00	103,32	101,26
Septembre	151,67	2 238,65	7,00	129,15					28,00	413,28	83,27
Octobre	151,67	2 238,65									95,21
Novembre	151,67	2 238,65			4,00	59,04					104,69
Décembre	151,67	2 238,65							35,00	516,60	76,56

14. La reconstitution du salaire brut à partir du salaire net

Rappel, extrait du livre *La paie, ça s'apprend*

Parfois, lors de l'embauche, un salarié souhaite recevoir « x » euros en net à payer, d'une part parce que les salariés ne s'intéressent qu'à ce montant, et d'autre part parce qu'il veut concrétiser son changement d'entreprise. Voici donc la formule qui vous permettra de passer du net au brut. Une précision toutefois : on ne peut utiliser ici que les taux communs à toutes les entreprises, c'est-à-dire sans tenir compte des éventuelles mutuelles et autres prévoyances que vous pourriez avoir dans votre entreprise, qu'il faudra prendre en considération.

Par convention et pour simplifier la formule, nous écrirons que :
- T1 = Somme des taux assis sur le brut, la tranche A et les CSG & CRDS à 98,25 %
- T2 = Somme des taux assis sur le brut, la tranche B et les CSG & CRDS à 98,25 %

Démonstration de la formule

Nous savons maintenant que :

Salaire net = salaire brut – les cotisations

Salaire brut = tranche A + tranche B (+ tranche C (+ tranche D))

Les cotisations = (tr. A × T1) + (tr. B × T2) + Montant fixe des Prévoyances Salariales + (Montant fixe des Prévoyances Patronales × 9,7 %)

Les 9,7 % à appliquer aux montants des cotisations patronales de prévoyance résultent de l'addition des CSG et de la CRDS (6,80 % + 2,40 % + 0,50 %)

Salaire net = tr. A + tr. B - (tr. A × T1) - (tr. B × T2) - Montant fixe des Prévoyances Salariales - (Montant fixe des Prévoyances Patronales × 9,7 %)

Après cette décomposition de tous les paramètres :

Salaire net = tr. A (1 - T1) + tr. B (1 - T2) - Prévoyances Salariales - (Prévoyances Patronales × 9,7 %)

Puisque nous connaissons T1, T2, la tranche A (qui est égale au plafond SS), les montants des prévoyances salariales et patronales, ainsi que le salaire net (à partir duquel nous partons pour reconstituer le salaire brut), il suffit d'extraire la tranche B, soit :

$$\text{Tr. B} = \frac{(\text{Salaire net} + \text{PS} + (\text{PP} \times 9{,}7\ \%)) - \text{tr. A}\ (1 - \text{T1})}{(1 - \text{T2})}$$

Donc nous pouvons à présent connaître le **salaire brut en cumulant le plafond SS et la tranche B** en remplaçant « tr. B » par sa formule. Ainsi, on peut reconstituer le salaire brut d'un salarié à partir de son net.

Exercice 52 (Niveau 3)

Reconstituez, pour ce mois de juin 2018, le salaire brut d'un salarié cadre ayant un salaire net de 6 000 € pour 151,67 heures, avec un montant de prévoyance « Frais de santé » de 50 € pour le salarié et l'employeur, ainsi qu'une prévoyance « Décès » de 2 % sur la tranche A pour le salarié et de 3 % sur la tranche A pour l'employeur.

Exercice 53 (Niveau 3)

Reconstituez, pour ce mois de juin 2018, le salaire brut d'un salarié non cadre ayant un salaire net de 1 600 € pour 151,67 heures, avec un montant de prévoyance « Frais de santé » de 50 € pour le salarié et l'employeur. Il y a aussi une prévoyance « Décès » de 1 % sur la tranche A pour le salarié et l'employeur.

15. Le bulletin de paie des apprentis

Rappel, extrait du livre *La paie, ça s'apprend*

Le salaire minimum de l'apprenti est harmonisé avec celui des jeunes sous contrat de qualification et désormais revalorisé sur une base annuelle (et non plus semestrielle comme c'était le cas jusqu'à la loi du 17 juillet 1992) en fonction de l'année d'exécution du contrat ; il tient compte de l'âge dès le mois suivant l'anniversaire et de la valeur du Smic en cours de contrat. Pour les apprentis âgés de 21 ans ou plus, le pourcentage s'entend en pourcentage du Smic ou du salaire minimum conventionnel correspondant à l'emploi occupé, s'il est plus favorable.

À titre d'exemple, voici le tableau de la rémunération minimale due aux apprentis en 2018 :

Année de contrat	Âge de l'apprenti								
	16 - 17 ans			18 - 20 ans			21 ans et plus		
	En %	Par heure	Par mois	En %	Par heure	Par mois	En %	Par heure	Par mois
1ère année	25%	2,47 €	374,62 €	41%	4,05 €	614,37 €	53%	5,24 €	794,19 €
2ème année	37%	3,66 €	554,43 €	49%	4,84 €	734,25 €	61%	6,03 €	914,07 €
3ème année	53%	5,24 €	794,19 €	65%	6,42 €	974,01 €	78%	7,71 €	1 168,81 €
Formation complémentaire									
Après contrat 1 an	40%	3,95 €	599,39 €	56%	5,53 €	839,14 €	68%	6,72 €	1 018,96 €
Après contrat 2 ans	52%	5,14 €	779,20 €	64%	6,32 €	959,02 €	76%	7,51 €	1 138,84 €
Après contrat 3 ans	68%	6,72 €	1 018,96 €	80%	7,90 €	1 198,78 €	93%	9,19 €	1 393,58 €

Cotisations des apprentis

Les apprentis sont exonérés de cotisations salariales pour toute la partie des cotisations minimales obligatoires. Ils ne cotisent donc pas à l'Urssaf (maladie, veuvage, vieillesse), ni au Pôle emploi, ni à la retraite complémentaire si celle-ci est appelée au taux minimum obligatoire (6,20 % × taux d'appel). Si la retraite complémentaire est appelée à un taux supérieur au taux minimum, l'apprenti cotisera sur la différence entre ces deux taux. Enfin, les apprentis sont également exonérés de la contribution sociale généralisée et de la contribution au remboursement de la dette sociale (loi n° 90-1168 du 29 décembre 1990, art. 128 et ord. n° 96-50 du 24 janvier 1996).

Quant aux **cotisations patronales**, elles **se calculent sur une assiette forfaitaire calculée sur la base de 151,67 fois le Smic** connu au 1er janvier de l'année (et donc pas sur le dernier Smic connu et plus sur 169 fois le Smic comme cela fut le cas jusqu'au 31 décembre 2011) × **le pourcentage d'application en fonction de son âge et de son ancienneté diminué de 11 points.**

Il y a exonération des charges de Sécurité sociale, à l'exception du Fnal et de la contribution solidarité autonomie, de la cotisation accidents du travail et de la taxe transport. En revanche le chômage, l'AGS, la retraite complémentaire et l'AGFF sont dus.

Exercice 54 (Niveau 2)

Établissez le bulletin du mois de janvier 2018 d'un apprenti né le 22 février 1998 dont c'est la troisième année d'apprentissage au sein d'une entreprise de la région parisienne qui comporte 100 salariés (taux accident du travail de 2,44 %), qui a une prévoyance « Frais de santé » de 100 € en part salariale et en part patronale, à l'aide du bulletin ci-après.

Bulletin de paie de l'apprenti

Libellé des Rubriques	Base	Taux	Montant	Commentaires
Salaire				
Total Brut				

Cotisations	Part Salariale	Part Patronale
Assurance Santé		
Sécurité Sociale		
Complémentaire Santé		
Incapacité, Invalidité, Capital Décès		
Assurance Accident du Travail, Maladie Prof.		
Assurance Retraite		
Sécurité Sociale		
Complémentaire		
Supplémentaire		
Allocations Familiales		
Assurance Chômage		
A.P.E.C.		
Autres Contributions dues par l'employeur		
Cotisatations Statutaires ou prévues par la Conv. Coll.		
C.S.G. Non imposable		
C.S.G. & C.R.D.S. imposables		
Allègement de cotisations		
Total des cotisations et contributions		

	Net Payé en euros	
	Total versé par l'employeur	Allègement de cotisations

16. Le bulletin de paie des salariés en contrat de professionnalisation

Rappel, extrait du livre *La paie, ça s'apprend*

Tableau de la **rémunération minimale due aux contrats de professionnalisation en 2018.**

Âge du bénéficiaire	Rém. mini si qualif < bac pro		Rém. mini si qualif ≥ bac pro	
	En % du SMIC	Par mois (151,67 h)	En % du SMIC	Par mois (151,67 h)
âge < 21 ans	55%	824,16 €	65%	974,01 €
21 ans ≤ âge < 26 ans	70%	1 048,93 €	80%	1 198,78 €
âge ≥ 26 ans	100%	1 498,47 €	100%	1 498,47 €

Les demandeurs d'emploi âgés de 26 ans et plus perçoivent, sauf dispositions conventionnelles plus favorables, une rémunération qui ne peut être inférieure au Smic mensuel ni à 85 % du salaire minimum conventionnel.

Cotisations des contrats de professionnalisation

Lorsque l'embauche concerne un salarié d'au moins 45 ans, l'employeur bénéficie de l'exonération des cotisations patronales de Sécurité sociale à l'exception du Fnal, de la contribution solidarité autonomie, de la cotisation accidents du travail et de la taxe transport. L'exonération porte sur la partie du salaire qui ne dépasse pas le Smic multiplié par le nombre d'heures rémunérées dans la limite de la durée légale du travail calculée sur le mois. Si cette exonération ne peut être cumulée avec l'allègement Fillon, elle est cumulable avec la réduction du taux de la cotisation d'allocations familiales applicable pour les salaires ne dépassant pas 3,5 fois le Smic.

En revanche, l'embauche d'une personne de moins de 45 ans n'ouvre pas droit à l'exonération des cotisations patronales de Sécurité sociale. Toutefois l'employeur bénéficie de l'allègement Fillon si les conditions pour en bénéficier sont remplies.

Exercice 55 (Niveau 2)

Établissez le bulletin du mois de février 2018 à l'aide du bulletin ci-après pour un salarié en contrat de professionnalisation, né le 19 novembre 1967, qui prépare un examen supérieur au bac au sein d'une entreprise de la région parisienne, ayant 100 salariés, un taux accident du travail de 2,44 %, une prévoyance « Frais de santé » de 80 € (parts salariale et patronale) et une prévoyance « Décès » sur la tranche A à 1 % pour le salarié et à 2 % pour l'employeur. Le minimum conventionnel applicable dans cette entreprise est de 1 825 €.

Bulletin de paie du contrat de professionnalisation

Libellé des Rubriques	Base	Taux	Montant	Commentaires
Salaire				
Total Brut				

Cotisations	Part Salariale	Part Patronale
Assurance Santé		
Sécurité Sociale		
Complémentaire Santé		
Incapacité, Invalidité, Capital Décès		
Assurance Accident du Travail, Maladie Prof.		
Assurance Retraite		
Sécurité Sociale		
Complémentaire		
Supplémentaire		
Allocations Familiales		
Assurance Chômage		
A.P.E.C.		
Autres Contributions dues par l'employeur		
Cotisatations Statutaires ou prévues par la Conv. Coll.		
C.S.G. Non imposable		
C.S.G. & C.R.D.S. imposables		
Allègement de cotisations		
Total des cotisations et contributions		

	Net Payé en euros	
	Total versé par l'employeur	Allègement de cotisations

17. Le bulletin de paie des stagiaires

Rappel, extrait du livre *La paie, ça s'apprend*

Un stage correspond à une période temporaire de mise en situation en milieu professionnel au cours de laquelle l'étudiant acquiert des compétences professionnelles qui mettent en œuvre les acquis de sa formation en vue de l'obtention d'un diplôme ou d'une certification. Le stagiaire se voit confier une ou des missions conformes au projet pédagogique défini par son établissement d'enseignement et approuvées par l'organisme d'accueil.

Un stage dans un même organisme d'accueil de plus de deux mois, consécutifs ou non consécutifs au cours de la même année scolaire ou universitaire, doit être obligatoirement rémunéré chaque mois, dès le premier jour du stage. Cette obligation s'applique aux entreprises, aux administrations publiques, aux associations ou à tout autre organisme d'accueil. *A contrario*, la gratification est facultative pour l'employeur si le stage dure moins de deux mois. Il ne s'agit pas d'un salaire.

Gratification minimale

La base de calcul de la gratification mensuelle des stagiaires est modifiée pour les conventions conclues depuis le 1er décembre 2014. Avant cette date, le montant minimal versé au stagiaire était fixé à 12,5 % du plafond horaire de la Sécurité sociale (soit, en 2014, 23 € × 0,125 = 2,875 €) multiplié par 151,67 heures, soit 436,05 € pour un temps complet correspondant à 35 heures hebdomadaires. Pour 2015, si la convention avait bien été signée avant le 1er décembre 2014, le calcul restait identique avec un plafond horaire de la Sécurité sociale à 24 €, soit 455,01 € pour un temps complet.

Si la convention avait été signée après le 1er décembre 2014, il fallait prendre 13,75 % de ce même plafond. Soit, au mois de décembre 2014, 23 € × 0,1375 = 3,1625 € mais multiplié non plus par 151,67 heures mais par 154 heures (22 jours × 7 heures), ce qui donnait 487,03 € jusqu'au 31 décembre 2014 et donnait 508,20 € au 1er janvier 2015.

Enfin, pour les conventions qui ont été signées depuis le 1er septembre 2015, **l'indemnité minimale** due aux stagiaires est calculée en prenant le plafond horaire de la Sécurité sociale × 15 % × 154 heures pour un temps complet (soit 25 € × 15 % × 154 heures = **568,75 € jusqu'au 31 décembre 2018**).

Si la gratification est bien égale au pourcentage en vigueur du plafond horaire de la Sécurité sociale (15 % aujourd'hui) × nombre d'heures travaillées, les cotisations salariales et patronales sont exonérées (à la condition expresse que l'établissement d'enseignement assure la couverture accident du travail du stagiaire, sinon les cotisations patronales sont dues sur la base de la valeur de la formation professionnelle, soit 25 % du Smic).

Si la gratification est supérieure au pourcentage en vigueur du plafond horaire de la Sécurité sociale (15 % aujourd'hui) × nombre d'heures travaillées, les cotisations salariales et patronales sont exonérées jusqu'au pourcentage en vigueur du plafond horaire de la Sécurité sociale (PHSS), et sont dues au-delà.

Nota Bene : De très nombreuses entreprises n'établissent pas de bulletin de paie pour les stagiaires tant que ceux-ci sont rémunérés avec la gratification minimale. En effet, n'ayant aucune charge, ni salariale ni patronale, le bulletin de paie est inutile. En revanche, dès que la rémunération du stagiaire dépasse cette gratification minimale, un bulletin de paie devient obligatoire.

Exercice 56 (Niveau 2)

Établissez le bulletin du mois de mars 2018 pour un stagiaire ingénieur effectuant un stage supérieur à 3 mois au sein d'une entreprise parisienne qui a un taux accident du travail de 2,44 %, une prévoyance « Frais de santé » de 50 € (part salariale et part patronale) et une prévoyance « Décès » de 1 % (salarié) et de 2 % (employeur) sur la tranche A. Son indemnité de stage est de 1 980 € par mois (de 22 jours travaillés). Il commence son stage ce lundi 12 mars 2018.

Bulletin de paie du stagiaire

Libellé des Rubriques	Base	Taux	Montant	Commentaires
Indemnité de Stage				
Total Brut				

Cotisations	Part Salariale	Part Patronale
Assurance Santé		
Sécurité Sociale		
Complémentaire Santé		
Incapacité, Invalidité, Capital Décès		
Assurance Accident du Travail, Maladie Prof.		
Assurance Retraite		
Sécurité Sociale		
Complémentaire		
Supplémentaire		
Allocations Familiales		
Assurance Chômage		
A.P.E.C.		
Autres Contributions dues par l'employeur		
Cotisatations Statutaires ou prévues par la Conv. Coll.		
C.S.G. Non imposable		
C.S.G. & C.R.D.S. imposables		
Allègement de cotisations		
Total des cotisations et contributions		
	Net Payé en euros	
	Total versé par l'employeur	Allègement de cotisations

18. Le calcul des indemnités journalières de Sécurité sociale (IJSS) pour la maladie

Rappel, extrait du livre *La paie, ça s'apprend*

Délai de carence

Tous les assurés sociaux bénéficient de l'indemnité journalière maladie à compter du quatrième jour qui suit le point de départ de l'incapacité de travail (C. Séc. soc., art. L. 323-1 et R. 323-1). Dans le calcul de ce délai de carence, on ne doit pas comprendre la journée au cours de laquelle l'assuré a interrompu son travail (même si ce fait s'est produit en début de travail) lorsque cette journée a donné lieu au paiement d'un salaire total ou partiel.

Le délai de carence est donc de trois jours.

L'indemnité journalière maladie est due pour tous les jours, ouvrables ou non (C. Séc. soc., art. L. 323-1) : ce sont donc des **jours calendaires.**

Montant de l'indemnité journalière maladie

L'indemnité journalière maladie est égale à la moitié du gain journalier de base dans la limite de 1,8 fois le Smic mensuel.

Depuis le 1er janvier 2015, le Smic à prendre est celui du mois qui précède l'arrêt maladie pour la comparaison avec les trois bruts qui précèdent l'arrêt (et non plus le Smic à comparer mois par mois).

Depuis le 1er janvier 2015, pour déterminer le montant de l'indemnité journalière, il n'y a plus que trois possibilités de calcul au lieu de cinq précédemment (les modalités prévues en cas de paiement journalier ou par trimestre ont disparu). En fonction de la périodicité de la paie, l'IJ correspondra donc aux montants suivants :

- 1/91,25 du montant des trois dernières paies des mois civils antérieurs à la date de l'interruption de travail lorsque le salaire est réglé mensuellement ou dans des cas autres que ceux mentionnés ci-après ;
- 1/84 du montant des six ou douze dernières paies des mois civils antérieurs à la date de l'interruption de travail lorsque le salaire est réglé toutes les deux semaines ou chaque semaine ;
- 1/365 du montant du salaire des douze mois civils antérieurs à la date de l'interruption de travail lorsque le travail n'est pas continu ou présente un caractère saisonnier.

Dans le cas le plus fréquent de paie mensuelle, nous pouvons donc écrire la formule suivante :

$$\textbf{Indemnité journalière} = \frac{\textbf{3 derniers bruts (dans la limite de 1,8 Smic apprécié mois par mois)}}{\textbf{91,25 jours}} \times 50\,\%$$

Pour toute l'année 2018, l'IJ maximum est donc de 44,34 €.

L'indemnité journalière est servie nette de CRDS (depuis le 1er février 1996) au taux de 0,50 %, et de CSG au taux de 6,20 % (depuis le 1er janvier 1998), précomptée par la Sécurité sociale (soit 6,70 % au total).

Exercice 57 (Niveau 1)

1. Un salarié ayant 10 ans d'ancienneté dans une entreprise perçoit un salaire inchangé depuis 1 an de 1 800,00 €.

Calculez le montant de ses indemnités journalières de Sécurité sociale (IJSS) brutes et nettes s'il est malade 15 jours ce mois de juin 2018.

2. Un salarié ayant 10 ans d'ancienneté dans une entreprise perçoit un salaire inchangé depuis 1 an de 3 500,00 €.

Calculez le montant de ses indemnités journalières de Sécurité sociale (IJSS) brutes et nettes s'il est malade 12 jours ce mois de juin 2018.

3. Un salarié ayant 10 ans d'ancienneté dans une entreprise a perçu un salaire de 2 500,00 € en février et mars, et de 3 000 € en avril suite à une prime trimestrielle. Son médecin lui fait un arrêt de travail pour maladie du 14 au 27 mai inclus.

Calculez le montant de ses indemnités journalières de Sécurité sociale (IJSS) pour ce mois de mai 2018.

19. Le calcul des indemnités journalières de Sécurité sociale (IJSS) : maternité

Rappel, extrait du livre *La paie, ça s'apprend*

Absence de délai de carence

Contrairement à la maladie, dans le cadre du congé maternité ou d'adoption, il n'y a pas de délai de carence : l'indemnité est versée à compter du premier jour qui suit le point de départ de la maternité, mais pour pouvoir en bénéficier, l'assurée doit cesser toute activité pendant au moins 8 semaines (2 semaines avant l'accouchement et 6 semaines après), durée pendant laquelle le Code du travail interdit à tout employeur de faire travailler une femme en couches (C. trav., art. L. 1225-29).

Quant à la durée de l'indemnisation de la maternité, elle est variable. Elle dépend à la fois de la composition de la famille, du rang de l'enfant et du nombre de naissances (en cas de naissances multiples).

Depuis le 1er Janvier 1995		Durée (en semaines entourant la naissance)		
Type de grossesse	Nombre d'enfants précédents	Avant	Après	Total
Simple	1	6	10	**16**
Simple	Au moins 2, ou si l'assurée a déjà eu au moins 2 enfants nés viables	8	18	**26**
Gémellaire	#	12	22	**34**
Triplés ou +	#	24	22	**46**

Depuis le 1er juillet 2013, l'indemnité journalière est égale au gain journalier de base calculé (comme pour la maladie), mais dans la limite du plafond SS et diminuée de 21 %. Ce qui donne un **montant maximum des IJ maternité pour 2018 de 85,99 €.** L'indemnité journalière maternité n'est pas cotisable, mais imposable depuis le 1er janvier 1996 et servie nette de cotisations CSG/CRDS au taux global de 6,70 % (depuis le 1er janvier 1998).

Calcul des indemnités journalières de Sécurité sociale (IJSS) pour la paternité

La loi de financement de la Sécurité sociale pour 2002 a introduit le congé de paternité. Celui-ci est ouvert à tout salarié (homme) à l'occasion de la naissance de son enfant.

Pour la naissance d'un enfant unique, 11 jours calendaires maximum sont accordés. La durée est portée à 18 jours pour les naissances multiples. Ce congé doit être pris dans un délai de 4 mois à compter de la date de naissance. Le congé de paternité est cumulable avec le congé de 3 jours accordé pour la naissance d'un enfant (C. trav., art. L. 1225-35). Le salarié doit avertir l'employeur de son intention de bénéficier du congé de paternité au moins un mois avant la prise effective de celui-ci. L'employeur ne peut le refuser.

L'indemnisation est assurée principalement par la Sécurité sociale. Suivant la même procédure vue précédemment en maternité, il faut donner le net (limité au plafond de la Sécurité sociale) des 3 mois précédant l'arrêt.

Exercice 58 (Niveau 1)

Une salariée ayant 6 ans d'ancienneté dans une entreprise qui ne pratique pas la subrogation, et percevant un salaire inchangé depuis 1 an de 3 800,00 €, va s'absenter pour maternité (sachant qu'elle a déjà deux enfants à charge et qu'elle attend des jumeaux pour le 1er juillet 2018).

Avant de partir, elle vous demande de calculer le montant total des IJ maternité qu'elle va percevoir chez elle.

20. La garantie conventionnelle (appelée aussi « régul. sur le net », « garantie du net », « maintien du net »)

Rappel, extrait du livre *La paie, ça s'apprend*

Le salarié ne pouvant effectuer aucun travail, aucun salaire n'est en principe dû par l'employeur. Cependant, le salarié malade ou en accident bénéficie le plus souvent du maintien d'une partie ou de la totalité de sa rémunération en application soit de l'accord de mensualisation, soit de la convention collective ou de l'accord d'entreprise applicable. La subrogation de l'employeur dans les droits de l'assuré lui permet de toucher directement les indemnités journalières si le salaire est maintenu au moins partiellement.

La situation telle qu'un salarié absent et bénéficiant du versement d'indemnités journalières de Sécurité sociale puisse percevoir un revenu supérieur à celui qu'il aurait touché s'il avait travaillé normalement est quelque peu choquante, on en conviendra. Cette situation s'explique par le fait que les IJSS sont exonérées de cotisations sociales. Le salarié qui les perçoit se voit donc attribuer un montant net. Or, ce montant net vient en déduction d'une base brute soumise à des cotisations. Les conséquences au niveau de la paie ne sont pas sans effet. Or, votre convention prévoit sans doute que « les garanties conventionnelles accordées aux salariés en termes de maintien de salaire ne doivent pas conduire à leur verser, compte tenu des sommes perçues de toute provenance à l'occasion de la maladie ou de l'accident, un montant supérieur à la rémunération nette qu'ils auraient touché s'ils avaient travaillé normalement ». C'est donc à juste titre qu'un employeur peut modifier la façon dont il détermine le calcul des indemnités reçues de la Sécurité sociale par un salarié.

La solution consiste à déduire une nouvelle rubrique, appelée « Garantie sur le net » ou « Garantie conventionnelle », ou encore « Régularisation sur le net » après la rubrique des IJSS. Pour calculer le montant de cette rubrique, il faut appliquer une formule parmi les trois ci-dessous car trois formules sont nécessaires aux trois cas possibles :

1. Le salaire brut est **inférieur ou égal au plafond** de la Sécurité sociale :

$$\text{La régul. sur net} = \text{IJSS brutes} \times \frac{T1 - 0{,}067}{1 - T1}$$

2. Le salaire brut est **supérieur au plafond** de la Sécurité sociale. Deux cas :

• le salaire est **supérieur au plafond majoré des IJSS multipliées par le rapport 1/1-T1** :

$$\text{La régul. sur net} = \text{IJSS brutes} \times \frac{T2 - 0{,}067}{1 - T2}$$

• le salaire est **inférieur au plafond majoré des IJSS multipliées par le rapport 1/1-T1** :

$$\text{La régul. sur net} = \frac{\text{IJSS brutes} \times (T1 - 0{,}067) - \text{Tr. B} \times (T1 - T2)}{1 - T1}$$

T1 = taux de cotisations salariales applicable à la fraction de salaire inférieure au plafond (cotisations salariales assises sur le brut et sur la tranche A, CSG et RDS incluses).

T2 = taux de cotisations salariales applicable à la fraction de salaire supérieure au plafond (cotisations salariales assises sur le brut et sur la tranche B, CSG et RDS incluses).

Exercice 59 (Niveau 2)

Pour ce mois de juin 2018, établissez les bulletins de salaire d'un salarié ayant une rémunération de 2 400 € mensuelle (constante depuis plusieurs mois) pour 151,67 heures, quand il a un arrêt maladie indemnisé à 100 % de 13 jours avec une régularisation sur le net (à gauche) et quand il travaille normalement (à droite) pour vérifier que vous avez bien le même net à payer. La prévoyance « Frais de santé » est de 40 € pour le salarié et pour l'employeur. La prévoyance « Décès » est de 1 % (part salariale) et de 2 % (part patronale) sur la tranche A.

(J'ai repris « l'ancien modèle », non pas par facilité, mais parce que je pense qu'on voit mieux d'une part le calcul à effectuer et d'autre part l'impact de la rubrique « Régul sur le net ».)

	Salarié Absent			Salarié Présent		
	Base	Tx sal.	Montant	Base	Tx sal.	Montant
Salaire			2 400,00			2 400,00
Absence Maladie						
Paiement Maladie						
I.J.S.S. "Brutes"						
Régul. sur le net						
Brut						
Ass. Vieillesse / Plaf.		6,90			6,90	
Ass. Vieillesse /Déplaf.		0,40			0,40	
Chômage / A+B		0,95			0,95	
Retraite compl. / 1		3,10			3,10	
A.G.F.F. / 1		0,80			0,80	
Prév. "Fr. de Santé"			-40,00			-40,00
Prév. "Décès" / A		1,00			1,00	
C.S.G. Déductible		6,80			6,80	
Net fiscal						
C.S.G.		2,40			2,40	
C.R.D.S.		0,50			0,50	
I.J.S.S. "Nettes"						
Net à payer						

Exercice 60 (Niveau 2)

Pour ce mois de juin 2018, établissez les bulletins de salaire d'un salarié cadre ayant une rémunération de 5 000 € mensuelle (constante depuis plusieurs mois) pour 151,67 heures, quand il a un arrêt maladie indemnisé à 100 % de 15 jours avec une régularisation sur le net (à gauche) et quand il travaille normalement (à droite) pour vérifier que vous avez bien le même net à payer. La prévoyance « Frais de santé » est de 40 € pour le salarié et pour l'employeur. La prévoyance « Décès » est au strict minimum légal (1,5 % pour l'employeur sur Tr. A).

(Comme pour l'exercice précédent, « l'ancien modèle » me semble plus adapté à ce type de calculs.)

	Salarié Absent			Salarié Présent		
	Base	Tx sal.	Montant	Base	Tx sal.	Montant
Salaire			5 000,00			5 000,00
Absence Maladie						
Paiement Maladie						
I.J.S.S. "Brutes"						
Régul. sur le net						
Brut						
Ass. Vieillesse / Plaf.		6,90			6,90	
Ass. Vieillesse / Déplaf.		0,40			0,40	
Chômage / A+B		0,95			0,95	
Retraite compl. / A		3,10			3,10	
A.G.F.F. / A		0,80			0,80	
Retraite compl. / B		7,80			7,80	
A.G.F.F. / B		0,90			0,90	
C.E.T. / A+B+C		0,13			0,13	
A.P.E.C. / A+B		0,024			0,024	
Prév. "Fr. de Santé"						
Prév. "Décès" (Patronale)						
C.S.G. Déductible		6,80			6,80	
Net fiscal						
C.S.G. Non Déductible		2,40			2,40	
C.R.D.S. Non Déductible		0,50			0,50	
I.J.S.S. "Nettes"						
Net à payer						

Exercice 61 (Niveau 3)

Pour ce mois de juin 2018, établissez les bulletins de salaire d'un salarié cadre ayant une rémunération de 3 600 € mensuelle (constante depuis plusieurs mois) pour 151,67 heures, quand il a un arrêt maladie indemnisé à 100 % de 13 jours avec une régularisation sur le net (à gauche) et quand il travaille normalement (à droite) pour vérifier que vous avez bien le même net à payer. La prévoyance « Frais de santé » est de 40 € pour le salarié et pour l'employeur. La prévoyance « Décès » est au strict minimum légal (1,5 % pour l'employeur sur Tr. A).

	Salarié Absent			Salarié Présent		
	Base	Tx sal.	Montant	Base	Tx sal.	Montant
Salaire			3 600,00			3 600,00
Absence Maladie						
Paiement Maladie						
I.J.S.S. "Brutes"						
Régul. sur le net						
Brut						
Ass. Vieillesse / Plaf.		6,90			6,90	
Ass. Vieillesse / Brut		0,40			0,40	
Chômage / A+B		0,95			0,95	
Retraite compl. / A		3,10			3,10	
A.G.F.F. / A		0,80			0,80	
Retraite compl. / B (GMP)		7,80			7,80	
A.G.F.F. / B+C		0,90			0,90	
C.E.T. / A+B+C		0,13			0,13	
A.P.E.C. / A+B		0,024			0,024	
Prév. "Fr. de Santé"						
Prév. (Décès patr.)						
C.S.G. Déductible		6,80			6,80	
Net fiscal						
C.S.G. Non Déductible		2,40			2,40	
C.R.D.S. Non Déductible		0,50			0,50	
I.J.S.S. "Nettes"						
Net à payer						

21. Le temps partiel thérapeutique

Rappel, extrait du livre *La paie, ça s'apprend*

Le temps partiel thérapeutique, notion mal connue des entreprises alors qu'elle concerne pourtant chaque année quelques dizaines de milliers de salariés, constitue une forme particulière de reprise du travail après un congé pour maladie ou accident.

Le temps partiel thérapeutique correspond à un **aménagement de la reprise du travail du salarié destiné à favoriser sa guérison.** Il peut être une solution pour les personnes ayant besoin de soins réguliers et fréquents, ou fatiguées par la maladie, en ce qu'il permet une reprise progressive du travail ou le maintien à un poste, en accord avec le service de médecine du travail et la Sécurité sociale. Le médecin du travail peut diagnostiquer une aptitude « partielle », ou « sous réserve », ce qui signifie que le salarié peut être apte à reprendre le travail moyennant quelques aménagements de poste, le plus souvent de façon temporaire.

Les horaires

Les nouveaux horaires réduits du salarié seront déterminés par l'entreprise qui tiendra compte ce faisant des éventuelles prescriptions médicales particulières, l'employeur appréciant leur compatibilité avec l'organisation du travail. Faut-il alors appliquer la réglementation du travail à temps partiel ? Surtout pas ! En effet, il n'y a « travail à temps partiel » que lorsqu'il y a initiative en ce sens du chef d'entreprise ou demande du salarié (C. trav., art. L. 3123-2). Ici, il n'y a ni l'un ni l'autre. La notion de choix à l'origine du travail à temps partiel est absente. La maladie est tout sauf un choix et le temps partiel thérapeutique ordonné au salarié, s'il se présente en pratique comme une situation de travail à temps partiel, n'a rien à voir avec une organisation du temps de travail librement choisie ou acceptée par les parties. Ce raisonnement ne s'applique que pour la période de temps partiel ordonnée par le médecin. Au-delà de cette période, si le salarié reste à temps partiel, les règles légales relatives au temps partiel retrouveront leur pleine application.

Il faut considérer le temps partiel thérapeutique comme une absence de type « activité partielle », pour plusieurs raisons :

• le temps partiel thérapeutique n'ouvre pas droit à réduction du plafond SS car, comme pour l'activité partielle (ex-chômage partiel), le fait qu'il y ait complément de salaire par un tiers supprime cette possibilité ;

• comme l'entreprise ne rémunère le salarié que sur ses heures réellement travaillées, il convient d'appliquer la méthode d'absence en heures réelles préconisée par la Cour de cassation (méthode de décompte des heures non rémunérées par l'entreprise, vue précédemment au chapitre du décompte des absences). D'ailleurs, conformément à la Cour de cassation, la CPAM demande (sur net-entreprise.fr, cadre 5) chaque mois la période concernée, le salaire brut et le nombre d'heures réellement travaillées à temps partiel par le salarié, et le nombre d'heures et le salaire brut théoriques, pour la même période (autrement dit, ce que le salarié aurait perçu s'il avait travaillé normalement). Il est donc hors de question d'une quelconque mensualisation des heures (comme pour l'activité partielle, la Direccte demande les heures réellement chômées) ;

• tout en étant en temps partiel thérapeutique, le salarié peut bénéficier de jours de congés payés. La CPAM est très ferme sur le sujet (site ameli.fr/fileadmin/user upload/documents/Le temps partiel therapeutique.pdf, p. 13) : « La prise de congés pendant un temps partiel thérapeutique est considérée comme une reprise à temps complet et met donc fin temporairement au temps partiel thérapeutique » ;

• le salarié peut également tomber malade (voire, selon sa pathologie, rechuter) pendant son temps partiel thérapeutique. Là aussi, et c'est plus que logique, la maladie interrompt le temps partiel thérapeutique, les conditions de reprise d'activité à temps partiel n'étant plus présentes. Sur le site ameli.fr/.../Le temps partiel therapeutique.pdf, p. 10, il est dit : « Pour tout nouvel arrêt de travail au titre de la maladie survenant pendant une période de reprise à temps partiel thérapeutique, il convient d'adresser une nouvelle attestation de salaire. » Le service paie doit donc remplacer l'absence temps partiel thérapeutique et le mettre en absence maladie « normale » et, selon les conventions collectives, l'ancienneté et les droits du salarié, indemniser cette nouvelle absence (avec, selon les cas, subrogation, maintien du net). C'est la seule différence par rapport à l'activité partielle puisque la maladie permettrait « d'échapper » à l'activité partielle et le salaire, étant maintenu en maladie, deviendrait supérieur à ce qu'il aurait perçu s'il avait continué à travailler.

Exercice 62 (Niveau 3)

Notre entreprise a un salarié cadre (10 ans d'ancienneté) qui a été absent pour maladie. Début janvier 2018, il est revenu en « temps partiel thérapeutique ». Ses horaires aménagés sont relativement simples : il ne vient travailler que les matins, 3 heures et demie du lundi au vendredi. Depuis son retour, il est très assidu et n'a eu aucune absence. Mais ce mois de mars 2018, il a pris une semaine de congés payés (du lundi 5 au dimanche 11) et a fait une petite rechute maladie d'une semaine également (du lundi 19 au dimanche 25). Son salaire forfaitaire à temps plein est de 3 520 €. La convention collective lui octroie une prime d'ancienneté de 10 % assise sur sa rémunération. Le taux accident du travail est de 2,44 %. La prévoyance « Frais de santé » est de 40 € pour le salarié et pour l'employeur. La prévoyance « Décès » est de 1 % pour le salarié et de 2 % pour l'employeur, sur la tranche A. L'entreprise maintient le salaire à 100 % sans carence et pratique la subrogation pendant la maladie (pendant 90 jours). Elle calcule les congés payés en jours ouvrés et applique la règle du maintien au moment de l'absence (le dixième étant éventuellement régularisé en fin de période de prise des congés payés). Pour vous aider, voici son calendrier :

2018		L	M	M	J	V	S	D
	Sem. 09	26	27	28	1	2	3	4
	Sem. 10	5	6	7	8	9	10	11
		CP	CP	CP	CP	CP	CP	CP
	Sem. 11	12	13	14	15	16	17	18
	Sem. 12	19	20	21	22	23	24	25
		Mal	Mal	Mal	Mal	Mal	Mal	Mal
	Sem. 13	26	27	28	29	30	31	1

Établissez son bulletin de salaire pour ce mois de mars 2018.

Libellé des Rubriques	Base	Taux	Montant	Commentaires
Salaire Forfaitaire				**Mars 2018**
Prime d'ancienneté				Plafond : 3.311 €
Absence Temps Partiel Thérap.				Temps Partiel Thérapeutique
Absence Congés Payés				
Indemnité Congés Payés				
Absence Maladie				
Paiement Maladie				
I.J.S.S. "Brutes"				
Garantie sur le net				
Total Brut				

Cotisations	Part Salariale	Part Patronale
Assurance Santé		
Sécurité Sociale		
Complémentaire Santé		
Incapacité, Invalidité, Capital Décès		
Assurance Accident du Travail, Maladie Prof.		
Assurance Retraite		
Sécurité Sociale		
Complémentaire		
Supplémentaire		
Allocations Familiales		
Assurance Chômage		
A.P.E.C.		
Autres Contributions dues par l'employeur		
Cotisatations Statutaires ou prévues par la Conv. Coll.		
C.S.G. Non imposable		
C.S.G. & C.R.D.S. imposables		
Allègement de cotisations		
Total des cotisations et contributions		
RETENUES ET REMBOURSEMENTS DIVERS		
I.J.S.S. "Nettes"		
Total des Retenues et Remboursements		
	Net Payé en euros	
	Total versé par l'employeur	Allègement de cotisations

22. La saisie-arrêt

Rappel, extrait du livre *La paie, ça s'apprend*

La saisie-arrêt, ordonnée par un juge, est l'un des moyens donnés à un créancier pour se faire rembourser les sommes que lui doit un salarié. Elle consiste à **faire pratiquer par l'employeur, lors de chaque paie, une retenue sur les sommes disponibles jusqu'à extinction de la dette du salarié.**

Le principe de la saisie-arrêt est le suivant : jusqu'à une certaine somme, les salaires ne peuvent être saisis que partiellement. La loi établit le barème applicable en fixant, d'une part, les limites de chaque tranche de salaire qui ne peut être saisie que partiellement, et d'autre part, le pourcentage disponible dans chacune de ces tranches de salaire. Plus la rémunération augmente, plus la part disponible est importante. Au-delà du plafond de la dernière tranche, les salaires sont entièrement disponibles. En 2018, les tranches annuelles sont à augmenter de 1 440 € (et par conséquent, les tranches mensuelles de 120,00 €) par personne à charge (par « personne à charge », il faut entendre le conjoint, pacsé ou concubin et ascendant dont les ressources personnelles sont inférieures au montant du RSA et enfant au sens de la législation sur les prestations familiales) (C. trav., art. R.3252-3).

Les seuils des tranches et la majoration pour personne à charge sont révisés annuellement par décret en fonction de l'évolution de l'indice Insee. Dans tous les cas, il est laissé au salarié saisi une somme égale au montant du RSA en n'appliquant pas les correctifs pour charges de famille. Au 1er janvier 2018, le montant du RSA (personne seule, sans enfant) est de 545,48 € (C. trav., art. R. 3252-5).

> 1 813,33	Totalité
de 1 509,17 à 1 813,33	2/3
de 1 210,84 à 1 509,16	1/3
de 911,67 à 1 210,83	1/4
de 611,67 à 911,66	1/5
de 313,34 à 611,66	1/10
≤ 313,33	1/20

(gris clair) = Fraction saisissable

(hachuré) = Fraction insaisissable

Barème des saisies sur salaires pour l'année 2018

Tranche par an	≤ 3 760,00	de 3 760,01 à 7 340,00	de 7 340,01 à 10 940,00	de 10 940,01 à 14 530,00	de 14 530,01 à 18 110,00	de 18 110,01 à 21 760,00	> 21 760,00
Tranche par mois	≤ 313,33	de 313,34 à 611,66	de 611,67 à 911,66	de 911,67 à 1 210,83	de 1 210,84 à 1 509,16	de 1 509,17 à 1 813,33	> 1 813,33
% de retenue	1/20	1/10	1/5	1/4	1/3	2/3	Totalité

Tableau de simplification du calcul de la saisie-arrêt pour l'année 2018

Sans personne à charge

Salaire mensuel net	Fraction saisissable	Fraction insaisissable
de 545,48 € à 611,66 €	15,67 € + 1/10 au-delà de 313,33 €	545,48 € + de 0 à 20,69 €
de 611,67 € à 911,66 €	45,50 € + 1/5 au-delà de 611,66 €	545,48 € + de 20,69 € à 260,69 €
de 911,67 € à 1 210,83 €	105,50 € + 1/4 au-delà de 911,66 €	545,48 € + de 260,69 € à 485,08 €
de 1 210,84 € à 1 509,16 €	180,29 € + 1/3 au-delà de 1 210,83 €	545,48 € + de 485,08 € à 683,97 €
de 1 509,17 € à 1 813,33 €	279,72 € + 2/3 au-delà de 1 509,16 €	545,48 € + de 683,97 € à 785,35 €
au delà de 1 813,33 €	482,50 € + totalité au-delà de 1 813,33 €	545,48 € + 785,35 €

Avec 1 personne à charge

Salaire mensuel net	Fraction saisissable	Fraction insaisissable
de 545,48 € à 731,66 €	21,67 € + 1/10 au-delà de 433,33 €	545,48 € + de 0 à 134,69 €
de 731,67 € à 1 031,66 €	51,50 € + 1/5 au-delà de 731,67 €	545,48 € + de 134,69 € à 374,69 €
de 1 031,67 € à 1 330,83 €	111,50 € + 1/4 au-delà de 1 031,67 €	545,48 € + de 374,69 € à 599,07 €
de 1 330,84 € à 1 629,16 €	186,29 € + 1/3 au-delà de 1 330,84 €	545,48 € + de 599,07 € à 797,97 €
de 1 629,17 € à 1 933,33 €	285,72 € + 2/3 au-delà de 1 629,17 €	545,48 € + de 797,97 € à 899,35 €
au delà de 1 933,33 €	488,50 € + totalité au-delà de 1 933,33 €	545,48 € + 899,35 €

Avec 2 personnes à charge

Salaire mensuel net	Fraction saisissable	Fraction insaisissable
de 545,48 € à 851,66 €	27,67 € + 1/10 au-delà de 553,33 €	545,48 € + de 0 à 248,69 €
de 851,67 € à 1 151,66 €	57,50 € + 1/5 au-delà de 851,67 €	545,48 € + de 248,69 € à 488,69 €
de 1 151,67 € à 1 450,83 €	117,50 € + 1/4 au-delà de 1 151,67 €	545,48 € + de 488,69 € à 713,07 €
de 1 450,84 € à 1 749,16 €	192,29 € + 1/3 au-delà de 1 450,84 €	545,48 € + de 713,07 € à 911,97 €
de 1 749,17 € à 2 053,33 €	291,72 € + 2/3 au-delà de 1 749,17 €	545,48 € + de 911,97 € à 1 013,35 €
au delà de 2 053,33 €	494,50 € + totalité au-delà de 2 053,33 €	545,48 € + 1 013,35 €

Avec 3 personnes à charge

Salaire mensuel net	Fraction saisissable	Fraction insaisissable
de 545,48 € à 971,66 €	33,67 € + 1/10 au-delà de 673,33 €	545,48 € + de 0 à 362,69 €
de 971,67 € à 1 271,66 €	63,50 € + 1/5 au-delà de 971,67 €	545,48 € + de 362,69 € à 602,69 €
de 1 271,67 € à 1 570,83 €	123,50 € + 1/4 au-delà de 1 271,67 €	545,48 € + de 602,69 € à 827,07 €
de 1 570,84 € à 1 869,16 €	198,29 € + 1/3 au-delà de 1 570,84 €	545,48 € + de 827,07 € à 1 025,97 €
de 1 869,17 € à 2 173,33 €	297,72 € + 2/3 au-delà de 1 869,17 €	545,48 € + de 1 025,97 € à 1 127,35 €
au delà de 2 173,33 €	500,50 € + totalité au-delà de 2 173,33 €	545,48 € + 1 127,35 €

Selon l'art. L. 3252-3, al. 1 du C. trav., « pour la détermination de la fraction insaisissable, il est tenu compte du montant de la rémunération, de ses accessoires ainsi que, le cas échéant, de la valeur des avantages en nature, après déduction des cotisations sociales obligatoires ». L'administration en déduit qu'entrent dans le champ du régime de la saisie et de la cession des rémunérations (circ. 23-12-1992) :
• le salaire de base et les heures supplémentaires ;
• les accessoires et compléments du salaire, avantages en nature, primes ayant le caractère de salaire ;
• les pourboires (dans la mesure où ils sont centralisés par l'employeur) ;
• les indemnités de préavis et de congés payés ou les indemnités compensatrices ;
• les prestations ayant vocation à remplacer le salaire (allocations de chômage, indemnités journalières de maladie et de maternité, indemnités journalières de l'incapacité temporaire due à un accident de travail) ;
• le tout, après déduction des cotisations et contributions obligatoires.

Il a déjà été jugé, dans le même sens, qu'est saisissable et cessible l'indemnité de départ en retraite versée au salarié quittant volontairement l'entreprise pour bénéficier du droit à une pension de vieillesse dans la mesure où elle n'a pas pour objet de compenser un préjudice (Cass. soc., 30-1-2008, n° 06-17.531RJS 4/08 n° 417). Solution *a priori* également transposable à l'indemnité de non-concurrence, à l'allocation d'activité partielle et à l'indemnité chômage-intempéries.

D'autres sommes perçues par le salarié n'ont pas le caractère de salaire. Elles peuvent donc **faire intégralement l'objet d'une saisie**. Ce sont :
• l'indemnité de licenciement et l'indemnité pour rupture abusive (bien qu'elles aient le caractère de dommages-intérêts) ;
• l'indemnité de clientèle des VRP.
Enfin, certaines sommes ont une destination exclusivement alimentaire et sont donc **totalement protégées**. Il s'agit des :
• sommes allouées à titre de remboursement de frais exposés par le salarié ;
• allocations ou indemnités pour charge de famille versées par l'employeur ;
• prestations familiales ;
• indemnités en capital et rentes d'accident du travail.

En pratique, la fraction insaisissable est déterminée selon la périodicité de la paie, généralement au mois. Toutefois, si la rémunération comprend des variations dues par exemple à des primes dont la périodicité est différente de celle du salaire, on doit procéder, pour rechercher la quotité disponible, à l'étalement des divers éléments de la rémunération sur un cycle de 12 mois (en se servant de la tranche par an) commençant dès réception de la notification à l'employeur de la saisie ; une sorte de régularisation mensuelle progressive (comme pour les cotisations) mais pour les sept tranches du barème !

Les entreprises devraient calculer la saisie-arrêt avec cette règle, notamment quand un salarié qui se situe dans la tranche à 1/3 ou 2/3 la plupart des mois perçoit une prime exceptionnelle (ou un 13e mois ou tout simplement des heures supplémentaires). Si on ne raisonne que mensuellement (selon le barème indiqué au dos de la feuille saisie-arrêt ou de l'avis à tiers détenteur), le salarié se voit prélever la quasi-intégralité de cette somme, alors que si l'entreprise pratique la régularisation annuelle, la prime complète d'abord les mois à 1/3 (ou 2/3) avant de « remplir » la tranche à 100 %. Malheureusement, ce calcul étant très complexe, même si le logiciel de paie permet de l'effectuer, trop peu d'employés au service paie sont capables de l'expliquer au salarié qui en demanderait la justification.

Exercice 63 (Niveau 1)

1. Quel est le montant de la saisie-arrêt pour un salarié ayant une personne à charge, une dette de 2 000 € et une somme soumise à saisie-arrêt de 1 500 € ?

2. Quel est le montant de la saisie-arrêt pour un salarié ayant trois personnes à charge, une dette de 2 000 € et une somme soumise à saisie-arrêt de 2 000 € ?

3. Quel est le montant de la saisie-arrêt pour un salarié sans personne à charge, une dette de 2 000 € et une somme soumise à saisie-arrêt de 2 500 € ?

Exercice 64 (Niveau 3)

Ce mois de juin 2018, le service paie d'une grande entreprise parisienne vient de sortir les bulletins de paie « 1er jet » (c'est-à-dire : les bulletins à vérifier avant le passage définitif qui éditera les « vrais » bulletins de paie) quand la DRH l'informe qu'une saisie-arrêt d'un montant de 3 000 € concernant un salarié (avec deux personnes à charge) vient d'arriver.
Voici le bulletin de paie « 1er jet » du salarié concerné :

Libellé des Rubriques	Base	Taux	Montant	Commentaires
Salaire	151,67		**3 000,00**	Juin 2018
Prime d'ancienneté	3 000,00	5,00	**150,00**	
Absence Maladie	13,00	105,00	**-1 365,00**	
Paiement Maladie	13,00	105,00	**1 365,00**	
I.J.S.S. "Brutes"	10,00	44,34	**-443,40**	
Garantie sur le net			**-92,99**	
Total Brut			**2 613,61**	

Cotisations	Part Salariale	Part Patronale
Assurance Santé		
Sécurité Sociale		339,77
Complémentaire Santé	-40,00	40,00
Incapacité, Invalidité, Capital Décès	-26,14	52,27
Assurance Accident du Travail, Maladie Prof.		63,77
Assurance Retraite		
Sécurité Sociale	-190,79	273,12
Complémentaire	-101,93	152,89
Supplémentaire		
Allocations Familiales		90,17
Assurance Chômage	-24,83	109,77
A.P.E.C.		
Autres Contributions dues par l'employeur		161,48
Cotisatations Statutaires ou prévues par la Conv. Coll.		
C.S.G. Non imposable	-180,89	
C.S.G. & C.R.D.S. imposables	-77,14	
Allègement de cotisations		
Total des cotisations et contributions	**-641,72**	**1 283,24**
RETENUES ET REMBOURSEMENTS DIVERS		
I.J.S.S. "Nettes"	413,69	
Acompte	-500,00	
Pension Alimentaire	-250,00	
Total des Retenues et Remboursements	**-336,31**	

Net Payé en euros	
1 635,58 €	
Total versé par l'employeur	**Allègement de cotisations**
4 310,54 €	

Déterminez la somme soumise à saisie-arrêt et le montant de sa saisie-arrêt pour ce mois de juin 2018.

23. L'indemnité de précarité d'emploi (CDD)

Rappel, extrait du livre *La paie, ça s'apprend*

À l'issue de son contrat à durée déterminée, le salarié a droit à une indemnité « destinée à compenser la précarité de son contrat » appelée « indemnité de précarité d'emploi » ou encore « indemnité de fin de contrat » (bien que cette dernière dénomination me semble plus appropriée pour l'indemnité versée aux salariés intérimaires).

Toutefois, cette indemnité n'a pas à être versée en cas :
- de rupture anticipée due à l'initiative du salarié, à sa faute grave ou à un cas de force majeure ;
- de refus du salarié d'être embauché sous CDI ;
- de rupture pendant la période d'essai.

Par ailleurs, ne donnent pas droit à cette indemnité les CDD conclus :
- pour pourvoir des emplois de caractère saisonnier ;
- dans les secteurs où il est d'usage de ne pas recourir au CDI pour les emplois temporaires ;
- dans le cadre des dispositions législatives ou réglementaires destinées à favoriser l'embauche ;
- avec l'obligation pour l'employeur d'apporter au salarié un complément de formation ;
- avec des jeunes pendant leurs vacances scolaires ou universitaires.

Pour tous les contrats conclus (ou renouvelés) depuis le 20 janvier 2002, cette indemnité doit être égale à 10 % de la rémunération totale brute (au lieu de 6 % sous le régime antérieur) – mais attention, un taux limité à 6 % peut s'appliquer si une convention ou un accord collectif de branche étendu applicable à l'entreprise ou une convention ou un accord d'entreprise ou d'établissement le prévoit, dès lors que des contreparties telles qu'un accès privilégié à la formation professionnelle des salariés en CDD (actions de développement des compétences, bilan de compétences à suivre en dehors du temps de travail…) sont prévues ; une proposition individuelle d'accès à la formation doit avoir été effectivement faite au salarié, par l'employeur. Enfin, un taux plus élevé peut être imposé par la convention ou l'accord collectif applicable à l'entreprise). Le taux de l'indemnité s'applique à la totalité de la rémunération brute, y compris les majorations, indemnités et primes diverses, telles que primes de vacances, primes de fin d'année, primes de 13e mois perçues par le salarié titulaire d'un CDD (circ. DRT n° 92-14, 29 août 1992).

Elle est donc soumise à toutes les règles concernant les salaires. En particulier, elle doit être incluse dans l'assiette de calcul de l'indemnité compensatrice de congés payés. En revanche, l'indemnité de fin de contrat ne doit pas être prise en compte lorsqu'il s'agit de vérifier que la rémunération des salariés sous contrat à durée déterminée est la même, pour le même emploi, que celle des salariés sous contrat à durée indéterminée. Elle est aussi soumise à l'impôt sur le revenu, aux cotisations de Sécurité sociale, à la CSG et à la CRDS (C. Séc. soc., art. L. 242-1).

L'indemnité de fin de contrat doit être versée « à l'issue » du contrat en même temps que le dernier salaire et doit figurer sur le bulletin de salaire correspondant (C. trav., art. L. 1243-8).

Exercice 65 (Niveau 3)

Un salarié non cadre âgé de 30 ans est embauché en CDD pour surcroît temporaire d'activité le lundi 5 mars 2018 dans une entreprise parisienne de 100 salariés. Son salaire de base mensuel est de 2 640 € pour 151,67 heures (7 heures par jour). Ses droits à congés payés sont de 27 jours ouvrés par année civile. Il acquiert 0,5 jour de RTT toutes les 4 semaines. Il a droit à des titres-restaurant d'une valeur faciale de 10 € pour une participation salariale de 3,00 €. Les jours fériés sont non travaillés mais lui sont payés normalement. L'entreprise a un taux accident du travail de 2,44 %, une prévoyance mensuelle « Frais de santé » de 50 € (part salariale et part patronale) ainsi qu'une prévoyance « Décès » basée sur la tranche A au taux de 1 % pour le salarié et de 2 % pour l'employeur. Son contrat se termine le soir du vendredi 27 avril 2018.

Faites les deux bulletins de paie avec les modèles suivants :

Bulletin de paie de mars 2018

Libellé des Rubriques	Base	Taux	Montant	Commentaires
Salaire				
Total Brut				

Cotisations	Part Salariale	Part Patronale
Assurance Santé		
Sécurité Sociale		
Complémentaire Santé		
Incapacité, Invalidité, Capital Décès		
Assurance Accident du Travail, Maladie Prof.		
Assurance Retraite		
Sécurité Sociale		
Complémentaire		
Supplémentaire		
Allocations Familiales		
Assurance Chômage		
A.P.E.C.		
Autres Contributions dues par l'employeur		
Cotisatations Statutaires ou prévues par la Conv. Coll.		
C.S.G. Non imposable		
C.S.G. & C.R.D.S. imposables		
Allègement de cotisations		
Total des cotisations et contributions		
RETENUES ET REMBOURSEMENTS DIVERS		
Total des Retenues et Remboursements		
	Net Payé en euros	
	Total versé par l'employeur	Allègement de cotisations

Bulletin de paie d'avril 2018

Libellé des Rubriques	Base	Taux	Montant	Commentaires
Salaire				
Total Brut				

Cotisations	Part Salariale	Part Patronale
Assurance Santé		
Sécurité Sociale		
Complémentaire Santé		
Incapacité, Invalidité, Capital Décès		
Assurance Accident du Travail, Maladie Prof.		
Assurance Retraite		
Sécurité Sociale		
Complémentaire		
Supplémentaire		
Allocations Familiales		
Assurance Chômage		
A.P.E.C.		
Autres Contributions dues par l'employeur		
Cotisatations Statutaires ou prévues par la Conv. Coll.		
C.S.G. Non imposable		
C.S.G. & C.R.D.S. imposables		
Allègement de cotisations		
Total des cotisations et contributions		
RETENUES ET REMBOURSEMENTS DIVERS		
Total des Retenues et Remboursements		

Net Payé en euros	
Total versé par l'employeur	Allègement de cotisations

Pour vous aider, voici un petit tableau de régularisation mensuelle progressive :

Plafond : 3 311,00

Le brut cumulé est-il <ou> au plafond cumulé ?

Mois	Brut du mois	**Brut Cumulé**	>/<	Nb jours cal. prés.	Plafond du mois	**Plafond Cumulé**	**Tranche 1 Cumulée**	Tranche 1 du mois	**Tranche 2 Cumulée**	Tranche 2 du mois
Mars										
Avril										

24. L'indemnité légale de licenciement

Rappel, extrait du livre *La paie, ça s'apprend*

L'indemnité légale de licenciement est le **minimum** que peut toucher un salarié en cas de licenciement. Elle est due s'il n'y a pas de convention collective ou dans le cas où l'application de la convention collective en vigueur est moins favorable pour le salarié. Pour pouvoir en bénéficier, il faut avoir une **ancienneté minimum de 8 mois** en continu (12 mois avant le 25 septembre 2017 et 24 mois avant le 1er mai 2008) et bien sûr ne pas être licencié à la suite d'une faute grave (l'ancienneté est appréciée à la date de notification du licenciement). Mais elle n'est pas due au terme d'un CDD, ni à la fin d'un contrat d'apprentissage, ni dans certains cas de force majeure (incarcération de longue durée, destruction totale de l'entreprise à la suite d'un incendie), ni en cas d'inaptitude du salarié, à condition qu'elle ne soit pas consécutive à un accident du travail ou à une maladie professionnelle.

Le montant de l'indemnité légale de licenciement (motif personnel ou économique)

L'indemnité est calculée sur la base du salaire brut perçu juste avant la rupture du contrat de travail. En prenant le calcul le plus avantageux pour le salarié, on se basera :
- soit sur la moyenne des trois derniers mois qui précèdent le départ du salarié. Dans ce cas, toute prime ou gratification de caractère annuel ou exceptionnel, versée au salarié pendant cette période, n'est prise en compte que dans la limite d'un montant calculé à due proportion ;
- soit sur la moyenne des douze derniers bruts (salaires et primes ou indemnités soumises diverses) qui précèdent la notification au salarié.

Depuis l'ordonnance n° 2017-1387 (du 22 septembre 2017, relative à la prévisibilité et la sécurisation des relations de travail, appelée familièrement ordonnance Macron) et son décret d'application (n° 2017-1398 du 25 septembre 2017 portant revalorisation de l'indemnité légale de licenciement), si le salarié est mensualisé, le montant de l'indemnité légale de licenciement est d'**un quart de mois par année jusqu'à 10 ans, auquel s'ajoute un tiers de mois par année d'ancienneté au-delà de 10 ans d'ancienneté**.

Il est désormais expressément précisé qu'en cas d'année incomplète, l'indemnité est calculée proportionnellement au nombre de mois « complets » (art. R. 1234-1 du C. trav. modifié).

Exemple : Pour 16 ans et 3 mois d'ancienneté, l'indemnité sera de [(10 × 1/4) + (6,25 × 1/3)], soit un total de 4,583 mois de salaire.

Quant à la valeur du « mois », selon l'article R. 1234-4 du Code du travail (modifié) :
« Le salaire à prendre en considération pour le calcul de l'indemnité de licenciement est, selon la formule la plus avantageuse pour le salarié :
- soit le douzième de la rémunération des douze derniers mois précédant le licenciement ou, si la durée de service est inférieure à 12 mois, la moyenne mensuelle de la rémunération de l'ensemble des mois précédant le licenciement ;
- soit le tiers des trois derniers mois. Dans ce cas, toute prime ou gratification de caractère annuel ou exceptionnel, versée au salarié pendant cette période, n'est prise en compte que dans la limite d'un montant calculé à due proportion. »

Exercice 66 (Niveau 3)

Un salarié non cadre a été embauché en CDI le 1er octobre 2002 dans une entreprise de 100 salariés. Son licenciement pour motif économique lui a été notifié le 1er juillet 2018. Il doit bénéficier de 3 mois de préavis mais il est dispensé par son employeur de l'effectuer à partir du 1er août. Son salaire de base depuis le 1er janvier 2017 est de 2 300 €. Depuis cette date, il n'a eu aucune absence et, hormis la prime de vacances (équivalente à salaire de base) habituellement versée fin juillet, il n'a bénéficié d'aucune autre prime. Au 1er juillet 2018, suite à des négociations salariales signées en avril, son salaire de base passe à 2 400 €. Son entreprise donne 2 jours ouvrés de plus que la loi. Au moment de son départ (le 31 juillet), ses droits aux congés payés 2017-2018, calculés en jours ouvrés, n'étaient pas consommés. Le taux AT est de 2,44 %. La prévoyance « Frais de santé » est de 50 € par mois pour le salarié et pour l'entreprise.

Calculez son indemnité de licenciement et faites son bulletin de paie « solde de tout compte » de juillet 2018 à l'aide du modèle suivant.

Libellé des Rubriques	Base	Taux	Montant	Commentaires
Salaire				
Total Brut				

Cotisations	Part Salariale	Part Patronale
Assurance Santé		
Sécurité Sociale		
Complémentaire Santé		
Incapacité, Invalidité, Capital Décès		
Assurance Accident du Travail, Maladie Prof.		
Assurance Retraite		
Sécurité Sociale		
Complémentaire		
Supplémentaire		
Allocations Familiales		
Assurance Chômage		
A.P.E.C.		
Autres Contributions dues par l'employeur		
Cotisatations Statutaires ou prévues par la Conv. Coll.		
C.S.G. Non imposable		
C.S.G. & C.R.D.S. imposables		
Allègement de cotisations		
Total des cotisations et contributions		
RETENUES ET REMBOURSEMENTS DIVERS		
Total des Retenues et Remboursements		
	Net Payé en euros	
	Total versé par l'employeur	Allègement de cotisations

25. L'indemnité contractuelle de licenciement

Rappel, extrait du livre *La paie, ça s'apprend*

L'indemnité contractuelle de licenciement, dans la mesure où elle a bien le caractère de dommages et intérêts, échappe à l'impôt sur le revenu et aux cotisations sociales.

Limite fiscale

Cependant, il faut tenir compte de l'article 80 duodecies 1, 3, instauré depuis la loi de finances pour l'an 2000. Cet article pose en principe que toute indemnité versée à l'occasion de la rupture du contrat de travail constitue une rémunération imposable. Toutefois, l'article atténue le dispositif puisque l'indemnité de licenciement (versée hors plan de sauvegarde) est exonérée à hauteur du montant le plus élevé entre :

- soit 50 % du montant de l'indemnité versée au salarié ou deux fois la rémunération annuelle brute perçue par le salarié durant l'année civile précédant la rupture. La fraction exonérée au titre de ces deux critères ne pouvant pas excéder six plafonds annuels de Sécurité sociale en vigueur à la date de versement de l'indemnité (soit 238 392 € en 2018) ;
- soit le montant légal ou conventionnel de l'indemnité de licenciement (sans limite de montant).

Les indemnités de clientèle, de rupture conventionnelle (d'un salarié n'étant pas en droit de bénéficier d'une pension de vieillesse) ou transactionnelle sont également exonérées d'impôt dans les mêmes limites que l'indemnité de licenciement.

Limite sociale

La fraction des indemnités de licenciement exonérée d'impôts sur le revenu est également exonérée de cotisations de Sécurité sociale et des charges ayant la même assiette, mais dans une certaine limite. La partie d'indemnité excédant cette limite est assujettie à cotisations, même si elle est exonérée d'impôts. La fraction exonérée de cotisations est le plus petit des deux montants suivants (circ. DSS/SD5B 2011-145 du 14 avril 2011) :

- la part qui est exonérée d'impôt sur le revenu ;
- la limite de deux plafonds annuels de Sécurité sociale (79 464 € en 2018).

Autrement dit : la fraction des indemnités de rupture imposable est forcément soumise à cotisations. Mais si elle est exonérée d'impôt, elle n'échappe pas pour autant aux cotisations.

Limite des CSG/CRDS

Les indemnités de rupture du contrat de travail sont soumises aux CSG et à la CRDS au-delà de leur montant légal ou conventionnel et, en tout état de cause, pour la fraction soumise aux cotisations (Code Séc. soc., art. L. 132-2, II, 5°). La fraction exonérée de CSG/CRDS est la plus petite des deux limites suivantes :

- la part correspondant au montant légal ou conventionnel de l'indemnité de rupture ;
- la part exclue de l'assiette des cotisations.

Ces CSG/CRDS se calculent sans abattement de frais professionnels (Code Séc. soc., art. L. 136-2, I).
Nota Bene : La CSG calculée sur les sommes exonérées à la fois d'impôt et de cotisations est intégralement non déductible, même pour la part qui l'est habituellement. En revanche, elle reste déductible pour 6,80 % lorsqu'elle porte sur la fraction imposable et/ou assujettie à cotisations.

Exercice 67 (Niveau 9)

Un salarié cadre, embauché le 1er septembre 2007, a été licencié le 30 octobre 2017. Suite à un accord, il a soldé tous ses congés payés à prendre au cours des deux premiers mois de préavis effectués du 1er novembre au 31 décembre 2017. En janvier 2018, il effectue son dernier mois de préavis. Son salaire forfaitaire est de 3 500 € par mois depuis le 1er janvier 2017. Aucune prime accordée. Son indemnité de licenciement conventionnelle est d'un mois de salaire par année complète d'ancienneté. Une indemnité transactionnelle lui a été accordée en supplément pour un montant de 45 000 €.

Établissez son bulletin de paie « solde de tout compte » détaillé (pour une meilleure compréhension) de janvier 2018 à l'aide du modèle suivant.

Libellé des Rubriques	Base	Taux	Montant	Commentaires	
Préavis	151,67		3 500,00	janvier 2018	
Indemnité de rupture soum. à cotis.				Date de sortie : 31 janvier 2018	
Total Brut					
Cotisations	Base	Salariales		Patronales	
		Taux	Montant	Taux	Montant
Ass. Mal.Mat.Inv.décès				13,00	
Contribution Solidarité Autonomie				0,30	
Accident du Travail				2,44	
Allocations Familiales				3,45	
Ass. Vieillesse Plafonnée		6,90		8,55	
Ass. Vieillesse Déplafonnée		0,40		1,90	
F.N.A.L. sur Brut				0,50	
Chômage sur Tr. A+Tr. B		0,95		4,05	
A.G.S. sur Tr. A+Tr. B				0,15	
A.R.R.CO. sur Tr. A		3,10		4,65	
A.G.F.F. sur Tr. A		0,80		1,20	
A.G.I.R.C. sur Tr. B		7,80		12,75	
A.G.F.F. sur Tr. B + Tr. C		0,90		1,30	
C.E.T. sur Tr. A + B + C		0,13		0,22	
A.P.E.C. sur Tr. A + Tr. B		0,024		0,036	
Prévoyance "Frais de Santé"			-50,00		60,00
Prévoyance "Décès" sur Tr. A		2,00		3,00	
Forfait Social / Prévoyances				8,00	
C.S.G. déductible (sur salaire)		6,80			
C.S.G. déductible (sur Ind. Rupt.)		6,80			
Autres charges patronales				5,096	
Total cotisations					
Reprise Ind. de rupture soumise					
Net fiscal					
C.S.G. non déd. (sur salaire)		2,40			
C.S.G. non déd. (sur Ind. Rupt.)		2,40			
C.R.D.S. non déd. (sur salaire)		0,50			
C.R.D.S. non déd. (sur Ind. Rupt.)		0,50			
CSG/CRDS non déd. (Ind. Rupt.)		9,70			
Indemnité de rupture (soumise à cot.)					
Indemnité de rupture (non soum. à cot.)					
Net à payer					

Exercice 68 (Niveau 1, ou 2, ou 3)

Dernier exercice correspondant au travail du personnel du service paie avant l'édition des bulletins définitifs.
M. Marcel Dupont, sans personne à charge, non cadre, comptable dans l'entreprise STEC (profilage à froid par formage ou pliage de l'acier), a un salaire de base de 3 300 €. L'entreprise comporte 120 salariés et calcule les congés payés en jours ouvrés. Elle donne des titres-restaurant (valeur faciale de 8,50 €, participation patronale de 60 %). Ce mois de mars 2018, il a pris une semaine de congés payés la semaine du lundi 12 au dimanche 18 et fait une journée de grève le jeudi 22.

Voici le bulletin qu'il a reçu :

BULLETIN DE PAIE

Période du 1 Mars 2018 au 31 Mars 2018

Employeur	Salarié
Raison Sociale : STEC Provence	**Nom** : DUPONT **Prénom** : Marcel
Adresse : ZAC Les Rives Bleues, 130015 Marseille	**Adresse** : 12 allée des cerisiers, 13001 Marseille
N° SIRET : 381 524 629 00020 **Code NAF : 2423Z**	**N° SS** : 1690513356589
URSSAF : 20 av. Viton, 13009 Marseille	**Emploi** : Agent Admin, **Classif.** : N2E3
Convention collective : Industries métallurgiques des Bouches du Rhône	**Date d'ancienneté** : 01/07/2002

Libellé des Rubriques	Base	Taux	Montant	Commentaires
Salaire	151,67		3 300,00	Mars 2018
Absence Grève	7,00	21,758	-152,30	
Absence Congés Payés	5,00	110,000	-550,00	Plafond du mois : 3.311 €
Paiement Congés Payés	5,00	158,400	792,00	
Total Brut			3 389,70	

Cotisations	Part Salariale	Part Patronale
Assurance Santé		
Sécurité Sociale		413,48
Complémentaire Santé	-50,00	50,00
Incapacité, Invalidité, Capital Décès		
Assurance Accident du Travail, Maladie Prof.		77,61
Assurance Retraite		
Sécurité Sociale	-232,18	332,37
Complémentaire	-135,98	204,74
Supplémentaire		
Allocations Familiales		109,73
Assurance Chômage	-30,22	133,58
A.P.E.C.		
Autres Contributions dues par l'employeur		191,52
Cotisatations Statutaires ou prévues par la Conv. Coll.		
C.S.G. Non imposable	-226,47	
C.S.G. & C.R.D.S. imposables	-96,58	
Allègement de cotisations		
Total des cotisations et contributions	-771,43	1 513,03
RETENUES ET REMBOURSEMENTS DIVERS		
Indemnité de transport	37,60	
Titres-Restaurant	117,30	78,20
Saisie-Arrêt	-2 000,00	
Total des Retenues et Remboursements	-1 845,10	78,20

Net Fiscal du mois : 2 753,03	Net Payé en euros	
	773,16 €	
	Total versé par l'employeur	Allègement de cotisations
	5 018,53 €	

Niveau 1 : Trouvez 7 erreurs dans ce bulletin.
Niveau 2 : Trouvez 10 erreurs dans ce bulletin.
Niveau 3 : Trouvez 13 erreurs dans ce bulletin.

Établissez, à l'aide du bulletin vierge suivant, le bulletin tel qu'il aurait dû être.

BULLETIN DE PAIE

Période du 1 Mars 2018 au 31 Mars 2018

Employeur	Salarié
Raison Sociale : STEC Provence	**Nom** : DUPONT — **Prénom** : Marcel
Adresse : ZAC Les Rives Bleues, 130015 Marseille	**Adresse** : 12 allée des cerisiers, 13001 Marseille
N° SIRET : 381 524 629 00020 — **Code NAF : 2423Z**	**N° SS** : 1690513356589
URSSAF : 20 av. Viton, 13009 Marseille	**Emploi** : — **Classif.** : N2E3
Convention collective : Industries métallurgiques des Bouches du Rhône	**Date d'ancienneté** : 01/07/2002

Libellé des Rubriques	Base	Taux	Montant	Commentaires
Salaire	151,67		3 300,00	Mars 2018
Absence Grève	7,00			
Absence Congés Payés	5,00			Plafond du mois : 3.311 €
Paiement Congés Payés	5,00			
Total Brut				

Cotisations	Part Salariale	Part Patronale
Assurance Santé		
Sécurité Sociale		
Complémentaire Santé		
Incapacité, Invalidité, Capital Décès		
Assurance Accident du Travail, Maladie Prof.		
Assurance Retraite		
Sécurité Sociale		
Complémentaire		
Supplémentaire		
Allocations Familiales		
Assurance Chômage		
A.P.E.C.		
Autres Contributions dues par l'employeur		
Cotisatations Statutaires ou prévues par la Conv. Coll.		
C.S.G. Non imposable		
C.S.G. & C.R.D.S. imposables		
Allègement de cotisations		
Total des cotisations et contributions		
RETENUES ET REMBOURSEMENTS DIVERS		
Indemnité de transport		
Titres-Restaurant		
Saisie-Arrêt		
Total des Retenues et Remboursements		

Net Fiscal du mois :	Net Payé en euros	
	Total versé par l'employeur	Allègement de cotisations

CORRIGÉS DES EXERCICES

PARTIE II

1. Le salaire de base

Corrigé 1 (Niveau 1)

Un salarié vient d'être embauché ce vendredi 1er juin 2018 à temps plein (35 heures par semaine) dans une entreprise de nettoyage.
L'entreprise lui propose :
- de le loger dans un appartement de fonction (un F2), correspondant à un avantage en nature de 74,00 € ;
- avec un salaire mensuel de 1 350 € ;
- une prime mensuelle fixe de production de 100 € ;
- et une indemnité mensuelle de transport de 55 €.

Pour vous, la paie de ce salarié respecte-t-elle le Smic ? Si votre réponse est négative, quel serait le montant de l'indemnité différentielle qui corrigerait cette anomalie ?

Salaire de base :	1 350,00 €	
+ Avantage en nature :	0,60 €	(0,02 € × 30 jours)
+ Prime de production :	100,00 €	
=	**1 450,60 €**	

L'indemnité de transport n'étant pas prise en compte et l'avantage en nature Logement ne valant que 0,60 € pour l'évaluation du Smic, **le Smic n'est pas respecté**. L'indemnité différentielle est donc de : 1 498,50 – 1 450,60 = **47,90 €.**

Corrigé 2 (Niveau 1)

Ce même jour, un autre salarié a été lui aussi embauché à 39 heures par semaine dans cette même entreprise de nettoyage.
L'entreprise lui propose :
- un salaire mensuel de 1 320 € ;
- une indemnité panier quotidienne de 6,50 € ;
- un treizième mois payé par douzième chaque mois (l'accord collectif qui a instauré cette prime prévoit un paiement fractionné mois par mois) ;
- et des heures supplémentaires mensuelles de 17 h 33 (4 HS par semaine × 4,33 semaines).

Pour vous, la paie de ce salarié respecte-t-elle le Smic ? Si votre réponse est négative, quel serait le montant de l'indemnité différentielle qui corrigerait cette anomalie ?

L'indemnité panier correspondant au montant maximum non soumis à cotisations ne rentre pas dans le calcul du Smic. Une prime de fin d'année ne peut pas en principe être fractionnée afin de remédier à l'insuffisance de salaire les autres mois (Cass. crim., 29 novembre 1988, n° 86-92449), sauf si l'accord collectif qui a instauré cette prime prévoit un paiement fractionné mois par mois, et dans ce cas l'employeur peut inclure cette fraction dans l'assiette de salaire à comparer au Smic (Cass. soc., 11 mars 1998, n° 96-40195 D). Donc, il faut tenir compte de 1 320 € / 12, soit 110 € chaque mois. Enfin, on ne doit pas tenir compte des heures supplémentaires pour l'appréciation du Smic (C. trav., art. D. 3231-6).

Pour ce deuxième salarié, **le Smic n'est pas respecté.**

Salaire de base :	1 320,00 €
+ Treizième mois :	110,00 €
=	1 430,00 €

L'indemnité différentielle sera de 1 498,50 – 1 430 = 68,50 €
Et les HS seront calculées ensuite sur (1 498,50 / 151,67) × 125 % × 17 h 33, soit 214,03 €
Le brut total du salarié sera donc en définitive de :

Salaire de base :	1 320,00 €
+ Treizième mois :	110,00 €
+ Ind. différentielle :	68,50 €
+ Heures supplém. :	214,03 €
=	1 712,53 €

2. La prime d'ancienneté

Corrigé 3 (Niveau 1)

La Convention collective de la métallurgie de la Loire et du bassin d'Yssingeaux énonce dans son article 19 – Prime d'ancienneté :
1. La majoration d'appointements pour ancienneté est calculée sur la rémunération minimale hiérarchique en fonction de l'horaire effectif. Elle subit les majorations pour heures supplémentaires.
2. Elle figure de façon distincte sur le bulletin de paie, sauf en cas d'appointements forfaités.
3. Les appointements sont majorés de 3 % après 3 ans. Ce taux est majoré ensuite de 1 % tous les ans pour atteindre un maximum de 15 % à 15 ans d'ancienneté. La prime d'ancienneté est acquise dès le premier jour du mois où le salarié a atteint le nombre d'années nécessaire.

La définition de la rémunération minimale hiérarchique (RMH) vient de l'article 17 – Rémunération §B – RMH :
La RMH pour une durée conforme aux dispositions législatives, réglementaires et conventionnelles en dessous de laquelle un salarié ne peut être rémunéré est fixée, pour chaque catégorie de salariés, en fonction d'une valeur de point unique. Le barème correspondant figure en cas d'accord à l'avenant n° 1.

Calculez le brut d'un salarié travaillant dans une entreprise de métallurgie, à Yssingeaux dans la Loire, dont :
- **la date d'entrée est le 15 mai 2008 ;**
- **le salaire de base est 2 000 € pour 151,67 heures ;**
- **le coefficient est 270 ;**

et qui est présent tout ce mois de juillet 2018.

	Base	Taux	Montant
Salaire de base	151,67		2 000,00 €
Prime d'ancienneté	1 462,60	10%	146,26 €
Salaire Brut			2 146,26 €

Si ce salarié est bien entré dans l'entreprise le 15 mai 2008, il a 10 ans et un mois et demi d'ancienneté pour la paie de juillet 2018, soit 10 %. Quant à la base de la prime d'ancienneté, il suffisait de chercher la RMH dans le tableau au coefficient 270.

Corrigé 4 (Niveau 1)

Toujours en juillet 2018 et dans la même entreprise, il y a un autre salarié qui a effectué 10 heures supplémentaires dont 8 à 25 % et 2 à 50 %. Celui-ci est entré le 16 juillet 2008. Son salaire est de 2 100 € pour 151,67 heures, son coefficient est 305 et il a été présent tout le mois sans aucune absence.

Calculez son salaire brut de juillet 2018.

	Base ou nombre	Taux	Montant
Salaire de base	151,67		2 100,00 €
Prime d'ancienneté	1 640,90	10%	164,09 €
H.S. à 125 %	8,00	18,660	149,28 €
H.S. à 150 %	2,00	22,392	44,78 €
Salaire Brut			2 458,15 €

Pour cet exercice, je souhaitais que vous pensiez bien à prendre en compte le montant de la prime d'ancienneté dans le calcul des majorations des heures supplémentaires (même si le 1- de l'article 19 de la convention collective le précisait bien).

Corrigé 5 (Niveau 1)

Toujours en juillet 2018 et dans la même entreprise, il y a un autre salarié qui est entré le 3 janvier 2010 en tant qu'intérimaire. L'entreprise l'a embauché en CDI le 1er septembre 2010. Son salaire actuel est de 1 800 € pour 151,67 heures, son coefficient est 215 et il a été présent tout le mois sans aucune absence.

Calculez son salaire brut de juillet 2018.

	Base	Taux	Montant
Salaire de base	151,67		1 800,00 €
Prime d'ancienneté	1 156,70	8%	92,54 €
Salaire Brut			1 892,54 €

Le « petit » piège de cet exercice est que, « lorsque l'entreprise utilisatrice embauche, après une mission, un salarié mis à sa disposition par une entreprise de travail temporaire, la durée des missions accomplies au sein de cette entreprise au cours des trois mois précédant le recrutement est prise en compte pour le calcul de l'ancienneté du salarié » (article L. 1251-38 du Code du travail). Sa « vraie » date d'ancienneté est donc le 1er juin 2010 et notre salarié a bien 8 ans d'ancienneté en juillet 2018.

3. Les avantages en nature

Corrigé 6 (Niveau 1)

Ce salarié, ouvrier spécialisé, travaille dans une petite entreprise familiale pour un salaire de base de 1 800 € brut pour 151,67 heures par mois. Chaque jour, à midi, la femme du patron prépare un repas que tous les salariés partagent. Ce mois d'octobre 2018, il est présent tous les jours du mois.

Bulletin de paie (simplifié) d'octobre 2018

Libellés	Calculs intermédiaires	Sommes en -	Sommes en +
Salaire de base			**1 800,00**
Av. en Nature "Nourriture"	4,8 € X 23 (23 = Nombre de jours ouvrés)		**110,40**
Total du Brut	1800 + 110,4		1 910,40
Montant des cotisations (20%)	1910,4 X 20%	**382,08**	
Net fiscal	1910,4 - 382,08		1 528,32
Reprise Av. Nat. "Nourriture"	Il faut déduire le montant ajouté au brut	**110,40**	
Net à payer	1528,32 - 110,4		1 417,92

Le repas préparé par la femme du patron est assimilé à du salaire par le Code du travail (art. L. 3221-3 : « Constituent une rémunération le salaire ou traitement ordinaire de base ou minimum et tous les autres avantages et accessoires payés directement ou indirectement, en espèces ou en nature, par l'employeur au salarié en raison de l'emploi de ce dernier »). Il constitue donc un avantage en nature, qualifié « en nourriture », considéré comme étant un élément de rémunération et qui doit donc donner lieu à cotisations. Le repas préparé par la femme du patron n'ayant pas de facture, il faut l'évaluer forfaitairement. La Sécurité sociale donne tous les ans la valeur de l'avantage en nature « nourriture ». Cette année 2018, chaque repas fourni par l'employeur est évalué à 4,80 €. Ces 4,80 € sont multipliés par le nombre de repas pris dans le mois (23 jours ouvrés ce mois d'octobre 2018) et le montant obtenu est rajouté au salaire de base pour donner le total brut. Sur ce brut, on prélève les cotisations (20 %, tant qu'on n'aura pas étudié cette partie du bulletin) pour fournir le net fiscal (la somme à déclarer pour les impôts sur le revenu). L'employeur n'allant pas nourrir son salarié et lui donner en plus une somme d'argent, il faut retirer le même montant pour avoir la somme à payer en fin de mois au salarié.

Corrigé 7 (Niveau 1)

Ce salarié bûcheron travaille dans une petite scierie familiale perdue en pleine forêt pour un salaire de base de 1 800 € brut pour 151,67 heures par mois. Chaque lundi matin, il rejoint la scierie. Il retourne à la ville tous les vendredis à 16 heures, le travail de la semaine terminé. La femme du patron prépare un repas midi et soir. Durant la semaine, il est logé dans un petit F2. Ce mois d'octobre 2018 qui comporte 4 week-ends, il est présent tous les jours du mois.

Bulletin de paie (simplifié) d'octobre 2018

Libellés	Calculs intermédiaires	Sommes en -	Sommes en +
Salaire de base			**1 800,00**
Av. en Nature "Nourriture"	4,8 € X 42 (42 = Nombre de repas)		**201,60**
Av. en Nature "Logement"	69,2 € X 2 pièces		**138,40**
Total du Brut	1800 + 201,6 + 138,4		2 140,00
Montant des cotisations (20%)	2140 X 20%	**428,00**	
Net fiscal	2140 - 428		1 712,00
Reprise Av. Nat. "Nourriture"	Il faut déduire le Mt ajouté au brut	**201,60**	
Reprise Av. Nat. "Logement"	Il faut déduire le Mt ajouté au brut	**138,40**	
Net à payer	1712 - 201,6 - 138,4		1 372,00

Les repas préparés par la femme du patron sont assimilés à du salaire, comme vu dans l'exercice précédent. Le mois ayant 23 jours ouvrés et notre salarié prenant son repas midi et soir, on pense qu'il y aura 46 repas de comptés. Mais s'il rentre chez lui le vendredi à 16 heures, il faut lui enlever les repas qu'il aurait pris les 4 vendredis soir. Soit 46 - 4 = 42 repas. Ces 42 repas étant évalués forfaitairement à 4,80 € chacun, l'avantage en nature « Nourriture » = (42 × 4,80 €) = 201,60 €.

Il est également logé. Pour la Sécurité sociale, lorsqu'un employeur, propriétaire ou locataire d'une habitation, la met à disposition d'un salarié gratuitement, il doit évaluer un avantage en nature logement et le soumettre au paiement des cotisations. L'avantage en nature logement est calculé au mois le mois en fonction de la rémunération brute mensuelle. La rémunération à prendre en compte s'entend du salaire brut mensuel soumis à cotisations (rémunération principale, primes, gratifications, indemnités en espèces entrant normalement dans la base de cotisations sociales), avant incorporation de l'avantage en nature (l'avantage en nature dont il est question est bien sûr le logement). Dans l'hypothèse où un salarié perçoit des rémunérations inégales en cours d'année, l'évaluation ne peut pas se faire annuellement par calcul d'une rémunération mensuelle moyenne, mais doit se faire mensuellement sur la paie du mois en cours. Autrement dit, en fonction du brut, il faut calculer cet avantage tous les mois. Et selon qu'il y a des heures supplémentaires, un treizième mois, des primes, ou *a contrario* des absences non payées, la valeur de l'avantage en nature « logement » peut varier considérablement d'un mois à l'autre. Certaines personnes pensent qu'on ne doit pas intégrer les avantages en nature « Nourriture » dans la rémunération mensuelle brute. Mais d'une part, ils ont soumis à cotisations (et par conséquent, cela serait contraire à l'expression « salaire brut soumis à cotisations »), et d'autre part, l'Urssaf précise sur son site internet que « lorsque le salarié se trouve en suspension de contrat sans maintien de salaire, il faut considérer qu'il est rémunéré exclusivement par des avantages en nature. En conséquence, l'avantage logement doit être évalué sur la base de la première tranche du barème ». Donc, non seulement, les avantages en nature « Nourriture » font partie de la rémunération mensuelle brute, mais même si le brut est à zéro, il faut faire comme s'il y avait des avantages en nature, et donc prendre la première tranche du barème.

Pour cet exercice, pour évaluer l'avantage en nature « Logement », la rémunération de référence est donc (1 800 + 201,60) 2 001,60 €. Ce qui nous amène à la troisième tranche du barème (Rémunération comprise entre 1 986,60 € et 2 317,70 €), selon laquelle chaque pièce du logement est évaluée à 69,20 €. Le logement de notre salarié en ayant deux, la valeur de l'avantage en nature « Logement » est donc de (69,20 € × 2) 138,40 €. Le brut est donc (1 800 + 201,60 + 138,40) de 2 140 €.

Le net à payer (selon le raisonnement suivi à l'exercice précédent) est (2 140 - les cotisations à 20 % - la reprise des deux avantages en nature) de 1 372,00 €.

Nota Bene : Le but de cet exercice est de vous familiariser avec la logique des avantages en nature. Les plus avisés d'entre vous, connaissant le Code général des impôts, peuvent appliquer un abattement de sujétion de 30 % sur la valeur du logement, « le salarié étant contraint de demeurer sur place pour effectuer son travail ». Ce qui ramènerait l'avantage en nature logement à (138,40 € - 30 %) **96,88 €.**

Corrigé 8 (Niveau 1)

Ce salarié de la région de la Loire travaille à temps plein en équipe 2 × 8 (l'équipe du matin faisant 5 heures-midi, l'équipe de l'après-midi ayant un horaire de midi à 19 heures), dans une grande entreprise d'installation de panneaux solaires pour un salaire de base de 2 000 € brut pour 151,67 heures par mois.
Il fait partie de l'équipe du matin. Sa convention collective octroie un panier de 10 € par jour travaillé au personnel en équipe, qu'il soit ou non en déplacement.
Ce mois de septembre 2018, pendant une semaine, il effectue des allers-retours quotidiens avec la voiture société (carte essence et télépéage de l'entreprise) entre Loire et Rhône, déjeunant sur place.

Bulletin de paie (simplifié) de septembre 2018 (20 jours ouvrés)

Libellés	Calculs intermédiaires	Sommes en -	Sommes en +
Salaire de base			**2 000,00**
Paniers Soumis (Jour & Nuit)	(10 (mt conv.) - 6,50 (limite d'exo)) X 15		**52,50**
Paniers Soumis (Déplacement)	(10 (mt conv.) - 9,10 (limite d'exo)) X 5		**4,50**
Total du Brut	2000 + 52,5 + 4,5		2 057,00
Montant des cotisations (20%)	2057 X 20%	**411,40**	
Net fiscal	2057 - 411,4		1 645,60
Paniers Non Soumis (J & N)	6,50 (Montant exonéré/panier) X 15		**97,50**
Paniers Non Soumis (Dépl,)	9,10 (Montant exonéré/panier) X 5		**45,50**
Net à payer	1645,6 + 97,5 + 45,5		1 788,60

Avec cet exercice, nous abordons tranquillement les limites d'exonération des frais professionnels. La convention collective du salarié indemnise les paniers à hauteur de 10 €, qu'il soit ou non en déplacement. Suivant l'énoncé, s'il est une semaine en déplacement, notre salarié bénéficiera donc de 15 paniers (jour et nuit) et de 5 paniers (déplacement).

La limite d'exonération pour cette année 2018 est de 6,50 € pour les paniers (jour et nuit) et de 9,10 € pour les paniers (déplacement). Ces montants, exonérés de cotisations, sont multipliés par le nombre de jours correspondants.

C'est ce que nous retrouvons en bas de bulletin : paniers (jour & nuit) = 15 × 6,50 € = 97,50 €, et paniers (déplacement) = 5 × 9,10 € = 45,50 €.

En revanche, les parties qui dépassent ces limites doivent être soumises à cotisations et impôts. Il faut donc mettre dans le brut : 15 paniers (jour & nuit) pour un montant de 10 € - 6,50, soit 3,50 € × 15 = 52,50 € et 5 paniers (déplacement) pour un montant de 10 € - 9,10 €, soit 0,90 € × 5 = 4,50 €.

Corrigé 9 (Niveau 2)

Ce salarié provincial travaille à temps plein dans une grande entreprise pour un salaire de base de 3 000 € brut pour 151,67 heures par mois. L'entreprise lui donne des titres-restaurant (valeur faciale : 9,05 €, participation patronale : 5,43 €) pour tous les jours travaillés au sein de son entreprise. Il est logé dans un grand F4. Ce mois de février 2018, il a suivi trois jours de formation à Paris les lundi 19, mardi 20 et mercredi 21. Ses billets de train (172 €) ainsi que ses tickets de métro (1,90 € × 6 = 11,40 €) après sa remise des justificatifs correspondants, lui sont remboursés sur son bulletin de paie. En revanche, pour ses 2 nuits d'hôtel, l'entreprise lui rembourse un forfait de 80 € par nuitée et pour ses repas au restaurant (3 à midi et 2 le soir) un forfait de 25 € par repas.

Calculez sa paie pour le mois de février 2018 (20 jours ouvrés).

Bulletin de paie (simplifié) de février 2018 (20 jours ouvrés)

Libellés	Calculs intermédiaires	Sommes en -	Sommes en +
Salaire de base			**3 000,00**
Remboursement Repas	[25 (mt forfait) - 18,6 (limite d'exo)] X 5		**32,00**
Remboursement Hôtel	[80(mt forf) - 66,50(limite d'exo à Paris)] X 2		**27,00**
Av. en Nature "Logement"	109,50 € (0,9 PSS < R < 1,1 PSS) X 4		**438,00**
Total du Brut	3000 + 32 + 27 + 438		**3 497,00**
Montant des cotisations (20%)	3497 X 20%	**699,40**	
Net fiscal	3497 - 699,4		**2 797,60**
Remboursement Repas	18,60 (Montant exonéré/repas) X 5		**93,00**
Remboursement Hôtel	66,50 (Montant exonéré / déplacement) X 2		**133,00**
Remboursement Frais de Dépl.	172 + 11,40		**183,40**
Reprise Av. Nat. "Logement"	Il faut déduire le montant ajouté au brut	**438,00**	
Retenue Titres Restaurant	9,05 (Mt TR) - 5,43 (part Pat.) X (20-3)	**61,54**	
Net à payer	2797,6 + 93 + 133 - 438 - 61,54		**2 707,46**

Cet exercice est un peu plus difficile puisque cet autre salarié a des avantages en nature logement et des remboursements de frais professionnels au forfait. Or, il y a des limites d'exonération aux remboursements de frais professionnels. Bien sûr, la première ligne est toujours le salaire mensuel contractuel, ici, 3 000,00 €. Ensuite, il faut passer les montants des remboursements de frais qui dépassent les limites d'exonération, qui entrent dans le brut de cotisations et qui seront soumis à impôts :

- les repas : en 2018, la limite d'exonération est de 18,60 € par repas. Notre salarié a 5 repas remboursés forfaitairement à 25 €. Il faut donc intégrer (25 - 18,60) 6,40 € par repas, soit 6,40 € × 5 repas = 32,00 €
- les déplacements (hébergement) : en 2018, la limite d'exonération est de 66,50 € par nuitée sur Paris. Les nuits d'hôtel étant indemnisées forfaitairement à 80 €, il faut réintégrer la différence au brut, soit (80 - 66,50) 13,50 € × 2 nuits = 27,00 €.

Le montant des avantages en nature logement dépendant du brut mensuel du salarié, il faut additionner son salaire et ses remboursements de frais, soit : 3 000 + 32,00 + 27,00 = 3 059,00 €. Ce dernier montant étant compris entre 0,9 et 1,1 plafond mensuel de la Sécurité sociale, il faut prendre la valeur de 109,50 € par pièce principale, soit 109,50 € × 4 = 438,00 €.

Le calcul du brut, des cotisations et du net fiscal sont identiques à l'exercice précédent.
Après le net fiscal, il faut indemniser les repas et les déplacements dans les limites des exonérations. Pour les repas, 18,60 € × 5 = 93,00 €. Pour les déplacements (hébergement), 66,50 € × 2 = 133,00 €. Pour les frais de déplacement (train + métro), 172,00 € + 11,40 € = 183,40 €. Sans oublier de reprendre les avantages en nature logement : 438,00 €.
Quant aux titres-restaurant, il faut retenir la part salariale puisque le salarié aura des titres-restaurant d'une valeur de 9,05 € payés en partie (60 % et dans la limite d'exonération 5,43 € en 2018) par l'employeur : 9,05 - 5,43 = 3,62 € × 17 jours = 61,54 €. Certes, l'énoncé précisait qu'il y avait 20 jours ouvrés, mais puisque l'entreprise lui rembourse déjà 3 jours (en déplacement), il n'en reste donc que 17 à indemniser.

Corrigé 10 (Niveau 2)

Ce salarié cadre travaille à temps plein dans une grande entreprise pour un salaire de base de 4 000 € brut pour 151,67 heures par mois.
L'entreprise lui a mis à disposition le 2 janvier 2018, et pour une durée indéterminée, une voiture (Renault Mégane DCI 110 Energy Air Nav, 5 portes) achetée 24 360 € (prix de la voiture neuve au 1er janvier 2018).
L'entreprise a pris également en charge l'assurance (1 650 €), tous les entretiens (1 200 €) et le carburant (2 000 €).
Au 31 décembre 2018, le salarié a parcouru 40 000 km dont 15 000 à titre privé.

Calculez le montant de l'avantage en nature « véhicule » selon les deux possibilités (au forfait et au réel) et quel sera le montant à passer dans la rubrique « Avantage en nature "véhicule" » en décembre 2018.

1. Calcul au forfait

Pour un véhicule neuf (moins de 5 ans) dont le carburant est pris en charge par l'entreprise, le forfait annuel est soit de 9 % du coût d'achat augmenté des dépenses de carburant utilisé à l'usage privé, soit de 12 % du seul coût d'achat.

a) 9 %

Le prix d'achat (24 360 €) est multiplié par 9 % = 2 192,40 €
Auquel on rajoute les dépenses de carburant utilisé à l'usage privé : 2 000 € × 15 000 / 40 000 = 750 €.

Soit un total de 2 192,40 €+ 750 € = **2 942,40 €**.

b) 12 %

Le prix d'achat (24 360 €) est multiplié par 12 % = **2 923,20 €**

2. Calcul au réel

Pour un véhicule acheté neuf (et par conséquent de moins de 5 ans) par l'entreprise, il faut prendre en compte :

- l'amortissement du véhicule sur 5 ans (20 % par an du coût d'achat) soit 4 872 € ;
- l'assurance : 1 650 € ;
- les frais d'entretien : 1 200 € ;
- le carburant : 2 000 €.

Soit un total de (4 872 + 1 650 + 1 200 + 2 000) : 9 722 €

Ensuite, on proratise le total obtenu par le nombre de kilomètres parcourus à titre privé par rapport au total de kilomètres effectués, soit 9 722 × 15 000 / 40 000 = **3 645,75 €**.

Conclusion : c'est le forfait à 12 % qui s'avère le plus avantageux (**2 923,20 €**). La première année, on passe la valeur globale de cet avantage en nature en une seule fois sur le bulletin de décembre (en espérant qu'il y ait une prime de fin d'année qui compense la perte pour le salarié). L'année suivante, on peut prendre le 12e de cette somme (243,60 €) tous les mois de janvier à novembre, quitte à réactualiser les données à fin décembre pour tenir compte du nombre de kilomètres parcourus au titre de cette nouvelle année.

Corrigé 11 (Niveau 3)

Ce salarié parisien travaille à temps plein dans une grande entreprise pour un salaire de base de 3 420 € brut pour 151,67 heures par mois. L'entreprise lui donne des titres-restaurant (valeur faciale : 10,86 €, participation patronale : 6,43 €) pour tous les jours travaillés au sein de son entreprise. Il est logé dans un grand F3.

Son entreprise lui fournit un téléphone portable (un S7 dont le prix public est de 299,90 € assorti d'un forfait 24/24 5 Go pour 33,99 € par mois) et un ordinateur portable (d'une valeur de 899,90 €). La durée d'amortissement du téléphone est d'un an. Si l'entreprise lui vendait cet ordinateur, le salarié bénéficierait d'un rabais de 30 %.

Ce mois de juin 2018, il est allé par trois fois rencontrer ses clients en province, nécessitant à chaque fois une nuit d'hôtel, et un repas à midi et un autre le soir. Pour se déplacer, il a utilisé un des véhicules de service appartenant à l'entreprise.

Pour ses nuits d'hôtel, l'entreprise lui rembourse un forfait de 100 € par nuitée et, pour ses repas au restaurant, un forfait de 20 € par repas.

Bulletin de paie (simplifié) pour le mois de juin 2018 (21 jours ouvrés)

Libellés	Calculs intermédiaires	Sommes en -	Sommes en +
Salaire de base			**3 420,00**
Remboursement Repas	20 - 18,6 (limite d'exo) X 6		**8,40**
Remboursement Déplacement	100 - 49,4 (limite d'exo en province) X 3		**151,80**
Av. en Nature "Téléphone"	(299,90 /12 + 33,99) X 10%		**5,90**
Av. en Nature "Ordinateur"	[(899,90 - 30%] x 10%) / 12		**5,25**
Av. en Nature "Titres Resto"	(6,43 - 5,43 (maxi)) X (21 jrs ouvrés - 3 dépl.)		**18,00**
Av. en Nature "Logement"	109,50 (0,9 PSS < R < 1,1 PSS) X 3 pièces		**328,50**
Total du Brut	3420 + 8,4 + 151,8 + 5,9 + 5,25 + 18 + 328,5		3 937,85
Montant des cotisations (20%)	3937,85 X 20%	**787,57**	
Net fiscal	3937,85 - 787,57		3 150,28
Remboursement Repas	18,60 (Montant exonéré/repas) X 6		**111,60**
Remboursement Déplacement	49,40 (Montant exonéré/déplacement) X 3		**148,20**
Reprise Av. Nat. "Téléphone"	Il faut déduire le montant ajouté au brut	**5,90**	
Reprise Av. Nat. "Ordinateur"	Il faut déduire le montant ajouté au brut	**5,25**	
Reprise Av. Nat. "Titres Resto"	Il faut déduire le montant ajouté au brut	**18,00**	
Reprise Av. Nat. "Logement"	Il faut déduire le montant ajouté au brut	**328,50**	
Retenue Titres Restaurant	10,86 (Mt TR) - 6,43 (part Pat.) X (21-3)	**79,74**	
Net à payer	3150,28+111,6+148,2-5,9-5,25-18-328,5-79,74		2 972,69

Cet exercice 11 est encore plus difficile puisque ce nouveau salarié a non seulement des avantages en nature (téléphone, ordinateur, logement) et des remboursements de frais professionnels au forfait, mais l'entreprise dépasse aussi une des deux limites d'exonération des titres-restaurant.

La première ligne est le salaire mensuel contractuel, ici 3 420,00 €.

Le montant des remboursements de frais dépassant les limites d'exonération suit la même logique que pour l'exercice précédent :

• **Pour les repas**, 20 € - 18,60 € = 1,40 € × 6 repas = 8,40 €.

• **Pour les déplacements**, 100 € - 49,40 € = 50,60 € × 3 déplacements = 151,80 € (attention, le salarié est parisien et la limite d'exonération ne serait pas la même dans le cas d'un salarié habitant en province se déplaçant à Paris).

• Le montant de **l'avantage en nature « téléphone »** se calcule en prenant la valeur du téléphone divisée par 12 mois (puisque l'amortissement se fait sur 1 an), augmenté de la valeur du forfait mensuel, le tout à 10 % (arrêté 10-12-2002, art. 4 et 7). En effet, lorsque la formule commerciale ne distingue pas l'achat et l'abonnement, le taux de 10 % s'applique au coût total prévu par le contrat (Circ. DSS 7-1-2003 : BOSS 4-03). Soit : (299,90 € / 12) 24,99 € + 33,99 = 58,98 €. 10 % de 58,98 € = 5,90 €.

• Le montant de **l'avantage en nature « ordinateur »** se calcule en prenant 10 % de la valeur de l'ordinateur - 30 % (Circ. DSS 19-8-2005 : BOSS 9-05), le tout divisé par 12 mois. Soit (899,90 € - 30 %) 629,93 €. 10 % de 629,93 € = 62,99 €. Et 62,99 € / 12 = 5,25 €.

• Ensuite les **titres-restaurant** : comme la part patronale dépasse les 5,43 € mais reste dans les 60 % autorisés pour l'exonération, seule la partie dépassant 5,43 € est à réintégrer dans le brut, soit 6,43 € - 5,43 € = 1,00 € × 18 jours = 18,00 € (18 jours seulement puisque, sur les 21 jours ouvrés, il faut enlever les 3 jours de déplacement pour lesquels l'entreprise indemnise déjà les repas forfaitairement).

• **L'avantage en nature logement** se détermine en fonction du brut du salarié : 3 420 € + 8,40 € + 151,80 € + 5,90 € + 5,25 € + 18 = 3 609,35 €. Ce montant est compris entre 0,9 et 1,1 plafond de Sécurité sociale, ce qui donne 109,50 € par pièce principale en 2018. 109,50 € × 3 pièces = 328,50 €.

La suite du bulletin devient classique : 3 609,35 € + 328,50 € = 3 937,85 € de brut, soumis à cotisations qui, enlevées du brut, donne un net fiscal de 3 150,28 €.
Il faut ensuite indemniser les remboursements repas aux limites d'exonération (18,60 € × 6) = 111,60 € et les remboursements déplacement aux limites d'exonération « province » (49,40 € × 3) = 148,20 €.
Il faut bien sûr reprendre les quatre avantages en nature (téléphone, ordinateur, titres-restaurant et logement) pour les mêmes valeurs (5,90 €, 5,25 €, 18 € et 328,50 €).
Et enfin retenir la part salariale des titres-restaurant : 10,86 € - 6,43 € = 4,43 € × 18 jours = 79,74 €.

Le salarié perçoit donc un **net à payer de 2 972,69 €.**

Corrigé 12 (Niveau 3)

Imaginons que le salarié de l'exercice précédent (exercice 11) ne soit plus parisien, mais provincial et qu'il « monte » à Paris pour rencontrer ses clients. Imaginons aussi que son entreprise lui donne des titres-restaurant (valeur faciale : 10,86 €, participation patronale : 8,00 €) pour tous les jours travaillés au sein de son entreprise.
Tout le reste de l'exercice 11 est identique.

Bulletin de paie (simplifié) pour le mois de juin 2018 (21 jours ouvrés)

Libellés	Calculs intermédiaires	Sommes en -	Sommes en +
Salaire de base			**3 420,00**
Remboursement Repas	20,00 - 18,60 (limite d'exo) X 6		**8,40**
Remboursement Déplacement	100,00 - 66,50 (limite d'exo en province) X 3		**100,50**
Av. en Nature "Téléphone"	(299,90 /12 + 33,99) X 10%		**5,90**
Av. en Nature "Ordinateur"	[(899,90 - 30%) x 10%] / 12		**5,25**
Av. en Nature "Titres Resto"	(8€ car > aux 2 limites) X (21 jrs ouvrés - 3 dépl.)		**144,00**
Av. en Nature "Logement"	132,40 (1,1 PSS < R < 1,3 PSS) X 3 pièces		**397,20**
Total du Brut	3420 + 8,4 + 100,5 + 5,9 + 5,25 + 144 + 397,2		4 081,25
Montant des cotisations (20%)	4081,25 X 20%	**816,25**	
Net fiscal	4081,25 - 816,25		3 265,00
Remboursement Repas	18,60 (Montant exonéré/repas) X 6		**111,60**
Remboursement Déplacement	66,50 (Montant exonéré/déplacement) X 3		**199,50**
Reprise Av. Nat. "Téléphone"	Il faut déduire le montant ajouté au brut	**5,90**	
Reprise Av. Nat. "Ordinateur"	Il faut déduire le montant ajouté au brut	**5,25**	
Reprise Av. Nat. "Titres Resto"	Il faut déduire le montant ajouté au brut	**144,00**	
Reprise Av. Nat. "Logement"	Il faut déduire le montant ajouté au brut	**397,20**	
Retenue Titres Restaurant	10,86 (Mt TR) - 8,00 (part Pat.) X (21-3)	**51,48**	
Net à payer	3265+111,6+199,5-5,9-5,25-144-397,2-51,48		2 972,27

Cet exercice ressemble au précédent, avec deux petites différences : le salarié, cette fois, est provincial et se déplace à Paris (penser aux limites d'exonération déplacement) et l'entreprise dépasse les deux limites d'exonération des titres-restaurant.

Le montant du remboursement déplacement à réintégrer dans le brut est donc différent : ici c'est 100 € - 66,50 = 33,50 € × 3 déplacements = 100,50 €.

Le montant des avantages en nature des titres-restaurant est également différent. Puisque l'entreprise dépasse les deux limites d'exonération (5,43 € et 60 % de la valeur faciale), c'est l'intégralité de la part patronale qui devient le montant de l'avantage en nature : 8,00 € × 18 jours = 144,00 €.

Ce qui change le brut avant le calcul de l'avantage en nature logement : (3 420 + 8,40 + 100,50 + 5,90 + 5,25 + 144,00) = 3 684,05 €. Le brut se trouve donc ente 1,1 et 1,3 Plafond SS et sa valeur est de 132,40 € par pièce principale, soit un avantage en nature logement de : 132,40 × 3 = 397,20 €.

Le reste du bulletin suit la même logique que pour l'exercice précédent.

4. Les heures supplémentaires

Corrigé 13 (Niveau 1)

Un salarié a effectué les heures suivantes au cours d'une semaine dans l'année 2018. C'est un ouvrier à temps complet mensualisé (151,67 heures) effectuant normalement 7 heures par jour et travaillant dans une entreprise qui paie les heures supplémentaires une première fois au taux horaire normal du salarié et qui applique les majorations à 25 % et 50 % sur 2 lignes différentes.

Jour	Heures Théoriques	Heures Travaillées	Raison
Lundi	7,00	7,00	
Mardi	7,00	8,00	
Mercredi	7,00	10,00	
Jeudi	7,00	10,00	
Vendredi	7,00	7,00	
Samedi		4,00	
Dimanche			
Total	35,00	46,00	

➲ Vous devez trouver :

❶ Nb d'H.S. au taux normal	11	(de 35 à 46)
❷ Nb d'H.S. majorées à 25%	8	(de 35 à 43)
❸ Nb d'H.S. majorées à 50%	3	(de 43 à 46)

Ce premier exercice sur les heures supplémentaires est très facile : il suffit de compter les heures travaillées du salarié. On en trouve 46. Donc, par rapport à l'horaire légal, il a 11 heures supplémentaires. Selon l'article L. 3121-22 du Code du travail, si une convention ou un accord de branche étendu ou une convention ou un accord d'entreprise ou d'établissement ne prévoit pas de taux de majoration différent (taux ne pouvant être inférieur à 10 %), les heures supplémentaires accomplies au-delà de la durée légale hebdomadaire fixée par l'article L. 3121-10, ou de la durée considérée comme équivalente, donnent lieu à une majoration de salaire de 25 % pour chacune des huit premières heures supplémentaires, les heures suivantes donnant lieu à une majoration de 50 %.

Donc, parmi les 11 heures supplémentaires effectuées par le salarié, 8 sont majorées à 25 % et 3 le sont à 50 %.

Peut-être avez-vous été trompé par les 4 heures du samedi. Si la convention collective de l'entreprise ou un accord ne prévoit pas de majoration spécifique pour le travail de week-end, ces 4 heures sont bien à ajouter au total des heures de la semaine. En effet, selon l'article L. 3121-20, les heures supplémentaires se décomptent toujours dans le cadre de la semaine civile, sauf dans le cas d'horaires cycliques, modulés ou individualisés. Le cadre commun d'appréciation des heures supplémentaires est la semaine civile, qui débute le lundi à 0 heure et se termine le dimanche à 24 heures.

Il n'est possible de déroger au cadre de référence hebdomadaire pour le calcul des heures supplémentaires qu'en application d'un accord collectif prévoyant le recours à une forme d'annualisation du temps de travail, voire de pluri-annualisation (modulation, RTT sous forme de jours de congé, compte épargne-temps, etc.) ou lorsque l'employeur a recours à une réduction du temps de travail sous forme de jours de congé donnés par période de 4 semaines (C. trav., art. L. 3122-6).

Corrigé 14 (Niveau 1)

Un salarié a effectué les heures suivantes au cours d'une semaine dans l'année 2018. C'est un ouvrier à temps complet mensualisé (151,67 heures) effectuant normalement 7 heures par jour et travaillant dans une entreprise qui paie les heures supplémentaires une première fois au taux horaire normal du salarié et qui applique les majorations à 25 % et 50 % sur 2 lignes différentes. Ce jeudi-là, il s'est rendu aux obsèques de sa belle-mère.

Quel est l'impact de cette journée « Événement familial » sur ses heures supplémentaires ?

Jour	*Heures Théoriques*	*Heures Travaillées*	*Raison*
Lundi	7,00	9,00	
Mardi	7,00	8,00	
Mercredi	7,00	9,00	
Jeudi	7,00	0,00	Evenement Fam.
Vendredi	7,00	9,00	
Samedi			
Dimanche			
Total	35,00	35,00	42,00

➲ Vous devez trouver :

❶ Nb d'H.S. au taux normal	7	(de 35 à 43)
❷ Nb d'H.S. majorées à 25%	7	(de 35 à 43)
❸ Nb d'H.S. majorées à 50%	0	

Les absences pour événements familiaux (mariage du salarié, naissance d'un enfant pour le père, mariage de l'enfant du salarié, décès du conjoint, décès des parents, décès des beaux-parents, décès de l'enfant du salarié) sont expressément assimilées à du travail effectif pour la détermination des heures supplémentaires.

Dans notre exercice, bien que le salarié n'ait travaillé « réellement » que 35 heures, les heures d'absence événement familial lui donnent 7 heures supplémentaires majorées à 25 %.

En revanche, ces heures n'étant pas vraiment travaillées n'ouvrent pas droit à contrepartie à repos et ne s'imputent pas sur le contingent.

Corrigé 15 (Niveau 2)

Un salarié a effectué les heures suivantes au cours d'une semaine dans l'année 2018. C'est un ouvrier à temps complet mensualisé (151,67 heures) effectuant normalement 7 heures par jour et travaillant dans une entreprise qui paie les heures supplémentaires une première fois au taux horaire normal du salarié, et qui applique les majorations à 25 % et 50 % sur 2 lignes différentes. Le lundi et le mardi, il était malade. Dès qu'il s'est senti mieux, il a presque rattrapé le retard qui s'était accumulé lors de son absence de l'entreprise.

Quel est l'impact de ces 2 jours de « Maladie » sur ses heures supplémentaires ?

Jour	*Heures Théoriques*	*Heures Travaillées*	*Raison*
Lundi	7,00	0,00	Maladie
Mardi	7,00	0,00	Maladie
Mercredi	7,00	8,00	
Jeudi	7,00	10,00	
Vendredi	7,00	10,00	
Samedi		4,00	
Dimanche			
Total	35,00	32,00	46,00

➲ Vous devez trouver :

❶ Nb d'H.S. au taux normal	11	**La maladie n'est jamais du travail effectif**
❷ Nb d'H.S. majorées à 25%	0	
❸ Nb d'H.S. majorées à 50%	0	

Ce troisième exercice sur les heures supplémentaires est assez difficile à comprendre.
Dans le cas présent, notre salarié a été malade 2 jours (le lundi 7 heures et le mardi 7 heures également, soit 14 heures au total). Dès qu'il s'est senti mieux (surtout si son travail s'est accumulé sur son bureau), il a commencé à travailler plus que ses collègues de travail (1 heure le mercredi, 3 heures le jeudi, 3 heures aussi le vendredi, et est même venu travailler le samedi 4 heures, soit 11 heures de plus que ses collègues).
Bien qu'il n'ait travaillé que 32 heures, ces 11 heures supplémentaires lui seront payées au taux normal, car comme il n'a pas dépassé les 35 heures, aucune de ces heures ne sera majorée.
Son bulletin (très simplifié !) pourrait se présenter comme suit :

Salaire :	35 heures
Abs. mal.	- 14 heures
HS tx normal +	11 heures
Brut =	32 heures (ce qui est bien ce qu'il a réellement travaillé).

Si la convention collective impose à l'employeur le maintien du salaire en cas de maladie, il sera payé en plus 14 heures, mais ce paiement supplémentaire ne doit pas entraîner de majoration de ces heures supplémentaires (ce qui serait un comble pour l'employeur !).

Enfin, si notre salarié avait été « annualisé », la réponse aurait été identique.

Corrigé 16 (Niveau 2)

Un salarié a effectué les heures suivantes au cours d'une semaine dans l'année 2018. C'est un ouvrier à temps complet mensualisé (151,67 heures) effectuant normalement 7 heures par jour et travaillant dans une entreprise qui paie les heures supplémentaires une première fois au taux horaire normal du salarié et qui applique les majorations à 25 % et 50 % sur 2 lignes différentes. C'était la semaine du jeudi de l'Ascension.

Quel est l'impact de ce « jour férié » sur ses heures supplémentaires ?

Jour	Heures Théoriques	Heures Travaillées	Raison
Lundi	7,00	10,00	
Mardi	7,00	10,00	
Mercredi	7,00	9,00	
Jeudi	7,00	0,00	Jour Férié
Vendredi	7,00	8,00	
Samedi			
Dimanche			
Total	35,00	37,00	44,00

➲ Vous devez trouver :

❶ Nb d'H.S. au taux normal	9	(de 35 à 44)
❷ Nb d'H.S. majorées à 25%	8	(de 35 à 43)
❸ Nb d'H.S. majorées à 50%	1	(de 43 à 44)

Ce dernier exercice sur les heures supplémentaires est litigieux. En effet, si on se reporte à la jurisprudence de la Cour de cassation du 4 avril 2012 (Cass. soc. 4 avril 2012 n° 10-10.701, n° 963 FS-PB, Sté TCMG c/ Gaufichon), en matière d'heures supplémentaires, les jours fériés chômés ne sont pas assimilés à du temps de travail effectif, en l'absence de dispositions légales ou conventionnelles contraires. Ce qui explique pourquoi certains d'entre vous ont peut-être trouvé 2-2-0. D'autres pensent que, comme le salarié a quand même travaillé 9 heures de plus que l'horaire normal, il serait plus juste que celles-ci soient payées au taux normal et que seules 2 heures soient majorées à 25 %, ce qui donnerait 9-2-0. Mais la cour dit aussi que, lorsque la durée de travail habituelle du salarié inclut des heures supplémentaires (ex. : 39 heures hebdomadaires, réparties à raison de 7,80 heures / jour), le chômage du jour férié ne doit entraîner aucune diminution de salaire. Le salarié ne doit donc pas perdre les majorations de salaire incluses dans sa rémunération habituelle.

D'autre part, si notre salarié avait été forfaitisé en heures annuelles, les heures effectuées au-delà de 1 607 heures auraient bien été majorées – l'annualisation à 1 607 heures est le résultat de 35 heures × 45,67 semaines (52 semaines annuelles - 5 semaines de congés payés - 1,33 semaine de jours fériés) arrondis à 1 600 (calcul loi Aubry II) + 7 heures pour la journée de solidarité. Et surtout, il ne faut pas oublier que l'administration considère qu'il faut tenir compte des jours fériés chômés pour déterminer les droits à majoration pour heures supplémentaires (circ. DRT 2000-7 du 6 décembre 2000). Nous vous conseillons donc d'appliquer plutôt cette dernière solution, car si le salarié a le sentiment d'être lésé, il refusera d'effectuer des heures supplémentaires la prochaine fois qu'il y aura un jour férié dans la semaine (ce qui pourrait porter préjudice à l'entreprise). En revanche, la Cour de cassation et l'administration conviennent qu'il faut bien sûr ignorer les jours fériés chômés pour déterminer les droits à contrepartie obligatoire à repos, le nombre d'heures supplémentaires à imputer sur le contingent annuel ou encore le respect des seuils de durée maximale du travail.

5. Les horaires individualisés

Corrigé 17 (Niveau 2)

Sachant que dans l'entreprise où travaille ce salarié :
• l'horaire mobile a été institué avec 2 plages mobiles :
– le matin de 7 heures à 9 heures,
– l'après-midi de 16 h 30 à 18 h 30 ;
• le déjeuner est fixe de 12 heures à 14 heures ;
• la durée hebdomadaire est de 35 heures sur 5 jours ;
• ce salarié a un crédit de 7 heures au titre du mois précédent.

Calculez le nombre d'heures travaillées par ce salarié et le report d'heures sur le mois suivant à partir de sa feuille de présence.

Jour	Arrivée	(Déjeuner)		Départ	
1	8 h 30	(12 h 00)	(14 h 00)	17 h 00	6,50 heures
2	8 h 30	(12 h 00)	(14 h 00)	16 h 30	6 heures
3	8 h 45	(12 h 00)	(14 h 00)	18 h 00	7,25 heures
4	8 h 15	(12 h 00)	(14 h 00)	17 h 45	7,50 heures
5	9 h 00	(12 h 00)	(14 h 00)	17 h 30	6,50 heures
6	8 h 45	(12 h 00)	(14 h 00)	17 h 15	6,50 heures
7	8 h 15	(12 h 00)	(14 h 00)	17 h 00	6,75 heures
8	7 h 45	(12 h 00)	(14 h 00)	17 h 30	7,75 heures
9	Absence pour cause de congés payés				7 heures
10	Absence pour cause de congés payés				7 heures
11	Absence pour cause de congés payés				7 heures
12	Absence pour cause de congés payés				7 heures
13	7 h 45	(12 h 00)	(14 h 00)	17 h 00	7,25 heures
14	8 h 45	(12 h 00)	(14 h 00)	17 h 15	6,50 heures
15	7 h 45	(12 h 00)	(14 h 00)	17 h 30	7,75 heures
16	9 h 00	(12 h 00)	(14 h 00)	17 h 30	6,50 heures
17	8 h 00	(12 h 00)	(14 h 00)	18 h 00	8 heures
18	8 h 00	(12 h 00)	(14 h 00)	18 h 30	8,50 heures
19	8 h 45	(12 h 00)	(14 h 00)	17 h 45	7 heures
20	8 h 00	(12 h 00)	(14 h 00)	17 h 00	7 heures
21	8 h 00	(12 h 00)	(14 h 00)	16 h 30	6,50 heures
22	8 h 00	(12 h 00)	(14 h 00)	17 h 15	7,25 heures
23	Absence pour cause de congés payés				7 heures

Ce salarié aurait dû travailler : 23 j × 7,00 h = 161,00 h. Or, il a travaillé **162,00 heures.**

Il a donc travaillé (162,00 h - 161,00 h) **1,00 h de plus.**

Son nouveau report sera donc : (7,00 h + 1,00 h) **de 8,00 h.**

Corrigé 18 (Niveau 2)

Dans cette entreprise, la durée hebdomadaire est de 35 heures sur 5 jours (7 heures théoriques par jour). Il y a 3 plages mobiles :
• matin : 8 h 00-9 h 00
• midi : 12 h 00-14 h 00 (temps de repas mini : une heure)
• soir : 17 h 00-18 h 00.

Sachant que :
• dans le mois considéré, il y a 20 jours ouvrés ;
• tout retard entraîne l'arrondi à l'heure suivante, tout départ anticipé entraîne l'arrondi à l'heure précédente ;
• l'arrivée du salarié avant 8 h 00 est ramenée à 8 h 00 et le départ après 18 h 00 est ramené à 18 h 00 ;
• ce salarié a un crédit de 3 heures au titre du mois précédent ;
• dès qu'un crédit de 7 heures est ouvert, le salarié a droit de prendre une journée de récupération (sous réserve d'acceptation de son supérieur hiérarchique).

Quel sera son nouveau report pour le mois suivant ?

Voici son nouveau report pour le mois suivant :

Jour	Arrivée	Déjeuner		Départ	*Heures trav.*	*Heures théo.*
1	**9h00**	**12h30**	**13h40**	**17h40**	*7,50*	7
2	**7h50**	**12h20**	**13h10**	**17h30**	*8,50*	7
3	**8h15**	**12h10**	**13h50**	**17h25**	*7,50*	7
4	**8h30**	**13h15**	**14h00**	**18h15**	*8,50*	7
5	**9h15**	**12h15**	**13h00**	**17h15**	*6,50*	7
6	**7h45**	**12h15**	**13h30**	**17h45**	*8,50*	7
7	absence	pour	cause	de récup.	*0,00*	7
8	**8h15**	**12h45**	**13h35**	**17h30**	*8,25*	7
9	**7h55**	**12h15**	**13h45**	**17h00**	*7,50*	7
10	**8h15**	**12h00**	**13h15**	**17h30**	*8,00*	7
11	**8h15**	**12h15**	**13h00**	**17h15**	*8,25*	7
12	**8h55**	**12h10**	**13h20**	**17h20**	*7,25*	7
13	**8h00**	**12h10**	**13h50**	**17h40**	*8,00*	7
14	**7h45**	**12h15**	**13h05**	**17h05**	*8,25*	7
15	**9h30**	**12h00**	**13h45**	**18h15**	*7,25*	7
16	**8h30**	**12h30**	**13h45**	**17h00**	*7,25*	7
17	**8h15**	**12h00**	**13h15**	**17h15**	*7,75*	7
18	absence	pour	cause	de récup.	*0,00*	7
19	**7h50**	**12h20**	**13h20**	**16h05**	*7,00*	7
20	**8h20**	**12h10**	**13h30**	**17h55**	*8,25*	7

Si on fait l'addition des heures travaillées, jour par jour, nous trouvons : 140 heures 00.
Or ce salarié devait faire exactement 140 heures 00 (7 heures par jour × 20 jours ouvrés).
Donc **son report sur le mois suivant est** le même que ce mois-ci, soit **3 heures** à son crédit !

6. Les huit méthodes de décompte des absences

Corrigé 19 (Niveau 1)

Un salarié d'une grande entreprise a une absence maladie du 8 au 14 octobre 2018.

Son salaire étant de 2 170 € par mois pour 151,67 heures (7 heures par jour), calculez le montant de son absence.

L'arrêt de travail du médecin est en jours calendaires. L'indemnité journalière de la Sécurité sociale sera calculée en jours calendaires. La convention collective garantira tout ou partie de la perte du salaire (si le salarié a l'ancienneté minimale requise) en jours calendaires. S'il y a une prévoyance qui complète le salaire, elle le fera en jours calendaires. Donc l'absence pour maladie doit se calculer en jours calendaires. Deux possibilités : en jours calendaires réels ou en jours calendaires moyens. Si on prend l'option des jours calendaires moyens (trentièmes) et que le mois de l'absence n'a pas 30 jours calendaires, il y aurait, en cas d'absence maladie du mois entier, soit un paiement de deux jours calendaires si le mois comporte 28 jours calendaires, soit un brut négatif correspondant à un jour calendaire si le mois comporte 31 jours calendaires. Donc la bonne solution est de prendre des jours calendaires réels.

Le montant de son absence maladie est donc : le montant de son salaire / le nombre de jours calendaires réels du mois d'octobre × le nombre de jours calendaires de son absence, soit :
2 170 € / 31 jours × 7 jours = 490,00 €.

Corrigé 20 (Niveau 1)

Un salarié a été embauché dans une grande entreprise le lundi 11 juin 2018.

Son salaire étant de 2 520 € par mois pour 151,67 heures (7 heures par jour), calculez le montant de sa retenue Entrée/Sortie.

La Cour de cassation (depuis 1974) édicte que « la retenue par heure d'absence d'un salarié payé au mois doit être en principe égale au quotient du salaire mensuel par le nombre d'heures de travail dans l'entreprise pour le mois considéré ». Si vous prenez une autre méthode que celle des heures réelles et que le salarié conteste votre méthode, c'est lui qui gagnera devant la Cour.

Le montant de sa retenue Entrée/Sortie est donc : le montant de son salaire / le nombre d'heures théoriquement travaillées le mois de son absence × le nombre d'heures réelles de son absence, soit :
2 520 € / 147 heures × 42 heures = 720,00 €.

Pour simplifier, si (et seulement si) le salarié travaille bien 7 heures tous les jours, on peut également prendre la méthode des jours ouvrés réels, ce qui revient strictement au même :
2 520 € / 21 jours × 6 jours = 720,00 €.

Corrigé 21 (Niveau 1)

Un salarié d'une grande entreprise a été en délégation 10 heures ce mois de mai 2018.

Son salaire étant de 2 730 € par mois pour 151,67 heures (7 heures par jour), calculez la valeur de son absence délégation.

Les entreprises aiment bien savoir combien leur coûte la délégation (que ce soit pour les anciens délégués syndicaux, les délégués du personnel, les comités d'entreprise, les membres du CHSCT, les délégués uniques du personnel ou aujourd'hui pour les membres du comité social et économique). Parfois, selon les entreprises, ce type d'absence passe sur le bulletin de paie sous le libellé « absence autorisée payée ». En aucun cas la mention d'une quelconque délégation n'est autorisée à figurer sur le bulletin de paie ! Le plus souvent, cette information passe sur un bulletin de paie « Annexe » afin que les délégués puissent connaître leur crédit d'heures.

Quoi qu'il en soit, le calcul de cette absence doit être « lissé » d'un mois sur l'autre ; une heure de délégation, puisqu'elle est indemnisée, doit avoir la même valeur chaque mois. Donc la seule bonne logique est de prendre la méthode des heures moyennes et la valeur de son absence délégation est donc : le montant de son salaire / le nombre d'heures moyennes × le nombre d'heures de délégation, soit :
2 730 € / 151,67 heures × 10 heures = 180,00 €

Corrigé 22 (Niveau 1)

Un salarié d'une grande entreprise a pris 2 jours de RTT ce mois de septembre 2018.

Son salaire étant de 2 232 € par mois pour 151,67 heures (7 heures par jour), calculez le montant de son absence RTT.

Il paraît évident qu'un salarié ne peut prendre des jours de RTT qu'un jour ouvré de semaine. La bonne méthode est donc de raisonner en jours ouvrés. Serait-il logique que la valeur d'un jour de RTT varie d'un mois à l'autre alors que le nombre de jours est décidé par an ? Bien sûr que non ! Donc il faut prendre la méthode des jours ouvrés moyens.

Le montant de son absence RTT est donc : le montant de son salaire / le nombre de jours ouvrés moyens × le nombre de jours ouvrés de son absence RTT, soit :
2 232 € / 21,67 jours ouvrés moyens × 2 jours ouvrés d'absence RTT = 206,00 €

Le nombre de jours ouvrés moyens s'obtient en multipliant le nombre de jours ouvrés par semaine par 52 semaines et en divisant le résultat par 12 mois, soit : 5 × 52 / 12 = 21,67.

Corrigé 23 (Niveau 1)

Un salarié d'une grande entreprise, ayant 10 ans d'ancienneté, a pris une semaine de congé sans solde du 13 au 19 août 2018.

Son salaire étant de 3 220 € par mois pour 151,67 heures (7 heures par jour), calculez le montant de son absence congés sans solde.

Des congés sans solde sont, comme leur nom l'indique, des absences non payées par l'entreprise. Selon la jurisprudence en vigueur, il convient donc de prendre la méthode des heures réelles. Il y a 23 jours théoriquement travaillés en août 2018 (il faut compter le jour férié car si le salarié a 10 ans d'ancienneté, le 15 août lui sera payé), soit 161 heures, et notre salarié a été absent 4 jours (le lundi 13, le mardi 14, le jeudi 16 et le vendredi 17), soit 28 heures.

Le montant de son absence congés sans solde est donc : le montant de son salaire / le nombre d'heures théoriquement travaillées × le nombre d'heures de son absence congés sans solde, soit : 3 220 € / 161 heures × 28 heures = 560,00 €.

Pour simplifier, si (et seulement si) le salarié travaille bien 7 heures tous les jours, on peut également prendre la méthode des jours ouvrés réels, ce qui revient strictement au même (voir le corrigé 20).

Corrigé 24 (Niveau 1)

Un salarié d'une grande entreprise et dont les droits à congés payés sont de 30 jours ouvrables par an part en congés payés du 16 au 29 juillet 2018.

Son salaire étant de 2 860 € par mois pour 151,67 heures (7 heures par jour), calculez le montant de son absence congés payés.

Si l'entreprise raisonne en matière de congés payés en jours ouvrables (comme le Code du travail), son absence congés payés doit être déterminée en jours ouvrables. Puisque pour le paiement de ces congés payés, il y aura deux règles à comparer dont l'une est par rapport à ce que le salarié a gagné tout au long de l'année d'acquisition de ses congés, il convient de prendre la méthode des jours ouvrables moyens.

Le montant de son absence congés payés est donc : le montant de son salaire / le nombre de jours ouvrables moyens × le nombre de jours ouvrables de son absence, soit : 2 860 € / 26 × 12 = 1 320,00 €.

Le nombre de jours ouvrables moyens s'obtient en multipliant le nombre de jours ouvrables par semaine par 52 semaines et en divisant le résultat par 12 mois, soit : 6 × 52 / 12 = 26. Quant au calcul du nombre de jours d'absence congés payés, il est temps de passer aux exercices concernant cette absence.

7. Les congés payés

Corrigé 25 (Niveau 1)

1. Trouvez combien de jours ouvrables a acquis, pour cette année de référence 2017-2018, un salarié au 31 mai 2018, s'il a été embauché dans l'entreprise le lundi 3 juillet 2017.

Je donne cet énoncé car il y a encore trop d'erreurs dans les entreprises ! La plupart des logiciels décomptent « un mois d'absence » (le mois de juin), puisque le salarié n'est entré dans l'entreprise que le 3 juillet, et donnent comme réponse : 11 mois × 2,5 jours ouvrables = 27,5 jours ouvrables arrondis à 28 jours ouvrables.

Or, selon l'article L. 3141-4 du Code du travail, sont assimilées à un mois de travail les périodes équivalentes à 4 semaines ou 24 jours si le travail hebdomadaire est réparti sur 6 jours. Ce nombre est ramené à 22 jours pour une semaine répartie sur 5,5 jours, et à 20 jours pour une répartition sur 5 jours. Ces équivalences sont à appliquer lorsqu'un salarié n'a pas été occupé sur la totalité de l'année de référence, pour quelque raison que ce soit.

Un salarié présent 48 semaines a donc droit à l'intégralité de ses congés payés (4 semaines × 12 mois = 48 semaines).

Dans cet énoncé, notre salarié a été **présent 47 semaines et 4 jours** (il ne lui « manque » que le mois de juin). Donc il a droit à 29,875 jours, obligatoirement arrondis à **30 jours ouvrables**, soit **à l'intégralité de ses congés payés** !

2. Trouvez combien de jours ouvrables a acquis, pour cette année de référence 2017-2018, un salarié présent depuis 10 ans dans l'entreprise, s'il la quitte le vendredi 30 mars 2018.

Pour répondre à cette question, il faut compter le nombre de jours de travail effectué par ce salarié. Il y a trois types de jours : ouvrés, ouvrables ou calendaires.
Si on compte les jours en ouvrés sur le calendrier, il y a du 1er juin 2017 au 31 mars 2018 217 jours ouvrés. Ces 217 jours ouvrés sont à diviser par 20 (20 jours ouvrés sont équivalents à un mois de travail effectif) et à multiplier par 2,5 (puisqu'on souhaite la réponse en jours ouvrables). Ce qui donne 27,125 jours ouvrables. Il faut obligatoirement arrondir ce chiffre au nombre entier immédiatement supérieur, autrement dit **28 jours ouvrables.**
Si on compte les jours en ouvrables, il y en a 261. Ces 261 jours ouvrables sont à diviser par 24 (24 jours ouvrables sont équivalents à un mois de travail effectif) et à multiplier par 2,5 (puisqu'on souhaite la réponse en jours ouvrables). Ce qui donne 27,19 jours ouvrables, arrondis obligatoirement à **28 jours ouvrables.**
Si on compte les jours en calendaires, il y a 304 jours calendaires (30 de juin + 31 de juillet + 31 d'août + 30 de septembre + 31 d'octobre + 30 de novembre + 31 de décembre + 31 de janvier + 28 de février + 31 de mars). Ces 304 jours calendaires sont à diviser par 28 (28 jours calendaires sont équivalents à un mois de travail effectif) et à multiplier par 2,5 (puisqu'on souhaite la réponse en jours ouvrables). Ce qui donne 27,14 jours ouvrables, arrondis obligatoirement à **28 jours ouvrables.**

Sur cet exercice, quelle que soit la méthode de calcul (en jours ouvrés, ouvrables ou calendaires), le résultat est identique. S'il y a des différences, il faut évidemment prendre le plus avantageux pour le salarié.

Attention : De très (trop ?) nombreux logiciels de paie font « simplement » 10 mois de présence du salarié, donc 10 × 2,5 = 25 jours ouvrables. J'insiste « lourdement » mais cette réponse est fausse ! Il faut que les logiciels calculent la présence du salarié en jours calendaires, ce qui est le plus simple pour eux puisqu'ils doivent avoir accès au nombre de jours du calendrier.

3. Trouvez combien de jours ouvrés a acquis, pour cette année de référence 2017-2018, un salarié au 31 mai 2018, s'il a été embauché dans l'entreprise le vendredi 1er décembre 2017.

Selon le procédé vu à la question précédente, nous pouvons compter 182 jours calendaires. Ces 182 jours calendaires divisés par 28 et multipliés par 2,08 (puisqu'on souhaite la réponse en jours ouvrés - 25 jours annuels / 12 mois = 2,08 jours) donnent droit à 13,52 jours ouvrés qui seront obligatoirement arrondis à **14 jours ouvrés.** Le résultat est rigoureusement le même, que l'on compte en jours ouvrés (130 / 20 × 2,08) = 13,52 ou en jours ouvrables (156 / 24 × 2,08) = 13,52, toujours arrondis à **14 jours ouvrés.**

Attention : Comme précédemment, ne pas faire 6 mois de présence du salarié × 2,08 = 12,48 jours ouvrés arrondis à 13 ! Cette réponse est fausse !

4. Trouvez combien de jours ouvrés a acquis, pour cette année de référence 2017-2018, un salarié au 31 mai 2018, présent à l'effectif toute l'année mais malade du 9 octobre 2017 au 11 mars 2018 inclus.

La maladie n'étant pas assimilée à du travail effectif pour les droits à congés payés (sauf indication contraire de la convention collective), selon les méthodes vues au 2, nous comptons 211 jours calendaires de présence effective du salarié. Ces 211 jours calendaires divisés par 28 et multipliés par 2,08 donnent droit à 15,67 jours ouvrés qui seront obligatoirement arrondis à **16 jours ouvrés.**

J'ai pris la méthode des jours calendaires réels pour expliquer le résultat car c'est la méthode la plus « logique » : la maladie doit être décomptée du salaire en jours calendaires (comme l'arrêt de travail ordonné par le médecin, comme l'indemnisation de la Sécurité sociale et des prévoyances) et comme je l'ai déjà dit au 2, les logiciels « simples » utilisent cette méthode. Néanmoins, si vous avez pratiqué en jours ouvrés ou en jours ouvrables, le résultat doit au final être strictement identique, c'est-à-dire que ce salarié, malgré ses 5 mois de maladie, a droit à 16 jours ouvrés de congés payés.

5. Trouvez combien de jours ouvrés a acquis, pour cette année de référence 2017-2018, un salarié qui n'a travaillé que du lundi 19 mars au vendredi 23 mars 2018 (rupture pendant la période d'essai).

Avant le 1er juin 2012, si le salarié était en CDI, la réponse aurait été : aucun ! En effet, avant cette date, il fallait qu'il ait au moins 10 jours de travail effectif pour acquérir des jours de congés payés. Avant le 20 août 2008, c'était même un mois de travail effectif qu'il fallait.

Si, d'après le Code d'aujourd'hui, un mois de travail effectif ouvre droit à 2,08 jours ouvrés, à combien de jours de congés payés une semaine de travail ouvre-t-elle droit ? La réponse est simple : si 4 semaines de travail = 2,08, une semaine = 2,08 / 4, soit : 0,52 jour arrondi à **1 jour ouvré**.

Dans ce cas précis, demeure toutefois une inconnue : comment indemniser ces droits ? Prenons des chiffres qui nous « arrangent » : si ce salarié a été embauché pour un salaire de 2 200 € mensuel, une semaine de travail dans son cas aurait été payée (2 200 € / 22 jours ouvrés en mars 2018 × 5 jours travaillés) 500 €. Le calcul avec la règle du dixième donnerait donc une indemnité compensatrice de congés payés à (500 € / 10) 50 €. Mais avec la règle du maintien, cela donnerait (2 200 / 21,67 × 1) 101,52 €, soit plus du double ! En l'absence d'une jurisprudence claire et précise dans ce cas, on se demande bien quelle solution adopter !

6. Trouvez combien de jours ouvrés a acquis, pour cette année de référence 2017-2018, un salarié au 31 mai 2017, s'il ne travaille que les lundis et s'il a été embauché le 20 novembre 2017.

Un cas de temps partiel, peut-être un peu extrême pour finir ces acquisitions de congés payés car il y a, là aussi, beaucoup d'erreurs dans les services de paie. C'est le moment de rappeler que les salariés à temps partiel bénéficient des mêmes droits que les salariés à temps plein (Code du trav., art. L. 3123-11 : le salarié à temps partiel bénéficie des droits reconnus au salarié à temps complet par la loi, les conventions et les accords collectifs d'entreprise ou d'établissement sous réserve, en ce qui concerne les droits conventionnels, de modalités spécifiques prévues par une convention ou un accord collectif de travail).

Donc, bien qu'il ne travaille que les lundis, ce salarié a les mêmes droits qu'un salarié à temps plein, et selon les méthodes déjà utilisées en 2 et 3, le bon nombre de jours à lui attribuer est **15 jours ouvrés** (139 jours ouvrés ou 166 ouvrables ou 193 jours calendaires divisés respectivement par 20, 24, 28 et multipliés par 2,08 donnent dans les trois cas 14,456 ou 14,386 ou 14,337) !

En revanche, quand il prendra un lundi en congé payé il faudra bien sûr lui décompter 5 jours ouvrés d'absence. Mais n'anticipons pas les exercices qui suivent sur la prise des congés.

Corrigé 26 (Niveau 1)

1. Trouvez combien de jours ouvrables a acquis, pour cette année de référence 2018, un salarié au 31 décembre 2018 s'il a été embauché le 2 juillet 2018.

Comme pour une année de référence « 1er juin-31 mai », il suffit de compter les cycles de quatre semaines, que ce soit en jours calendaires, ouvrables ou ouvrés. Nous trouvons donc, soit 183 jours calendaires, 157 jours ouvrables ou 131 jours ouvrés de présence effective du 2 juillet au 31 décembre 2018.
Si on raisonne en jours calendaires, on a : 183 / 28 × 2,5 = 16,34 arrondis à **17**.
De même, si on raisonne en jours ouvrables : 157 / 24 × 2,5 = 16,35 arrondis à **17**.
Idem, pour un raisonnement en jours ouvrés : 131 / 20 × 2,5 = 16,375 arrondis à **17 jours ouvrables.**

2. Trouvez combien de jours ouvrables a acquis, pour cette année de référence 2018, un salarié présent depuis longtemps dans l'entreprise mais qui démissionne le 27 avril 2018.

Les plus rapides d'entre vous auront dit : « Facile ! Le salarié est présent 4 mois, donc 4 × 2,5 jours = 10 jours ouvrables ! ». Malheureusement pour eux, ce résultat est faux ! Il faut (comme d'habitude) compter en cycles de 4 semaines ! Et le résultat est différent puisque le salarié est présent 17 semaines. Ces 17 semaines divisées par 4 donnent 4,25 cycles. Multipliés par 2,5, le résultat est 10,625, soit **11 jours ouvrables.** Bien évidemment, le résultat est identique si on raisonne, comme pour l'exercice 1, en jours calendaires, ouvrables ou ouvrés !

3. Trouvez combien de jours ouvrés a acquis, pour cette année de référence 2018, un salarié présent depuis longtemps dans l'entreprise mais qui a pris un congé sans solde du 2 juillet au 30 septembre 2018, mais toujours présent au 31 décembre 2018.

Là encore, ne pas faire 9 mois × 2,08 = 18,75 arrondis à 19 jours ouvrés !
Mais calculer en cycles de 4 semaines de présence, soit 39 semaines (ou 273 jours calendaires, ou 234 jours ouvrables, ou 195 jours ouvrés), et le résultat sera :
- soit : 39 / 4 × 2,08 = 20,28 ;
- soit : 273 / 28 × 2,08 = 20,28 ;
- soit : 234 / 24 × 2,08 = 20,28 ;
- soit : 195 / 20 × 2,08 = 20,28 ;

Selon les quatre méthodes de calcul, le résultat est **21 jours ouvrés** (après arrondi).

4. Trouvez combien de jours ouvrés a acquis, pour cette année de référence 2018, un salarié, s'il a été embauché le 12 février 2018, qui a été en absence maladie du 9 avril au 17 juin, qui a fait grève du 10 au 14 septembre et qui démissionne le 7 décembre 2017.

Le salarié étant présent 17 jours calendaires en février + 31 en mars + 8 en avril + 13 en juin + 31 en juillet + 31 en août + 25 en septembre + 31 en octobre + 30 en novembre + 7 en décembre, soit 224 jours calendaires, il a droit à (224 / 28 × 2,08 = 16,64) **17 jours ouvrés.**

5. Trouvez combien de jours ouvrables a acquis, pour cette année de référence 2018, un salarié au 31 décembre 2018, s'il a été embauché le 1er octobre 2017 pour 24 heures par semaine dans une entreprise travaillant 39 heures par semaine.

Les salariés à temps partiel bénéficiant du même nombre de jours de congés payés que les salariés à temps plein, celui-ci étant présent 92 jours calendaires a droit à (92/28 × 2,5 = 8,21) **9 jours ouvrables.** Comme vu précédemment, ne pas faire 3 mois × 2,5 = 7,5, soit 8 jours ouvrables. Je sais bien que de très nombreuses entreprises auront ce résultat, mais encore une fois, ce résultat n'est pas ce que souhaite la loi.

8. Le décompte des congés payés pris

Corrigé 27
(Niveau 1 pour les 1, 2, 3 ; Niveau 2 pour les 4, 5, 6 ; Niveau 3 pour les 7, 8, 9)

1. Ayant un congé principal de 25 jours ouvrés, ce salarié part en congés payés du lundi 6 au dimanche 26 août 2018 inclus. Combien de jours lui décomptez-vous ?

Ce salarié a pris 3 semaines ce qui représente 15 jours ouvrés. Mais, le jour férié du 15 août tombant un mercredi, ce salarié se verra simplement décompter **14 jours ouvrés** sur ses 25 jours de droit principal.

2. Ayant un congé principal de 30 jours ouvrables, ce salarié part en congés payés du lundi 2 juillet au lundi 30 juillet 2018 inclus. Combien de jours lui décomptez-vous ?

Ce salarié s'est donc absenté 4 semaines et un jour (le lundi 30 juillet). On devrait donc lui décompter 4 × 6 jours ouvrables + 1. Mais, il « gagne » le samedi 14 juillet, donc on ne lui décompte que **24 jours ouvrables.**

3. Ayant un congé principal de 30 jours ouvrables, ce salarié part en congés payés du mercredi 2 au mardi 29 mai 2018 inclus. Combien de jours lui décomptez-vous ?

Ce salarié s'absente également 4 semaines. Cette année 2018, dans cette période (2 au 29 mai), il y a 3 jours fériés (le mardi 8, le jeudi 10 et le lundi 21). Donc, on va lui décompter tout simplement : 4 × 6 jours ouvrables - 3 = **21 jours ouvrables.**

4. Ayant un congé principal de 25 jours ouvrés, ce salarié part en congés payés du lundi 2 au dimanche 29 juillet 2018 inclus. Combien de jours lui décomptez-vous ?

Ce salarié s'est absenté 4 semaines, selon le principe 6 jours ouvrables = 5 jours ouvrés, on devrait lui décompter 5 × 4 jours, soit 20 jours. Le 14 juillet tombant un samedi ne devrait avoir aucune incidence. Sauf qu'ici, n'ayant que 25 jours ouvrés (soit la loi), il faut lui rendre un jour pour respecter l'égalité entre les salariés puisque celui qui est compté en jours ouvrables aurait un jour de moins. Donc, il ne faut lui décompter que (20 - 1) **19 jours ouvrés.**

5. Ayant un congé principal de 25 jours ouvrés, ce salarié part en congés payés du lundi 7 au jeudi 31 mai 2018 inclus. Sachant que l'entreprise donne le vendredi 11 mai en jour de pont, combien de jours lui décomptez-vous ?

Le salarié aurait dû le savoir : le pont n'est donné qu'à ceux qui sont censés travailler ce jour-là. Donc pour lui qui est déjà absent en congés payés, ça ne change rien ! Réponse = **16 jours ouvrés.**

6. Ayant un congé principal de 27 jours ouvrés, ce salarié part en congés payés du lundi 2 au dimanche 29 juillet 2018 inclus. Combien de jours lui décomptez-vous ?

La durée de l'absence est la même qu'à la question 4, mais le salarié a droit, cette fois, à 27 jours ouvrés de congés. Or la jurisprudence dit que les jours supplémentaires donnés aux salariés sont censés compenser le « risque » du samedi jour férié. Dans ce cas-là, il n'y a donc pas lieu de lui « rendre » son samedi 14 juillet et, par conséquent, on va lui décompter **20 jours ouvrés.**

7. Ayant un congé principal de 10 jours ouvrés, l'entreprise de ce salarié ferme du lundi 23 juillet au dimanche 19 août 2018 inclus. Comment passez-vous les jours non acquis sur la paie ?

Certains stagiaires se demandent pourquoi, dans cet énoncé, un salarié n'aurait que 10 jours ouvrés. Tout simplement parce que ce salarié a été embauché sans doute fin janvier. Alors qu'on devrait bien sûr lui décompter 19 jours ouvrés, comme ce salarié ne les a pas, on ne peut que lui décompter ses 10 jours de congé principal.

Je rappelle que la question est : comment passez-vous les jours non acquis sur la paie ?

Il y a (ou avait) quatre réponses :

• Certains voudraient lui en faire « cadeau » ! Il ne faut *jamais* faire de cadeau à un salarié, ça serait injuste pour les salariés à qui on décompte les 19 jours ouvrés et qui ne manqueraient pas de vous le faire remarquer !

• Certains décomptent ces 9 jours en congés payés anticipés. La nouvelle règle (l'article L. 3141-12 du Code du travail) dit : « **Les congés peuvent être pris dès l'embauche.** » C'est donc une bonne réponse car, bien que notre salarié n'en ait acquis que 5, on peut aujourd'hui anticiper les 4 jours non encore acquis (même si, l'entreprise fermant tous les ans 4 semaines l'été et 1 semaine l'hiver, notre salarié n'arrivera jamais à acquérir une période complète).

• L'autre bonne réponse est que **les 9 jours restants lui soient retenus sur sa paye suivante en jours non travaillés** (congés sans solde ou absence autorisée). Rappelons que si notre salarié est arrivé dans l'entreprise fin janvier, il a dû percevoir de la part de son entreprise précédente une indemnité compensatrice de congés payés qui devrait peu ou prou compenser cette perte financière de ce mois d'août.

• Enfin, pour être complet, avant la loi du 22 mars 2013, il était possible dans notre cas de figure de passer ces 9 jours d'absence en « chômage partiel ». Le salarié ne perdait ainsi pas trop de salaire s'il venait d'une période de chômage plus longue qu'une année ou si c'était son premier travail. Depuis la refonte du chômage partiel et de l'APLD en « activité partielle », ce n'est plus possible.

8. Ayant un congé principal de 25 jours ouvrés, ne travaillant que les lundis, mardis et vendredis, ce salarié part en congés payés du lundi 6 août au lundi 27 août 2018 inclus. Combien de jours lui décomptez-vous ?

Avec cet exercice, nous abordons le sujet du salarié à temps partiel qui est en congés payés. Sujet très délicat et source de nombreux conflits, car les entreprises n'ont jamais vraiment pris le temps de réfléchir correctement à ce problème. Afin de bien comprendre l'étendue du problème, commençons tout simplement par un salarié qui travaille un jour par semaine et supposons qu'il prenne cette journée en congé payé. Quel que soit le raisonnement, si l'entreprise lui a bien donné 25 jours ouvrés pour une année entière de présence, tout le monde lui décomptera 5 jours ouvrés de son total de jours (ou 6 jours ouvrables), car un salarié à temps partiel ne doit avoir au final que 5 semaines comme un salarié à temps plein. 1 jour de travail = 5 jours ouvrés de congé. Quand un salarié travaille 2 jours par semaine et qu'il prend ces 2 jours en congés, même logique : il faut lui décompter soit 5 jours ouvrés, soit 6 jours ouvrables. Le « petit » problème, c'est quand il n'en prend qu'un sur les deux travaillés en congé.
Comment lui décompter ce jour ? Certaines entreprises appliquent la règle du décompte de jours ouvrables pour un temps plein et l'adaptent pour un salarié en jours ouvrés à temps partiel. Ça donne des résultats abracadabrantesques ! En effet, selon le positionnement de ce

jour de travail dans la semaine, le résultat est différent ! Comment peut-on régler le problème informatiquement avec un « petit » logiciel de paie dans ces conditions ? Et puis, est-ce surtout « juste » au sens de « justice » ? Alors que la règle est toute simple : si 2 jours de travail décomptent 5 jours ouvrés de congé (ou 6 ouvrables), 1 jour de travail = 5/2 soit 2,5 jours ouvrés (ou 6/2 soit 3 jours ouvrables) de congés. Une simple règle de trois ! Et c'est infiniment plus juste (au sens « justice »). Certains stagiaires me disent qu'il est gênant que le nombre de jours déduits ne soit pas « rond ». Et alors, ça vous gêne que le nombre de jours acquis par mois de travail effectif ne soit pas « rond » lui non plus (2,083333333 ou 2,5) ? Le plus important, c'est qu'à la fin de l'année (d'acquisition ou de prise), le total fasse un chiffre « rond ».

Surtout que cette règle marche dans tous les cas de figure. Reprenons l'exemple de la salariée qui ne travaille que les lundi, mardi, jeudi et vendredi, et imaginons qu'elle ait une amie, également à 80 %, mais qui ne travaille que les lundi, mardi, mercredi et jeudi. Après avoir posé toutes les deux leurs deux semaines de congé consécutif qui leur décomptera à toutes les deux, 10 jours ouvrés quelle que soit la méthode appliquée (méthode « des jours ouvrables pour un temps plein » ou méthode « mathématique »), imaginons qu'elles souhaitent partir ensemble plusieurs lundis et mardis pour prolonger des week-ends entre amies. Dans l'entreprise « méthode jours ouvrables pour un temps plein », notre salariée se verra décompter à chaque fois 3 jours ouvrés alors que son amie n'en aura que 2 de décomptés. Notre salariée aura au final forcément moins de jours de congé que son amie. Est-ce « juste » au sens « justice sociale » ? Est-ce logique ? Comprendra-t-elle ? Alors que l'entreprise « méthode mathématique », à chaque congé de 2 jours, leur décomptera 2,5 jours (chaque jour de congé valant 5/4, soit 1,25 jour ouvré) à chacune. Elles pourront ainsi partir le même nombre de jours en congés payés. N'est-ce pas plus « juste » ? Plus logique ?

Ce qui nous amène tranquillement à notre énoncé d'exercice. Ici, notre salarié travaille 3 jours par semaine, les lundi, mardi et vendredi. S'il part en congé les lundi, mardi et vendredi de la même semaine, il faut comme d'habitude lui décompter 5 jours ouvrés (ou 6 jours ouvrables), chaque jour de congé lui étant décompté 1,66 jour ouvré (5/3) ou 2 jours ouvrables (6/3). Ici notre salarié est absent 4 lundis, 3 mardis, et 3 vendredis, soit 10 jours. Ces 10 jours × 1,66 font qu'**on lui décomptera 16,66 jours ouvrés** ou 20 jours ouvrables (10 jours × 6/3). Vous pourriez vous étonner que le 15 août ne compte pas pour ce salarié alors que s'il avait été à temps plein, il aurait compté (et on ne lui aurait décompté dans ce cas que 15 jours ouvrés). Mais la règle est la même que pour un temps complet lorsque le 15 août tombe un dimanche (un jour ni ouvré, ni ouvrable et non travaillé pour la plupart des salariés).

9. Question identique au 8 mais s'il ne travaille que les lundis et mercredis ?

Exercice fait uniquement pour vérifier que vous avez bien compris l'exercice précédent.
Ici, l'impact du 15 août doit se faire sentir puisque c'est un jour travaillé. Nous venons de voir que, quand un salarié ne travaille que 2 jours sur 5, chaque jour de congé lui est décompté 2,5 jours ouvrés (5/2). Ici notre salarié est absent 4 lundis, 2 mercredis (le mercredi 15 août étant férié n'est pas compté), soit 6 jours. **Ces 6 jours × 2,5 lui seront décomptés 15 jours ouvrés**. CQFD : On retrouve le même calcul que pour un temps plein puisque le 15 août est un jour habituellement travaillé par notre salarié.

Corrigé 28
(Niveau 1 pour les 1, 2 ; Niveau 2 pour les 3, 4 ; Niveau 3 pour les 5, 6)

1. Ayant un congé principal de 25 jours ouvrés, ce salarié part en congés payés du lundi 31 juillet au lundi 21 août 2017 inclus. Combien de jours lui décomptez-vous ?

Ce salarié a pris 3 semaines et un jour (le lundi 21 août) ce qui représente 16 jours ouvrés. Mais, le jour férié du 15 août tombant un mardi, ce salarié se verra simplement décompter **15 jours ouvrés.**

2. Ayant un congé principal de 30 jours ouvrables, ce salarié part en congés payés du lundi 3 au lundi 24 juillet 2017 inclus. Combien de jours lui décomptez-vous ?

Ce salarié s'est donc absenté 3 semaines et un jour (le lundi 24 juillet). Selon l'exercice précédent, on devrait lui décompter 18 jours ouvrables + 1. Mais un jour férié (le vendredi 14 juillet) est inclus dans sa période de congés payés et celui-ci n'est donc pas compté. Le salarié se verra donc décompter **18 jours ouvrables.**

3. Ayant un congé principal de 25 jours ouvrés, ce salarié part en congés payés du mardi 2 au dimanche 28 mai 2017 inclus. Combien de jours lui décomptez-vous ?

Très bonne période pour partir en vacances ! Sur les 4 semaines choisies par le salarié (du 2 au 28 mai 2017), il y a 2 jours fériés le lundi 8 (Victoire 1945), le jeudi 25 (Ascension) et même si le 1er mai ne « compte » pas dans ce décompte, je suppose que le salarié partira bien le vendredi 28 avril au soir. Donc on va lui décompter tout simplement : 19 jours ouvrés - 2 jours fériés = **17 jours ouvrés** – pour un mois « plein » (départ le 28 avril au soir pour un retour en entreprise le 29 mai au matin) en congés payés, ce n'est pas cher payé !

4. Ayant un congé principal de 30 jours ouvrables, ce salarié part en congés payés du lundi 22 mai au dimanche 11 juin 2017 inclus. Sachant que l'entreprise donne le vendredi 26 mai en jour de pont, combien de jours lui décomptez-vous ?

Il y a les 2 jours fériés – le jeudi 25 mai (Ascension) et le lundi 5 juin (Pentecôte). Mais l'entreprise donne le vendredi 26 mai en jour de pont. Si les deux jours fériés ne lui seront pas décomptés, l'attribution du pont n'est possible que pour les salariés censés travailler ce jour-là. On lui décomptera donc 18 jours ouvrables - les 2 jours fériés = **16 jours ouvrables.**

5. Ayant un congé principal de 25 jours ouvrés, ne travaillant pas les mercredis, ce salarié part en congés payés du lundi 3 au dimanche 23 juillet 2017 inclus. Combien de jours lui décomptez-vous ?

Comme nous l'avons déjà vu précédemment, quand un salarié ne travaille que 4 jours sur 5, chaque jour de congé lui est décompté 1,25 jour ouvré (5/4). Ici notre salarié est absent 3 lundis, 3 mardis, 3 jeudis et 2 vendredis (le vendredi 14 juillet étant férié), soit 11 jours. Ces 11 jours × 1,25 font qu'on lui décomptera donc **13,75 jours ouvrés.** 13,75 est le bon nombre de jours à décompter : ne pas arrondir ce résultat ni à 13, ni à 14, sinon nous n'aurons jamais 25 jours à la fin de la période.

6. Ayant un congé principal de 30 jours ouvrables, ne travaillant pas les lundis et mardis, ce salarié part en congés payés du mercredi 2 au mardi 22 août 2017 inclus. Combien de jours lui décomptez-vous ?

En jours ouvrables, pour un salarié à temps partiel, quand un salarié ne travaille que 4 jours sur 6, chaque jour de congé lui est décompté 1,5 jour ouvrable (6/4). Ici notre salarié est absent 3 mercredis, 3 jeudis, 3 vendredis et 3 samedis, soit 12 jours ouvrables. Ces 12 jours × 1,5 font qu'on lui décomptera donc **18 jours ouvrables**. Pour un salarié à temps plein et la même période d'absence, on aurait décompté 18 jours ouvrables - 1 jour (le mardi 15 août), soit 17 jours. Notre salarié ne travaillant habituellement pas les mardis, il ne peut malheureusement pas bénéficier du jour férié.

9. Le fractionnement du congé principal (de 24 jours ouvrables)

Corrigé 29
(Niveau 1 pour les 1, 2, 3 ; Niveau 2 pour les 4, 5, 6 ; Niveau 3 pour les 7, 8, 9)

1. Ayant un congé principal de 25 jours ouvrés, ce salarié part en congés payés du 21 juin au 18 juillet inclus. Combien de jours de fractionnement lui accordez-vous au 31 octobre ?

Ce salarié part donc en congés payés 19 jours ouvrés (le 14 juillet, tombant un mercredi, ne lui est pas décompté). Son congé principal étant de 25 jours ouvrés, il lui reste 6 jours ouvrés au 31 octobre. Sachant qu'il faut enlever la cinquième semaine au congé principal, sur les quatre semaines de droit principal, il lui reste donc 1 jour. En conséquence, ce salarié n'a droit à **aucun jour de fractionnement**.

2. Ayant un congé principal de 30 jours ouvrables, l'entreprise de ce salarié ferme du 2 au 22 août inclus. Combien de jours de fractionnement lui accordez-vous au 31 octobre ?

Du 2 au 22 août inclus, on lui a décompté 18 jours ouvrables. Sur les 24 jours correspondant aux quatre semaines de droit à fractionnement, il lui reste 6 jours ouvrables. On lui accorde donc **2 jours de fractionnement**.

3. Ayant un congé principal de 30 jours ouvrables, ce salarié part en congés payés du 7 au 13 juin inclus, puis du 5 au 19 juillet inclus. Combien de jours de fractionnement lui accordez-vous au 31 octobre ?

Du 7 au 13 juin, on lui décompte 6 jours ouvrables. Du 5 au 19 juillet, on lui décompte 12 jours ouvrables de plus. Soit 18 jours ouvrables au total. Sur les 24 jours de droit à fractionnement, il lui reste 6 jours ouvrables. On lui accorde donc **2 jours de fractionnement**.

4. Ayant un congé principal de 25 jours ouvrés, ce salarié part en congés payés du 28 juin au 18 juillet inclus, puis les 30 et 31 août. Combien de jours de fractionnement lui accordez-vous au 31 octobre ?

Du 28 juin au 18 juillet, on lui décompte 14 jours ouvrés (le mercredi 14 juillet, férié, n'est pas compté). Les 30 et 31 août, on lui décompte 2 jours ouvrés de plus. Ce qui porte son décompte à 16 jours ouvrés. Sur les 20 jours correspondant aux quatre semaines de droit à fractionnement, il lui reste 4 jours ouvrés. On lui accorde donc **1 jour de fractionnement** à prendre obligatoirement entre le 1er novembre et le 30 avril de l'année suivante.

5. Ayant un congé principal de 25 jours ouvrés, ce salarié part en congés payés du 3 au 9 mai, puis du 16 juillet au 1er août inclus. Combien de jours de fractionnement lui accordez-vous au 31 octobre ?

Du 3 au 9 mai, on lui décompte 4 jours ouvrés (le samedi 8 mai lui permettant de « récupérer » un jour). Du 16 juillet au 1er août, on lui décompte 11 jours ouvrés de plus. Ce qui porte son décompte à 15 jours ouvrés. Sur les 20 jours correspondant aux quatre semaines de droit à fractionnement, il lui reste 5 jours ouvrés. On lui accorde donc **2 jours de fractionnement**.

6. Ayant un congé principal de 28 jours ouvrés, ce salarié part en congés payés du 21 au 31 mai inclus, puis du 9 au 23 août inclus. Combien de jours de fractionnement lui accordez-vous au 31 octobre ?

Du 21 au 31 mai, on lui décompte 6 jours ouvrés (le lundi 24 mai est férié). Du 9 au 23 août, on lui décompte 11 jours ouvrés de plus. Ce qui porte son décompte à 17 jours ouvrés. Sur les 20 jours correspondant aux quatre semaines de droit à fractionnement, il lui reste 3 jours ouvrés. On lui accorde donc **1 jour de fractionnement**.

7. Ayant un congé principal de 15 jours ouvrés, ce salarié part en congés payés du 9 au 22 août inclus. Combien de jours de fractionnement lui accordez-vous au 31 octobre ?

Rappel du livre : les jours de fractionnement sont accordés également aux salariés entrés en cours d'année dès lors qu'ils prennent des congés en dehors de la période légale. La prise de jours de congé par anticipation, en dehors de la période légale, ouvre droit aussi aux jours supplémentaires de fractionnement (Cass. soc. 7 mars 1990, n° 87-40.629, n° 1014 P, Société des plâtres Lafarge c/ Louchon : RJS 4/90 n° 309).

Si le salarié n'a « que » 15 jours de droit à congés payés, c'est qu'il est entré dans l'entreprise en cours d'année. Comme la cour le rappelle, il peut avoir droit aux congés de fractionnement s'il prend au moins 2 semaines dans la période légale. Du 9 au 22 août, on lui a décompté 10 jours ouvrés. Sur les 15 jours correspondant à 3/5e de congés pour un salarié présent toute la période, la 5e semaine (ne donnant pas droit à fractionnement) représente 3 jours. Donc, sur les 12 jours de droit à fractionnement, il lui reste 2 jours ouvrés. On doit donc lui accorder **1 jour de fractionnement**.

8. Ayant un congé principal de 30 jours ouvrables, ce salarié part en congés payés du 18 octobre au 31 octobre inclus. Combien de jours de fractionnement lui accordez-vous au 31 octobre ?

Le salarié a bien pris au moins 2 semaines (12 jours ouvrables) consécutives pendant la période « légale ». On lui accordera donc **2 jours de fractionnement**.

9. Ayant un congé principal de 30 jours ouvrables, ce salarié part en congés payés du 5 au 18 juillet et du 16 au 22 août inclus. Combien de jours de fractionnement lui accordez-vous au 31 octobre ?

Aucun ! En effet, ce salarié n'a pas pris au moins 12 jours ouvrables consécutifs (11 seulement du 5 au 18 juillet, car le jeudi 14 juillet est férié). C'est autant la faute du salarié que de l'entreprise, car c'est à cette dernière de bien vérifier d'être en conformité avec la loi et que chaque salarié a bien pris au moins 12 jours ouvrables (ou 10 jours ouvrés) consécutifs.

10. L'indemnisation des congés payés

Corrigé 30 (Niveau 1)

La rémunération de ce salarié pour la période 2017 / 2018 est la suivante :

Mois	Année	Salaire Brut	Brut pour Calcul du 10ème CP	Particularités
Juin	2017	1 500,00 €	**1 500,00 €**	
Juillet	2017	1 900,00 €	**1 500,00 €**	dont "prime de vacances" de 400 €
Août	2017	1 500,00 €	**1 500,00 €**	dont "congés payés" de 1000 €
Septembre	2017	2 000,00 €	**1 500,00 €**	dont "prime de rentrée scolaire" de 500 €
Octobre	2017	1 500,00 €	**1 500,00 €**	
Novembre	2017	1 500,00 €	**1 500,00 €**	dont "congés payés" de 300 €
Décembre	2017	3 000,00 €	**1 500,00 €**	Il y a un "13ème mois"
Janvier	2018	1 600,00 €	**1 600,00 €**	Le salarié est augmenté
Février	2018	2 000,00 €	**1 600,00 €**	dont "prime de froid" de 400 €
Mars	2018	2 300,00 €	**1 600,00 €**	dont "prime exceptionnelle" de 700 €
Avril	2018	1 600,00 €	**1 600,00 €**	
Mai	2018	1 600,00 €	**1 600,00 €**	dont "congés payés" de 300 €
Total			**18 500,00 €**	

Ce salarié part en congés payés du lundi 6 au lundi 27 août 2018 inclus. La société dans laquelle il travaille raisonne en jours ouvrables.

1. Déterminez la rémunération brute totale (pour le calcul du dixième) 2017-2018.

En juin, rien de spécial, il suffit de prendre son salaire brut (1 500 €).
En juillet, la prime de vacances censée rémunérer les périodes de travail et de congés payés ne rentre pas dans la rémunération brute totale. On n'ajoute que 1 500 €.
En août, en revanche, l'indemnité de congés payés est comprise dans la RBT. On ajoute encore 1 500 €.
En septembre, la prime de rentrée scolaire ne rentre pas plus dans la RBT que la prime de vacances. On n'ajoute donc que 1 500 €.
En octobre, rien de spécial, il suffit d'ajouter son salaire brut (1 500 €).
En novembre, encore un peu de congés payés qui, comme en août, rentreront dans la RBT. On ajoute encore 1 500 €.
En décembre, en revanche, le 13e mois en est exclu. On n'ajoute donc que son brut habituel (1 500 €).
En janvier, il faut tenir compte de son nouveau salaire, compte tenu de son augmentation. On ajoute donc son nouveau salaire (1 600 €).
En février, faisant exceptionnellement froid, il a eu une prime de froid. Ce n'est pas pour autant qu'elle entre dans sa RBT car elle ne fait pas partie de sa rémunération habituelle. On n'ajoute encore que 1 600 €.
En mars, la prime exceptionnelle ne correspondant pas à du temps de travail effectif est exclue. On n'ajoute encore que 1 600 €.
En avril, rien de spécial, il suffit d'ajouter son salaire brut (1 600 €).
En mai, même solution qu'en août et novembre pour l'indemnité des CP qui entre dans la RBT. On ajoute donc pour le dernier mois de référence des CP encore 1 600 €.
Donc, la **rémunération brute totale** = ((1 500 × 7) + (1 600 × 5)) = **18 500 €**.

2. Déterminez le nombre de jours ouvrables d'absence congés payés.

Du lundi 6 au lundi 27 août 2018 inclus, on lui décompte **18 jours ouvrables** (le mercredi 15 août 2018 - jour férié - lui permettant de prolonger ses congés d'un jour).

3. Calculez le montant de l'absence de ces jours ouvrables de congés payés.

$$\frac{1\,600\text{ €} \times 18\text{ jours}}{26} = \mathbf{1\,107{,}69\text{ €}}$$

Les congés payés étant donnés en jours ouvrables, il est logique de déduire du salaire cette absence en jours ouvrables (par rapport aux autres types de décompte : jours calendaires, jours ouvrés ou en heures). Ensuite on avait le choix de raisonner en jours moyens ou en jours réels. Puisqu'on va comparer cette somme au dixième de la rémunération brute totale (donc calculé sur une moyenne annuelle), il est évident qu'il faut également raisonner en moyenne. Le nombre de jours ouvrables moyens par mois étant de 26 (6 jours ouvrables par semaines × 52 semaines / 12 mois annuels), le diviseur est donc de 26.

4. Calculez le montant du paiement de cette absence.

a) Avec la règle du dixième.

$$\frac{18\,500}{10} \times \frac{18}{30} = \mathbf{1\,110\text{ €}}$$

Nous partons de la rémunération brute totale perçue par le salarié au cours de la période de référence : 18 500 €. Il faut en prendre le dixième : 18 500 / 10 = 1 850 €. Cette somme correspond au paiement des 30 jours ouvrables. Pour trouver la valeur des 18 jours ouvrables de congés payés parmi les 30 jours ouvrables donnés par la loi, on ajoute une opération : 1 850 × 18 / 30 = 1 110 €.

b) Avec la règle du maintien de salaire.

Le montant des congés payés calculé avec la règle du dixième étant de 1 110 €, il faut maintenant comparer cette somme avec la règle du maintien de salaire. Le montant de l'absence de 18 jours ouvrables était de 1 107,69 € donc le maintien de salaire serait égal à cette somme.
En conclusion, le calcul avec le dixième est le plus favorable pour le salarié et c'est donc cette somme (1 110 €) qui servira de paiement pour ces 18 jours ouvrables de congés payés.

5. Calculez son brut du mois d'août 2018 (salaire – abs. CP + paiement CP = brut).

Pour trouver son brut du mois d'août 2018, on part de son dernier salaire connu (1 600 €) auquel on enlève le montant de l'absence (1 107,69 €) et auquel on rajoute le montant du paiement au dixième (1 110 €). Son brut sera alors = **1 602,31 €.**

Salaire	1 600,00
Absence C.P.	– 1 107,69
Paiement C.P.	+1 110,00
Total brut	1 602,31

Corrigé 31 (Niveau 1)

Ce salarié a quitté (démission) l'entreprise le vendredi 13 avril 2018 au soir. Les droits à CP dans cette entreprise sont la durée légale plus 1 jour ouvré (soit 26 jours ouvrés pour une année). Il n'a pas de solde de congé de l'année écoulée.

1. Déterminez la rémunération brute totale (pour le calcul du dixième) 2017-2018.

En avril 2018, il y a 21 jours ouvrés et notre salarié en a travaillé 10.

Son salaire d'avril est donc : $2\,100 \times \frac{10}{21}$ = **1 00,00 €**

Mois	Année	Salaire Brut	Brut pour Calcul du 10e CP	Particularités
Juin	2017	2 000,00 €	**2 000,00 €**	
Juillet	2017	2 500,00 €	**2 000,00 €**	dont "prime de vacances" de 500 €
Août	2017	2 250,00 €	**2 250,00 €**	dont "congés payés" de 1.250 €
Septembre	2017	2 000,00 €	**2 000,00 €**	
Octobre	2017	2 400,00 €	**2 400,00 €**	dont "heures supp." de 400 €
Novembre	2017	2 150,00 €	**2 150,00 €**	dont "congés payés" de 950 €
Décembre	2017	4 000,00 €	**2 000,00 €**	Il y a un "13ème mois"
Janvier	2018	2 100,00 €	**2 100,00 €**	Le salarié est augmenté
Février	2018	2 100,00 €	**2 100,00 €**	
Mars	2018	2 100,00 €	**2 100,00 €**	
Avril	2018	1 000,00 €	**1 000,00 €**	Le salarié part le vendredi 13 avril 2018
Total			**22 100,00 €**	

Pour déterminer la rémunération brute totale, il suffit de cumuler ses bruts mensuels en enlevant en juillet la prime de vacances et en décembre son 13e mois. Ne pas oublier de lui rajouter son « petit » brut d'avril (1 000 €). Ce qui donne une rémunération brute totale de 22 100 €.

2. Déterminez le nombre de jours ouvrés de droits à congés payés.

Ce salarié n'ayant pas travaillé toute l'année, il faut compter le nombre de « mois » de présence du 1er juin 2017 au 13 avril 2018. Sachant qu'un « mois » est égal à 4 semaines calendaires (ou 28 jours calendaires, ou 24 jours ouvrables, ou encore 20 jours ouvrés), il faut calculer sur le calendrier ce nombre de périodes de 4 semaines. Il a été présent 45 semaines complètes + 2 jours, ou 317 jours calendaires, ou 272 jours ouvrables, ou 227 jours ouvrés. Mais, compte tenu de ses droits supplémentaires, il faut d'abord calculer combien de jours chaque période de 4 semaines lui donne droit. Soit : 26 / 12 = 2,16 jours. Il a donc gagné : (227 / 20 × 2,16) 24,52 jours obligatoirement arrondis à **25 jours ouvrés.** Comme d'habitude, on arrive au même résultat si on calcule en jours calendaires ou ouvrables.
Nous allons calculer une indemnité compensatrice de congés payés. La différence par rapport à l'exercice précédent, c'est qu'il n'y a pas d'absence à déduire. Il faut simplement calculer le montant que représentent ces 25 jours ouvrés avec les deux règles : celle du maintien ou celle du dixième, et on indemnisera ces jours avec la règle la plus favorable au salarié.

3. Calculez le montant de son indemnité compensatrice avec la règle du maintien de salaire.

Nous partons comme d'habitude de son dernier salaire connu (2 100 €) que l'on va diviser par 21,67 pour trouver la valeur d'une seule de ces journées. 21,67 est le nombre de jours ouvrés moyen par mois (5 jours ouvrés par semaine × 52 semaines / 12 mois). Même réflexion que pour l'exercice précédent, il serait incohérent d'indemniser ces jours avec la méthode des jours ouvrés réels car le montant de l'indemnité fluctuerait alors selon le mois de départ du salarié. Il suffit ensuite de multiplier la valeur journalière par le nombre de jours à indemniser (25 dans notre exercice). Ce qui donne le résultat suivant :

$$\frac{2\,100\text{ €} \times 25}{21{,}67} = \mathbf{2\,422{,}70\text{ €}}$$

4. Calculez le montant de son indemnité compensatrice avec la règle du dixième.

Pour la règle du dixième, nous partons de la rémunération brute totale (22 100 €) qu'on va bien sûr diviser par 10 pour en avoir le dixième (22 100 / 10 = 2 210 €). Comme notre salarié a un jour supplémentaire, il ne faut pas oublier de revaloriser ce montant pour en tenir compte en le multipliant par le nombre de jours donnés par l'entreprise (26) et en le divisant par le nombre de jours donnés par la loi (25). Ce qui donne le résultat suivant :

$$\frac{22\,100\text{ €}}{10} \times \frac{26}{25} = \mathbf{2\,298{,}40\text{ €}}$$

5. Calculez son brut du mois d'avril 2018.

Comme notre salarié avait été considérablement augmenté en cours d'année (de 5 %, ce qui au regard de notre économie actuelle est assez considérable !), c'est sans surprise avec la règle du maintien de salaire que le montant de l'indemnité compensatrice est le plus avantageux pour le salarié. Le brut du mois d'avril 2018 est donc de :

Salaire	1 000,00 €
ICCP	+ 2 422,70 €
	3 422,70 €

Corrigé 32 (Niveau 2)

Voici le tableau récapitulatif de la rémunération 2017-2018 de cette salariée :

Année	2017							2018				
Mois	J	J	A	S	O	N	D	J	F	M	A	M
Salaire de base	1 800,00	1 800,00	1 800,00	1 800,00	1 800,00	1 800,00	1 800,00	1 800,00	1 800,00	1 800,00	1 800,00	1 800,00
Pr. d'ancienneté	180,00	180,00	180,00	180,00	180,00	180,00	180,00	198,00	198,00	198,00	198,00	198,00
Pr. d'assiduité		120,00	120,00	120,00	120,00	120,00	120,00	120,00			120,00	120,00
Pr. d'équipe	32,00	40,00	4,00	42,00	44,00	42,00	40,00	44,00	40,00	42,00	30,00	38,00
Pr. de risque				80,00								
Pr. Exceptionnelle					1 000,00							
Pr. d'objectif		900,00										
Pr. de vacances		500,00										
Av. Nat. Nourriture	76,00	95,00	9,50	99,75	104,50	9,50				38,40	72,00	91,20
Abs. Congé Ss Solde	-428,57											
Abs. Maternité						-2 142,00	-2 140,00	-2 162,00	-1 475,79			
Abs. Maladie									-562,21	-1 316,13		
Paiem. Maladie									562,21	1 316,13		
Abs. Congés Payés			-1 938,46								-488,77	
Paiem. Congés Payés			1 938,46								815,54	
13ème mois							1 800,00					
Av. Nat. Logement	102,80	262,20	137,00	171,00	216,80	73,20	102,80	74,00	74,00	138,40	172,80	138,40
Ind. de transport	36,50	36,50		36,50	36,50					37,60	37,60	37,60
Montant retenu :	1 659,43	3 135,00	2 113,50	2 241,75	2 248,50	2 142,00	2 140,00	2 162,00	1 475,79	762,27	2 546,77	2 247,20

La Rémunération Brute Totale = 24 874,21

1. Calculez sa rémunération brute totale (pour le calcul du dixième) 2017-2018.

Ne rentrent dans le montant retenu que le salaire de base + la prime d'ancienneté + la prime d'assiduité (constante) + la prime d'équipe (constante) + la prime objectif (montant individuel) + les avantages en nature nourriture (dont elle ne bénéficie pas pendant ses absences).
La prime de risque (circonstances particulières), la prime exceptionnelle (ne rémunérant pas un travail effectif), la prime de vacances (pas un travail effectif), le 13e mois (pas un travail effectif), les avantages en nature logement (dont elle profite toute l'année, même pendant ses congés payés) et l'indemnité de transport (remboursement de frais professionnels) ne rentrent pas dans la rémunération brute totale.
Il convient, bien sûr, d'enlever les montants liés à ses absences congés sans solde et sa maladie (les congés pathologiques post-maternité sont de la maladie), même si elle est indemnisée par l'entreprise grâce à la convention collective (la maladie n'est jamais du travail effectif, sauf contre-indication de la part de la convention collective).
En revanche, il faut tenir compte de sa maternité (assimilée à du travail effectif) et ses périodes de congés payés (l'indemnité entre dans la RBT).

La rémunération brute totale est donc de 24 874,21 €.

2. Déterminez le nombre de jours ouvrables auxquels elle aura droit pour la période 2018-2019.

Si ses absences « Congés payés » et « Maternité » sont bien assimilées à du temps de travail effectif, ses absences « Congé sans solde » (1 semaine) et « Maladie » (4 semaines) devraient la pénaliser puisque ces 2 absences ne sont pas assimilées à du temps de travail effectif. Mais, 52 semaines + 1 jour (365 jours) - 5 semaines = 47 semaines et 1 jour, soit un droit à congés de 29,50 jours ouvrables obligatoirement arrondis à **30 jours ouvrables**.

Corrigé 33 (Niveau 2)

- Ce salarié est entré dans l'entreprise le 2 janvier 1994.
- Il quitte l'entreprise le vendredi 7 décembre 2018 au soir.
- Son salaire de base (151,67 heures) (inchangé depuis le 1er juin 2017) est de 2 020 €.
- Sa prime d'ancienneté (inchangée depuis le 1er juin 2017) est de 180 €.
- Ses droits aux congés payés sont de 25 jours ouvrés.
- Ses droits aux congés d'ancienneté sont de 2 jours ouvrés.
- Il a droit à un 13e mois (au *prorata temporis*) avec la paie de novembre.
- Il a droit aussi à une prime de vacances (au *prorata temporis*) de 450 €.
- Au moment de son départ, il lui reste 4 jours de congé (période 2017-2018).

Quel sera le montant total de ses indemnités de congés payés sur son solde de tout compte ?

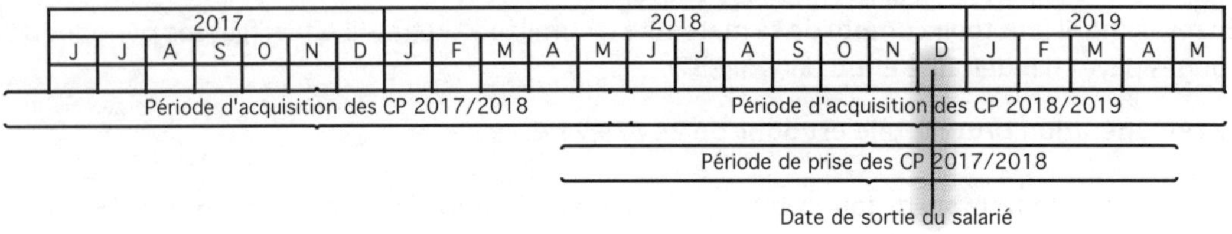

1. a) Détermination de la rémunération brute totale (pour le calcul du dixième) 2017-2018.

De juin 2017 à mai 2018, sa rémunération brute totale CP est (2 020,00 + 180,00) × 12 = 26 400,00 €. Comme dans les exercices précédents, il ne faut pas tenir compte ni du treizième mois, ni de la prime de vacances !

b) Détermination de l'indemnité compensatrice 2017-2018.

- **Avec la règle du dixième.**

$$\frac{26\,400{,}00\text{ €}}{10} \times \frac{27}{25} \times \frac{4}{27} = \mathbf{422{,}40\text{ €}}$$

- **Avec la règle du maintien de salaire.**

$$\frac{2\,200\text{ €}}{21{,}67} \times 4 = 406{,}09\text{ €}$$

2. a) Détermination de la rémunération brute totale (pour le calcul du dixième) 2018-2019.

Du 1er juin 2018 au 7 décembre 2018, sa rémunération brute totale CP est de :

$$[(2\,020{,}00 + 180{,}00) \times 6] + [(2\,020{,}00 + 180{,}00) \times \frac{5}{21}] = 13\,723{,}81\text{ €}$$

b) Détermination du nombre de jours de CP 2018-2019 acquis.

Du 1er juin 2018 au 7 décembre 2018, il y a très exactement 190 jours calendaires. Comme vu précédemment, 190 jours / 28 × 2,08 = 14,11 obligatoirement arrondis à **15 jours ouvrés**.

Attention : les jours d'ancienneté ne sont pas à prendre en considération car ils sont donnés (dans la majorité des conventions collectives) soit à date anniversaire, soit en fin de période de référence et bien évidemment ils ne se proratisent pas.

c) **Détermination de l'indemnité compensatrice 2018-2019.**

- **Avec la règle du dixième.**

$$\frac{13\ 723{,}81\ €}{10} = 1\ 372{,}38\ € \text{ pour 15 jours ouvrés}$$

- **Avec la règle du maintien de salaire.**

$$\frac{2\ 200\ €}{21{,}67} \times 15 = \mathbf{1\ 522{,}84\ €}$$

Conclusion		indemnités compensatrices CP 2017-2018 =	422,40 €
	+	indemnités compensatrices CP 2018-2019 =	1 522,84 €
			1 945,24 €

Corrigé 34 (Niveau 2)

- Ce salarié est entré dans l'entreprise le 2 juillet 1989.
- Il passe à temps partiel (17,50 heures par semaine ; 3,50 heures tous les matins) le 1er juin 2018.
- Sachant :
  - qu'il a 25 jours ouvrés de droit à CP ;
  - qu'il gagnait 2 300 € à temps complet ;
  - qu'il part en congés du lundi 2 au dimanche 22 juillet 2018 inclus.

Établissez son brut du mois de juillet, en appliquant la règle la plus favorable.

1. Détermination de la rémunération brute totale (pour le calcul du dixième) 2017-2018.

De juin 2017 à mai 2018, sa rémunération brute totale est de :

$$2\,300\text{ €} \times \frac{35\text{ h}}{35\text{ h}} \times 12 = 27\,600{,}00\text{ €}$$

2. Détermination du nombre de jours d'absence CP.

Puisqu'il travaille tous les jours (5 jours sur 5), chaque jour d'absence CP ne vaut que 1 jour ouvré (comme ses collègues à temps plein). Du lundi 2 au dimanche 22 juillet 2018 inclus, il y a 15 jours ouvrés (le samedi 14 juillet, jour férié, ne lui permet pas de « récupérer » un jour puisqu'il en a plus que la loi).

3. Détermination du montant de l'absence CP.

$$2\,300\text{ €} \times \frac{17{,}50\text{ h}}{35\text{ h}} \times \frac{15}{21{,}67} = 796{,}03\text{ €}$$

4. Détermination du montant de l'indemnité CP.

Avec la règle du dixième (bien penser à revaloriser le dixième à cause des jours supplémentaires) :

$$\frac{27\,600{,}00\text{ €}}{10} \times \frac{27}{25} \times \frac{15\text{ jours}}{27\text{ jours}} = \mathbf{1\,656{,}00\text{ €}}$$

5. Brut du mois de juillet 2018 pour ce salarié.

+ Salaire =	1 150,00 €
– Absence CP 15 jours =	- 796,03 €
+ Paiement CP 15 jours =	+1 656,00 €
	2 009,97 €

Corrigé 35 (Niveau 3)

• Ce salarié est entré dans l'entreprise le 2 juillet 1989.
• Il passe à temps partiel (28 heures par semaine : L, M, M, J, 7 heures par jour) le 1er juin 2017.
• Le 1er février 2018, il change d'horaire en passant à 17,50 heures par semaine : chaque jour 3 h 50.
• Le 1er juin 2018, il change encore d'horaire en passant à 21 heures par semaine : lundi, mardi et vendredi, chaque jour 7 heures.
• Sachant :
  – qu'il a 27 jours ouvrés de droit à CP à temps plein ;
  – qu'il gagnait 1 500 € à temps complet ;
  – qu'il part en congés du lundi 6 au lundi 27 août 2018 inclus.

Établissez son brut du mois d'août 2018, en appliquant la règle la plus favorable.

1. Détermination de la rémunération brute totale (pour le calcul du dixième) 2017-2018.

De juin 2017 à janvier 2018, sa rémunération brute totale est de :

$$1\,500\text{ €} \times \frac{28\text{ h}}{35\text{ h}} \times 8\text{ mois} = 9\,600{,}00\text{ €}$$

De février 2018 à mai 2018, sa rémunération brute totale est de :

$$1\,500\text{ €} \times \frac{17{,}50\text{ h}}{35\text{ h}} \times 4\text{ mois} = 3\,000{,}00\text{ €}$$

Soit au total, un salaire de référence de : (9 600 + 3 000) 12 600,00 €

2. Détermination du nombre de jours d'absence CP.

Chaque jour d'absence vaut pour lui : 35/21 = 1,666 jour
Du 6 au 27 août 2018, il s'absente 9 jours (4 lundis, 2 mercredis et 3 vendredis).
Donc son absence vaut 9 × 1,666 = 15 jours de CP.

3. Détermination du montant de l'absence CP.

$$1\,500\text{ €} \times \frac{21\text{ h}}{35\text{ h}} \times \frac{15\text{ jours}}{21{,}67\text{ jours}} = \mathbf{622{,}98\text{ €}}$$

4. Détermination du montant de l'indemnité CP.

Avec la règle du dixième :

$$\frac{12\,600{,}00\text{ €}}{10} \times \frac{27}{25} \times \frac{15}{27} = \mathbf{756{,}00\text{ €}}$$

5. Brut de ce salarié en août 2018.

+ Salaire =	900,00 €
– Absence CP 15 jours =	- 622,98 €
+ Paiement CP 15 jours =	+ 756,00 €
	1 033,02 €

Corrigé 36 (Niveau 3)

• Ce salarié est entré dans l'entreprise le 4 septembre 2000.
• L'entreprise indemnise les absences CP au maintien toute l'année et régularise si besoin est au dixième sur la paie de mai.
• Son salaire de base (151,67 heures) était de 2 100 € du 1er juin 2016 au 31 décembre 2017, puis est passé à 2 200 € le 1er janvier 2018.
• Ses droits conventionnels à congés payés sont de 28 jours ouvrés au 1er juin 2017.
• Il est parti en congés payés du lundi 7 au lundi 28 août 2017 inclus, puis il est parti du mardi 26 décembre 2017 au mardi 2 janvier 2018 inclus, et enfin du mardi 3 au lundi 16 avril 2018 inclus.

Quel est le montant de la rubrique « Régul. dixième » qui se déclenche sur la paie de mai 2018 ?

1. Détermination de la rémunération brute totale (pour le calcul du dixième) 2016-2017.

Aucune difficulté pour cette question : 2 100 × 12 = 25 200 €

2. Détermination du montant des absences « congés payés » :

a) du 7 au 28 août 2016 :
2 100 × 15 / 21,67 = 1 453,62 €

b) du 26 décembre 2017 au 2 janvier 2018 :
2 100 × 4 / 21,67 = 387,63 €
2 200 × 1 / 21,67 = 101,52 €

c) du 3 au 16 avril 2018 :
2 200 × 10 / 21,67 = 1 015,23 €

Montant total des absences « congés payés » :

2 958,00 €

3. Détermination de l'indemnité dixième totale.

(25 200 /10) × (30 / 25) = 3 024,00 €
Peut-être vous demandez-vous pourquoi le salarié s'est absenté 30 jours au total, alors que l'énoncé n'annonçait que 28 jours de droit ? La réponse est dans les jours de fractionnement bien sûr ! Puisque le salarié n'a pris que 15 jours ouvrés pendant la période d'été, il a droit à 2 jours de fractionnement. Son total de jours pris est donc 28 de droit principal + 2 de droit de fractionnement, soit 30 jours en tout.

4. Détermination du montant de la régularisation dixième.

3 024 (total dixième) – 2 958 (total maintien) = **66,00 €**

Il ne vous aura sans doute pas échappé que si l'entreprise avait payé, au moment de chaque prise de congés, le plus favorable entre le maintien et le dixième, elle aurait payé :
En août : 15 j × ([(25 200 / 10) × (30 / 25)] / 30) = 1 512,00 € (au dixième) par rapport à 1 453,62 € (maintien)
En décembre : 4 j × 100,80 € = 403,20 € (au dixième) par rapport à 387,63 € (maintien)
En janvier : 1 j à 101,52 € (au maintien par rapport à 100,80 € (au dixième))
En avril : 10 j à 1 015,23 € (au maintien) par rapport à 1 008 € (au dixième)

Soit au total : 3 031,95 €,

Une somme supérieure de 7,95 € à ce que la loi impose, et ceci pour n'en tirer aucun avantage !

11. La régularisation mensuelle progressive

Corrigé 37 (Niveau 1)

Remplissez le tableau de régularisation mensuelle progressive avec les bruts mensuels indiqués.

Plafond 2018 : 3 311

Le brut cumulé est-il > ou < au plafond cumulé ? ⇒

Mois	Brut du mois	Brut cumulé	Tranche A cumulée	Tranche A du mois	>/<	Plafond cumulé	Tranche B cumulée	Tranche B du mois
Janvier	3 300	3 300	3 300	3 300	<	3 311		
Février	3 300	6 600	6 600	3 300	<	6 622		
Mars	3 300	9 900	9 900	3 300	<	9 933		
Avril	3 400	13 300	13 244	3 344	>	13 244	56	56
Mai	3 300	16 600	16 555	3 311	>	16 555	45	-11
Juin	3 300	19 900	19 866	3 311	>	19 866	34	-11
Juillet	3 300	23 200	23 177	3 311	>	23 177	23	-11
Août	3 300	26 500	26 488	3 311	>	26 488	12	-11
Septembre	3 300	29 800	29 799	3 311	>	29 799	1	-11
Octobre	3 300	33 100	33 100	3 301	<	33 110		-1
Novembre	3 400	36 500	36 421	3 321	>	36 421	79	79
Décembre	6 600	43 100	39 732	3 311	>	39 732	3 368	3 289

Le brut cumulé doit sur chaque ligne être égal à la somme Tranche A cumulée + Tranche B cumulée

Le brut du mois doit sur chaque ligne être égal à la somme Tranche A du mois + Tranche B du mois

CORRIGÉS Exercice 37

Corrigé 38 (Niveau 1)

Remplissez le tableau de régularisation mensuelle progressive avec les bruts mensuels indiqués.

Plafond 2018 : 3 311

Le brut cumulé est-il > ou < au plafond cumulé ? ⇒

Mois	Brut du mois	Brut cumulé	Tranche A cumulée	Tranche A du mois	>/<	Plafond cumulé	Tranche B cumulée	Tranche B du mois
Janvier	3 500	3 500	3 311	3 311	>	3 311	189	189
Février	3 200	6 700	6 622	3 311	>	6 622	78	-111
Mars	3 200	9 900	9 900	3 278	<	9 933		-78
Avril	3 200	13 100	13 100	3 200	<	13 244		
Mai	3 500	16 600	16 555	3 455	>	16 555	45	45
Juin	3 200	19 800	19 800	3 245	<	19 866		-45
Juillet	3 200	23 000	23 000	3 200	<	23 177		
Août	3 200	26 200	26 200	3 200	<	26 488		
Septembre	3 500	29 700	29 700	3 500	<	29 799		
Octobre	3 200	32 900	32 900	3 200	<	33 110		
Novembre	3 500	36 400	36 400	3 500	<	36 421		
Décembre	3 500	39 900	39 732	3 332	>	39 732	168	168

Le brut cumulé doit sur chaque ligne être égal à la somme Tranche A cumulée + Tranche B cumulée

Le brut du mois doit sur chaque ligne être égal à la somme Tranche A du mois + Tranche B du mois

Corrigé 39 (Niveau 1)

Remplissez le tableau de régularisation mensuelle progressive avec les bruts mensuels indiqués.

Plafond 2018 : 3 311

Le brut cumulé est-il > ou < au plafond cumulé ?

Mois	Brut du mois	Brut cumulé	Tranche A cumulée	Tranche A du mois	>/<	Plafond cumulé	Tranche B cumulée	Tranche B du mois
Janvier	3 300	3 300	3 300	3 300	<	3 311		
Février	3 452	6 752	6 622	3 322	>	6 622	130	130
Mars	3 614	10 366	9 933	3 311	>	9 933	433	303
Avril	3 265	13 631	13 244	3 311	>	13 244	387	-46
Mai	3 186	16 817	16 555	3 311	>	16 555	262	-125
Juin	3 217	20 034	19 866	3 311	>	19 866	168	-94
Juillet	3 169	23 203	23 177	3 311	>	23 177	26	-142
Août	3 184	26 387	26 387	3 210	<	26 488		-26
Septembre	3 395	29 782	29 782	3 395	<	29 799		
Octobre	3 349	33 131	33 110	3 328	>	33 110	21	21
Novembre	3 301	36 432	36 421	3 311	>	36 421	11	-10
Décembre	3 486	39 918	39 732	3 311	>	39 732	186	175

Le brut cumulé doit sur chaque ligne être égal à la somme Tranche A cumulée + Tranche B cumulée

Le brut du mois doit sur chaque ligne être égal à la somme Tranche A du mois + Tranche B du mois

Corrigé 40 (Niveau 2)

1. Un CDI, temps plein, devant percevoir 2 200 € de salaire mensuel, entre dans une entreprise le lundi 5 mars 2018.

Quels sont son brut et son plafond SS de ce mois ?

Calcul du brut	Calcul du plafond
Le mois de mars 2018 comporte 22 jours ouvrés. Soit 22 jours × 7 heures = 154 heures. Du 5 au 31 mars, le salarié est présent 20 jours ouvrés, soit 140 heures. Son brut de ce mois est donc égal à : 1 200 × 140 / 154 = 2 000 €	Le mois de mars comporte 31 jours calendaires. Du 5 au 31 mars, le salarié est présent 27 jours calendaires. Son plafond de ce mois est donc égal à : 3 311 × 27 / 31 = 2 883,77 €

2. Un CDI, temps plein, percevant 2 750 € de salaire et ayant les 12, 13 et 14 mars 2018 d'absence non rémunérée, quitte l'entreprise le 23 mars.

Quels sont son brut et son plafond SS de ce mois ?

Calcul du brut	Calcul du plafond
Comme il quitte l'entreprise le 23 mars, il faut lui enlever 35 heures d'entrée-sortie (7 heures les 26, 27, 28, 29, 30) et comme il a 3 jours d'absence non rémunérée, encore 21 heures (7 heures les 12, 13, 14). Il a donc travaillé : 154 - 35 - 21 = 98 heures. Son brut de ce mois est donc égal à : 2 750 × 98 / 154 = 1 750 €	Étant présent du 1er au 23, il devrait avoir 23 31èmes de plafond. Mais, il a également 3 jours d'absence non rémunérée. Il aura donc au final : 23 – 3 = 20 31èmes de plafond. Son plafond de ce mois est donc égal à : 3 311 × 20 / 31 = 2 136,13 €

3. Un CDD, temps partiel à 25 heures par semaine (5 heures par jour), entre dans une entreprise le 12 février 2018 pour un salaire de 1 500 €. Il a effectué 2 heures complémentaires lors de sa première semaine et 1 heure complémentaire lors de sa seconde semaine.

Quels sont son brut et son plafond SS de ce mois ?

Calcul du brut	Calcul du plafond
Comme il entre dans l'entreprise le 12 février, il faut lui enlever 35 heures (5 heures les 1, 2, 5, 6, 7, 8, 9). Le mois de février comportant 20 jours ouvrés, il aurait dû travailler 100 heures. Son brut avant HC est donc de : 1 500 × 65 / 100 = 975 €. 25 heures par semaine, fait 108,33 heures par mois (25 × 52 sem. / 12 mois). Son taux horaire est donc de 1 500 € / 108,33 heures = 13,84 €. Ses 3 heures complémentaires lui seront payées majorées de 10 %, soit 15,23 €. Son brut final sera de 975 + (15,231 × 3) = 1 020, 69 €.	D'abord réduire son plafond pour entrée-sortie : 3 311 × 17 / 28 = 2 010,25 € Puis pour son temps partiel : 2 010,25 × 111,33 / 151,67 = 1 475,58 € 111,33 est son nombre d'heures contractuelles + les 3 heures complémentaires.

4. Un CDI, employeurs multiples, entre dans une entreprise le lundi 3 septembre 2018. Il perçoit 1 000 € pour 12 heures. Ses autres emplois lui rapportent 2 000 € pour 23 heures.
Quels sont son brut et son plafond SS de ce mois ?

Calcul du brut	Calcul du plafond
Le samedi 1er et le dimanche 2 septembre n'étant pas des jours ouvrés, son brut est entier, soit : 1 000 € !	En appliquant la formule, son plafond est égal à : 3 311 × 1 000 / 3 000 = 1 103,67 €

Corrigé 41 (Niveau 3)

Ce salarié non cadre perçoit **3 100,00 €** de salaire pour 151,67 heures par mois.
Nous sommes en l'année **2018** où le plafond du 1er janvier au 31 décembre est de **3 311 €**
Déterminer en régularisation progressive sa tranche A et sa tranche B.

Le brut cumulé est-il <ou> au plafond cumulé ? ⇩

% Tps partiel	30/ E/S	30/ rés.	Mois	Brut du mois	**Brut Cumulé**	>/<	**Plafond Cumulé**	**Tranche 1 Cumulée**	Tranche 1 du mois	**Tranche 2 Cumulée**	Tranche2 du mois
100	30	30	***Janvier*** **Tps plein**	3 100,00	**3 100,00**	>	**0,00**	**0,00**	0,00	**3 100,00**	3 100,00
100	11	11	***Février*** **: Congés ss solde à partir du 12**	1 085,00	**4 185,00**	>	**0,00**	**0,00**	0,00	**4 185,00**	1 085,00
100	0	0	***Mars*** **: Congés ss solde**	0,00	**4 185,00**	>	**0,00**	**0,00**	0,00	**4 185,00**	0,00
100	22	22	***Avril*** **: revient le 9 et demande un tps partiel**	2 361,90	**6 546,90**	>	**0,00**	**0,00**	0,00	**6 546,90**	2 361,90
60	30	18	***Mai*** **: Le temps partiel est accepté à 60%**	1 860,00	**8 406,90**	>	**0,00**	**0,00**	0,00	**8 406,90**	1 860,00
70	30	21	***Juin*** **: Prime vacances 1000 € (Mt id. tt pers.)**	2 860,00	**11 266,90**	>	**0,00**	**0,00**	0,00	**11 266,90**	2 860,00
60	30	18	***Juillet*** **: Congés Payés de 3 semaines (maintien)**	1 860,00	**13 126,90**	>	**0,00**	**0,00**	0,00	**13 126,90**	1 860,00
64	30	19	***Août*** ***: 6 heures complémentaires (10%)***	1 994,90	**15 121,80**	>	**0,00**	**0,00**	0,00	**15 121,80**	1 994,90
60	30	18	***Septembre*** **: Prime de rentrée(1000 €/tps plein)**	2 460,00	**17 581,80**	>	**0,00**	**0,00**	0,00	**17 581,80**	2 460,00
60	30	18	***Octobre*** **: 1 semaine de convenance personnelle**	1 455,65	**19 037,45**	>	**0,00**	**0,00**	0,00	**19 037,45**	1 455,65
63	30	19	***Novembre*** **: + 4 H.C. (pose dém. le 7 Déc.)**	1 949,93	**20 987,39**	>	**0,00**	**0,00**	0,00	**20 987,39**	1 949,93
64	8	5	***Décembre*** **: + 1200€ ind. CP et + 800€ 13è mois**	2 442,86	**23 430,25**	>	**0,00**	**0,00**	0,00	**23 430,25**	2 442,86

Le Brut Cumulé doit sur chaque ligne être égal à la somme Base A Cumulée + Base B Cumulée

Le Brut du mois doit sur chaque ligne être égal à la somme : Base A du mois + Base B du mois

En février, le salaire = 3 100 / 20 (nombre de jours ouvrés) × 7 (20 - 13 jours d'absence) = 1 085,00
En février, le plafond = 3 311 × 11 (jours calendaires de présence) / 28 = 1 300,75

En mars, pas de salaire = > pas de plafond

En avril, le salaire = 3 100 / 21 (nombre de jours ouvrés) × 16 (jours de présence) = 2 361,90
En avril, le plafond = 3 311 × 22 (jours calendaires de présence) / 30 = 2 428,07

En mai, le plafond = 3 311 × 91 h / 151,67 = 1 986,56 (91 heures = 21 heures/s × 52 semaines / 12 mois)
En juin, le plafond = 3 311 × 91 h / 151,67 = 1 986,56 (seules les heures comptent dorénavant)

En août, le salaire = 1 860 + (6 HC majorées à 10 %) 134,90 = 1 994
En août, le plafond = 3 311 × 97 (91 h contractuelles + 6 HC) / 151,67 = 2 117,54

En octobre, le salaire = 1 860 / 23 (jours ouvrés) × 18 (jours travaillés) = 1 455,65
En octobre, le plafond = 3 311 × 91 / 151,67 × 24 (jours de prés.) / 31 (jours cal. octobre) = 1 537,98

En novembre, le salaire = 1 860 + (4 HC majorées à 10 %) = 1 949,93
En novembre, le plafond = 3 311 × 95 (91 + 4) / 151,67 = 2 073,88

En décembre, le salaire = 1 200 + 800 + (1 860 × 5 / 21) = 2 442,86
En décembre, le plafond = 3 311 × 91 / 151,67 × 7 / 31 = 448,58

Corrigé 42 (Niveau 2)

Remplissez le tableau de régularisation mensuelle progressive avec les bruts mensuels indiqués.

Plafond 2018 : 3 311

Le brut cumulé est-il > ou < au plafond B cumulé ?

Le brut cumulé est-il > ou < au plafond cumulé ?

Mois	Brut du mois	Brut cumulé	Tranche A cumulée	Tranche A du mois	>/<	Plafond cumulé	Tranche B cumulée	Tranche B du mois	>/<	Plafond B cumulé	Tranche C cumulée	Tranche C du mois
Janvier	13 000	13 000	3 311	3 311	>	3 311	9 689	9 689	<	13 244		
Février	14 000	27 000	6 622	3 311	>	6 622	19 866	10 177	>	26 488	512	512
Mars	13 000	40 000	9 933	3 311	>	9 933	29 799	9 933	>	39 732	268	-244
Avril	12 500	52 500	13 244	3 311	>	13 244	39 256	9 457	<	52 976		-268
Mai	12 500	65 000	16 555	3 311	>	16 555	48 445	9 189	<	66 220		
Juin	14 000	79 000	19 866	3 311	>	19 866	59 134	10 689	<	79 464		
Juillet	13 000	92 000	23 177	3 311	>	23 177	68 823	9 689	<	92 708		
Août	14 000	106 000	26 488	3 311	>	26 488	79 464	10 641	>	105 952	48	48
Septembre	13 500	119 500	29 799	3 311	>	29 799	89 397	9 933	>	119 196	304	256
Octobre	13 500	133 000	33 110	3 311	>	33 110	99 330	9 933	>	132 440	560	256
Novembre	13 000	146 000	36 421	3 311	>	36 421	109 263	9 933	>	145 684	316	-244
Décembre	12 500	158 500	39 732	3 311	>	39 732	118 768	9 505	<	158 928		-316

Le brut cumulé doit sur chaque ligne être égal à la somme Tranche A cumulée + Tranche B cumulée + Tranche C cumulée

Le brut du mois doit sur chaque ligne être égal à la somme Tranche A du mois + Tranche B du mois + Tranche C du mois

Corrigé 43 (Niveau 2)

Remplissez le tableau de régularisation mensuelle progressive avec les bruts mensuels indiqués.

Plafond 2018 : 3 311

Le brut cumulé est-il > ou < au plafond B cumulé ?

Le brut cumulé est-il > ou < au plafond cumulé ?

Mois	Brut du mois	Brut cumulé	Tranche A cumulée	Tranche A du mois	>/<	Plafond cumulé	Tranche B cumulée	Tranche B du mois	>/<	Plafond B cumulé	Tranche C cumulée	Tranche C du mois
Janvier	13 500	13 500	3 311	3 311	>	3 311	9 933	9 933	>	13 244	256	256
Février	13 300	26 800	6 622	3 311	>	6 622	19 866	9 933	>	26 488	312	56
Mars	13 000	39 800	9 933	3 311	>	9 933	29 799	9 933	>	39 732	68	-244
Avril	13 200	53 000	13 244	3 311	>	13 244	39 732	9 933	>	52 976	24	-44
Mai	13 000	66 000	16 555	3 311	>	16 555	49 445	9 713	<	66 220		-24
Juin	13 000	79 000	19 866	3 311	>	19 866	59 134	9 689	<	79 464		
Juillet	14 000	93 000	23 177	3 311	>	23 177	69 531	10 397	>	92 708	292	292
Août	13 000	106 000	26 488	3 311	>	26 488	79 464	9 933	>	105 952	48	-244
Septembre	13 000	119 000	29 799	3 311	>	29 799	89 201	9 737	<	119 196		-48
Octobre	13 200	132 200	33 110	3 311	>	33 110	99 090	9 889	<	132 440		
Novembre	13 500	145 700	36 421	3 311	>	36 421	109 263	10 173	>	145 684	16	16
Décembre	13 200	158 900	39 732	3 311	>	39 732	119 168	9 905	<	158 928		-16

Le brut cumulé doit sur chaque ligne être égal à la somme Tranche A cumulée + Tranche B cumulée + Tranche C cumulée

Le brut du mois doit sur chaque ligne être égal à la somme Tranche A du mois + Tranche B du mois + Tranche C du mois

Corrigé 44 (Niveau 1)

Ce salarié, CDI, est employé depuis le 1er janvier 2018 à temps plein dans une grande entreprise parisienne (effectif de 150 salariés et taux de versement transport de 2,95 %) pour un salaire de base de 2 000 € brut pour 151,67 heures par mois. Sa rémunération n'a pas varié depuis son entrée.
Le taux d'accident du travail pour cette entreprise est de 2,44 %. Le montant des cotisations prévoyance « Frais de santé » est de 50 € aussi bien pour le salarié que pour l'employeur. L'entreprise bénéficie d'une couverture prévoyance décès dont les taux sont de 1 % pour le salarié et de 2 % pour l'employeur sur la tranche A.

Établissez son bulletin de paie d'avril 2018 avec les taux de cotisations du tableau des charges.

Libellé des Rubriques	Base	Taux	Montant	Commentaires
Salaire	151,67		**2 000,00**	Avril 2018
Total Brut			2 000,00	

Cotisations	Part Salariale	Part Patronale
Assurance Santé		
Sécurité Sociale		260,00
Complémentaire Santé	-50,00	50,00
Incapacité, Invalidité, Capital Décès	-20,00	40,00
Assurance Accident du Travail, Maladie Prof.		48,80
Assurance Retraite		
Sécurité Sociale	-146,00	209,00
Complémentaire	-78,00	117,00
Supplémentaire		
Allocations Familiales		69,00
Assurance Chômage	-19,00	84,00
A.P.E.C.		
Autres Contributions dues par l'employeur		125,12
Cotisatations Statutaires ou prévues par la Conv. Coll.		
C.S.G. Non imposable	-139,74	
C.S.G. & C.R.D.S. imposables	-59,60	
Allègement de cotisations		
Total des cotisations et contributions	-512,34	**1 002,92**

Net Payé en euros	
1 487,67 €	
Total versé par l'employeur	Allègement de cotisations
3 002,92 €	

Pour ce premier exercice sur les cotisations, j'ai voulu faire un bulletin « simple » pour recadrer tout ce qui a été écrit sur les tranches et les taux de cotisations. Un salaire tout rond pour le brut. Aucune absence, ni avantage en nature quelconque, aucune prime, aucune heure supplémentaire. Bref, on se concentre sur la logique des cotisations. Quant aux allègements de cotisations, on va les voir un peu plus tard (Exercice 49).
Le brut étant largement inférieur au plafond Sécurité sociale, il devient par conséquent la tranche A (ou tranche 1 pour la retraite complémentaire Arrco et l'AGFF). Donc toutes les cotisations sur le brut, la tranche A ou la tranche 1 sont assises sur la même somme (2 000 €) et, bien sûr, il n'y a ni tranche B, ni tranche 2. On « déroule » tranquillement toutes les cotisations énumérées dans le tableau récapitulatif avec comme base 2 000 €.

Les lignes des cotisations se décomposent ainsi :
• L'Ass. santé SS = 2 000 × 13 % = **260,00 €**.
• L'Ass. santé compl. santé est la prévoyance Santé (50 € en part salariale et part patronale).
• L'Ass. santé inc., inv., décès est la prévoyance Décès : 2 000 × 1 % = 20 € en part salariale et 2 000 × 2 % = **40 €** en part patronale.
• L'Ass. AT = 2 000 × 2,44 % = **48,80 €**.
• L'Ass. ret. SS = aux 2 cotisations Vieillesse (plafonnée et déplafonnée), soit : [2 000 × (6,90 % + 0,40 %)] = **146,00 €** pour le salarié et : [2 000 × (8,55 % + 1,90 %)] = **209,00 €** pour l'employeur.
• L'Ass. ret. compl. est l'addition des cotisations Arrco et AGFF sur Tr. A, soit :
– en part salariale : [2 000 × (3,10 % + 0,80 %)] = **78,00 €** ;
– en part patronale : [2 000 × (4,65 % + 1,20 %)] = **117,00** €.
• Les Allocations familiales sont égales à : 2 000 × 3,45 % = **69,00 €**.
• L'Ass. chômage est pour le salarié de : 2 000 × 0,95 % = **19,00 €** et pour l'employeur : [2 000 × (4,05 % + 0,15 % d'AGS)] = **84,00 €**.

Quant aux autres charges, elles sont regroupées en une seule ligne. Ces charges sont :
• la taxe transport (2,95 % à Paris) ;
• l'effort construction (0,45 %) ;
• la taxe d'apprentissage (0,68 %) ;
• la formation professionnelle continue (1 %) ;
• la contribution au dialogue social (0,016 %) ;
• le Fnal (0,50 %) ;
• la Contribution solidarité autonomie (0,30 %), soit un total des taux de 5,896 %.
Mais, sur l'assurance Santé complémentaire santé et l'assurance Santé inv. inv. décès, va se calculer un « forfait social ». Il faut cumuler l'ensemble des cotisations patronales de la prévoyance « Frais de santé » (50 €) et de la prévoyance « Décès » (40 €) pour avoir la base du forfait social : soit 90 €. Ces 90 € sont soumis à un taux de 8 % qui vient alourdir les charges patronales de 7,20 €. Le total des autres contributions dues par l'employeur est donc : (2 000 × 5,896 %) + 7,20 € = **125,12 €**.

Pour le calcul de la base des CSG et de la CRDS, il faut prendre 98,25 % du brut (2 000 × 98,25 % = 1 965) et rajouter le montant des cotisations patronales des prévoyances « Frais de santé » et « Décès » (90 €) : 1 965 + 90 = 2 055 €.
• La CSG non imposable est donc égale à : 2 055 × 6,80 % = **139,74 €**.
• Les CSG & CRDS imposables sont égales à 2 055 × (2,40 % + 0,50 %) = **59,60 €**.

Enfin, **le Net à payer est** le Brut (2 000 €) - le total des cotisations salariales (512,34 €), soit : **1 487,67 €**.

Le « Total des cotisations et contributions » est simplement l'addition de toutes les cotisations et contributions (salariales sous la part salariale et patronales sous la part patronale). Ce qu'il y a de « bien » avec le bulletin simplifié, c'est que le Net fiscal n'apparaît plus ! Ainsi, on ne voit plus que le salarié payera des impôts sur son brut diminué des cotisations salariales mais augmenté du montant patronal de la prévoyance Frais de santé !
Pour se vérifier, la plupart des services de paie éditent toujours un « bulletin de contrôle » qui n'est ni plus ni moins que l'ancienne forme du bulletin de paie. Ce modèle permet de mieux comprendre comment sont déterminés les montants du bulletin simplifié.

Libellé des Rubriques	Base	Taux	Montant	Commentaires	
Salaire	151,67		2 000,00	Avril 2018	
				Date d'entrée : 01/01/2018	
				Plafond du mois : 3311 €	
Total Brut			**2 000,00**		
Cotisations	Base	Salariales		**Patronales**	
		Taux	Montant	**Taux**	**Montant**
Ass. Mal.Mat.Inv.décès	2 000,00			13,00	260,00
Contribution Solidarité Autonomie	2 000,00			0,30	6,00
Accident du Travail	2 000,00			2,44	48,80
Allocations Familiales	2 000,00			3,45	69,00
Ass. Vieillesse Plafonnée	2 000,00	6,90	-138,00	8,55	171,00
Ass. Vieillesse Déplafonnée	2 000,00	0,40	-8,00	1,90	38,00
F.N.A.L. sur Brut	2 000,00			0,50	10,00
Chômage sur Tr. A+Tr. B	2 000,00	0,95	-19,00	4,05	81,00
A.G.S. sur Tr. A+Tr. B	2 000,00			0,15	3,00
A.R.R.CO sur Tr. 1	2 000,00	3,10	-62,00	4,65	93,00
A.G.F.F. sur Tr. 1	2 000,00	0,80	-16,00	1,20	24,00
Prévoyance "Frais de Santé"			-50,00		50,00
Prévoyance "Décès" sur Tr. A	2 000,00	1,00	-20,00	2,00	40,00
Forfait Social	90,00			8,00	7,20
C.S.G. déductible	2 055,00	6,80	-139,74		
Autres charges patronales	2 000,00			5,096	101,92
Total cotisations			**-452,74**		**1 002,92**
Net fiscal			**1 597,26**		
C.S.G. non déductible	2 055,00	2,40	-49,32		
C.R.D.S. non déductible	2 055,00	0,50	-10,28		
Net à payer			**1 487,67**		

Ainsi, l'Assurance santé SS = la part patronale de l'Assurance mal. (2 000 × 13 %).
La Complémentaire santé = les parts salariales et patronales de la Prévoyance frais de santé.
L'Incapacité, invalidité, capital décès = les parts salariales et patronales de la Prévoyance décès.
L'Assurance AT = la part patronale de la cotisation Accident du travail (2 000 × 2,44 %).
L'Assurance retraite SS = le regroupement des Assurances vieillesse plafonnée et déplafonnée.
L'Assurance retraite complémentaire = le regroupement de l'Arrco et l'AGFF.
Les Allocations familiales = le regroupement des Alloc. fam. + Supplémentaires (ici à zéro).

L'Assurance chômage = le regroupement du Chômage et de l'AGS.
Le montant des autres contributions dues par l'employeur = 2 000 € × le regroupement des taux de :
CSA (0,30 %) + Fnal (0,50 %) + Contribution au dialogue social (0,016 %) + Versement transport (2,95 %) + Taxe d'apprentissage (0,68 %) + Participation à la construction (0,45 %) + Participation à la formation (1,00 %). Auquel il faut rajouter le Forfait social qui est calculé sur la somme des contributions patronales aux prévoyances (50 € pour les Frais de santé et 40 € pour le Décès) à 8 %.
Pour voir l'impact de la réforme consistant à supprimer la cotisation Assurance maladie et à baisser le taux de la cotisation Chômage pour le salarié, tout en augmentant le taux de la CSG déductible, voici à titre d'exemple concret ce que donnait ce même bulletin l'année dernière (2017).

Libellé des Rubriques	Base	Taux	Montant	Commentaires	
Salaire	151,67		2 000,00	Avril 2017	
				Date d'entrée : 01/01/2017	
				Plafond du mois : 3269 €	
Total Brut			**2 000,00**		
Cotisations	Base	Salariales		Patronales	
		Taux	Montant	Taux	Montant
Ass. Mal.Mat.Inv.décès	2 000,00	0,75	-15,00	12,89	257,80
Contribution Solidarité Autonomie	2 000,00			0,30	6,00
Accident du Travail	2 000,00			2,44	48,80
Allocations Familiales	2 000,00			3,45	69,00
Ass. Vieillesse Plafonnée	2 000,00	6,90	-138,00	8,55	171,00
Ass. Vieillesse Déplafonnée	2 000,00	0,40	-8,00	1,90	38,00
F.N.A.L. sur Brut	2 000,00			0,50	10,00
Chômage sur Tr. A+Tr. B	2 000,00	2,40	-48,00	4,00	80,00
A.G.S. sur Tr. A+Tr. B	2 000,00			0,20	4,00
A.R.R.CO sur Tr. 1	2 000,00	3,10	-62,00	4,65	93,00
A.G.F.F. sur Tr. 1	2 000,00	0,80	-16,00	1,20	24,00
Prévoyance "Frais de Santé"			-50,00		50,00
Prévoyance "Décès" sur Tr. A	2 000,00	1,00	-20,00	2,00	40,00
Forfait Social	90,00			8,00	7,20
C.S.G. déductible	2 055,00	5,10	-104,81		
Autres charges patronales	2 000,00			5,006	100,12
Total cotisations			**-461,81**		**998,92**
Net fiscal			**1 588,19**		
C.S.G. non déductible	2 055,00	2,40	-49,32		
C.R.D.S. non déductible	2 055,00	0,50	-10,28		
Net à payer			**1 478,60**		

Le salarié gagne en effet un pouvoir d'achat de 9,07 € (1 487,67 - 1 478,60) !
Mais, ce « gain » est à relativiser car son net fiscal a été augmenté de… 9,07 € (1 597,26 - 1 588,19) !
Avec la suppression du taux de Chômage salarial prévu au 1er octobre 2018, le salarié devrait gagner 19 € supplémentaires.

Corrigé 45 (Niveau 1)

Ce salarié, CDI, est cadre depuis le 5 octobre 2015 à temps plein dans une grande entreprise parisienne (effectif de 150 salariés et taux de versement transport de 2,95 %) pour un salaire forfaitaire de 6 000 € brut pour 151,67 heures par mois. Sa rémunération n'a pas varié depuis son entrée (6 000 € brut chaque mois). Le taux d'accident du travail pour cette entreprise est de 2,44 %. Le montant des cotisations prévoyance Frais de santé est de 60 € aussi bien pour le salarié que pour l'employeur. L'entreprise n'applique que le minimum de la prévoyance « Décès » obligatoire pour les cadres.

Établissez son bulletin de paie d'avril 2018 avec les taux de cotisation minimum de la feuille récapitulative.

Libellé des Rubriques	Base	Taux	Montant	Commentaires
Salaire Forfaitaire	151,67		**6 000,00**	**Avril 2018**
Total Brut			**6 000,00**	

Cotisations	Part Salariale	Part Patronale
Assurance Santé		
Sécurité Sociale		780,00
Complémentaire Santé	-60,00	60,00
Incapacité, Invalidité, Capital Décès		49,67
Assurance Accident du Travail, Maladie Prof.		146,40
Assurance Retraite		
Sécurité Sociale	-252,46	397,09
Complémentaire	-370,87	584,70
Supplémentaire		
Allocations Familiales		315,00
Assurance Chômage	-57,00	252,00
A.P.E.C.	-1,44	2,16
Autres Contributions dues par l'employeur		362,53
Cotisatations Statutaires ou prévues par la Conv. Coll.		
C.S.G. Non imposable	-408,32	
C.S.G. & C.R.D.S. imposables	-174,14	
Allègement de cotisations		
Total des cotisations et contributions	-1 324,23	**2 949,55**

Net Payé en euros	
4 675,77 €	
Total versé par l'employeur	Allègement de cotisations
8 949,55 €	

Pour ce premier bulletin d'un cadre, j'ai encore voulu faire un bulletin « simple » pour bien visualiser les différences entre le bulletin précédent (employé) et celui-ci (cadre). Toujours pas de complications, on se concentre sur la logique des cotisations.

Le brut étant largement supérieur au plafond de la Sécurité sociale depuis le début de l'année (pas encore de régularisation mensuelle progressive), la tranche A est égale au plafond SS.
Les cotisations sur brut, sur **Tr. A + Tr. B** ou sur **Tr. A + B + C** sont assises sur la même somme (**6 000 €**).
Les cotisations sur **Tr. B** ou sur **Tr. B + Tr.** C sont assises sur la différence entre le brut et le plafond (6 000 – 3 311), soit : **2 689 €**.

Les lignes des cotisations se décomposent ainsi :

- L'Ass. santé SS = 6 000 × 13 % = **780,00 €**.
- L'Ass. santé compl. santé est la prévoyance Santé (60 € en part salariale et part patronale).
- L'Ass. santé inc., inv., décès est la prévoyance Décès : 3 311 × 1,5 % = **49,97 €**.
- L'Ass. AT = 6 000 × 2,44 % = **146,40 €**.
- L'Ass. ret. SS est = aux 2 cotisations Vieillesse (plafonnée et déplafonnée), soit : (3 311 × 6,90 %) + (6 000 × 0,40 %) = 228,46 + 24,00 = **252,46 €** pour le salarié et : (3 311 × 8,55 %) + (6 000 × 1,90 %) = 283,09 + 114,00 = **397,09 €** pour l'employeur.
- L'Ass. ret. compl. est l'addition des cotisations Arrco et AGFF sur Tr. A, + Agirc sur Tr. B, + AGFF sur Tr. B + Tr. C, + CET sur Tr. A + Tr. B + Tr. C, soit :
  - en part salariale : (3 311 × 3,10 %) + (3 311 × 0,80 %) + (2 689 × 7,80 %) + (2 689 × 0,90 %) + (6 000 × 0,13 %) = 102,64 + 26,49 + 209,74 + 24,20 + 7,80 = **370,87 €** ;
  - en part patronale : (3 311 × 4,65 %) + (3 311 × 1,20 %) + (2 689 × 12,75 %) + (2 689 × 1,30 %) + (6 000 × 0,22 %) = 153,96 + 39,73 + 342,85 + 34,96 + 13,20 = **584,70 €**.
- La première difficulté est peut-être de bien penser à cumuler les Allocations familiales supplémentaires au taux de 1,8 % (uniquement taux patronal) aux Allocations familiales « simples ». En effet, notre cadre dépasse la base de 3,5 Smic mensuel. (9,88 € × 151,67 h × 3,5 = 5 244,75 €). Le montant est donc : 6 000 × (3,45 % + 1,80 %) = **315,00 €**.
- L'Ass. chômage est pour le salarié de : 6 000 × 0,95 % = 57,00 € et pour l'employeur : 6 000 × (4,05 % + 0,15 % d'AGS) = **252,00 €**.
- L'Apec = 6 000 × 0,024 % = **1,44 €** pour le salarié et 6 000 × 0,036 % = 2,16 € pour l'employeur.
- Les autres contributions dues par l'employeur regroupent :
  - La Contribution solidarité autonomie : (6 000 × 0,30 %) = 18,00 €
  - Le Fnal : (6 000 × 0,50 %) = 30,00 €
  - La Contribution au dialogue social : (6 000 × 0,016 %) = 0,96 €
  - Le Versement transport : (6 000 × 2,95 %) = 177,00 €
  - La Taxe d'apprentissage : (6 000 × 0,68 %) = 40,80 €
  - La Participation à la construction : (6 000 × 0,45 %) = 27,00 €
  - La Participation à la formation : (6 000 × 1,00 %) = 60,00 €
  - Somme à laquelle il faut rajouter le Forfait social qui est calculé sur la somme des contributions patronales aux prévoyances (60 € pour les Frais de santé et 49,67 € pour le Décès) à 8 %, soit : 109,67 × 8 % = 8,77 €.

    Soit un total de : 18 + 30 + 0,96 + 177 + 40,80 + 27 + 60 + 8,77 = **362,53 €**.

Pour le calcul de la base des CSG et de la CRDS, il faut prendre 98,25 % du brut (6 000 × 98,25 % = 5 895) et rajouter le montant des cotisations patronales des prévoyances Frais de santé et Décès (60 € + 49,67 €) : 5 895 + 60 + 49,67 = 6 004,67 €.

• La CSG non imposable est donc égale à : 6 004,67 × 6,80 % = **408,32 €**.
• Les CSG & CRDS imposables sont égales à 6 004,67 × (2,40 % + 0,50 %) = **174,14 €**.

Enfin, **le Net à payer est** le Brut (6 000 €) - le total des cotisations salariales (1 324,23 €), soit : **4 675,77 €.**

Corrigé 46 (Niveau 2)

Le salarié de l'exercice précédent a un collègue dans la même entreprise que lui, entré en CDI le même jour que lui, mais ce collègue est cadre supérieur pour un salaire forfaitaire de 16 000 € brut pour 151,67 heures par mois. Sa rémunération n'a pas varié non plus depuis son entrée (16 000 € brut chaque mois). Le taux d'accident du travail pour cette entreprise est toujours de 2,44 %. Le montant des cotisations prévoyance Frais de santé est également de 60 €, aussi bien pour le salarié que pour l'employeur. Même pour ses cadres supérieurs, l'entreprise n'applique que le minimum de la prévoyance « Décès » obligatoire.

Établissez son bulletin de paie d'avril 2018 avec les taux de cotisation minimum de la feuille récapitulative.

Libellé des Rubriques	Base	Taux	Montant	Commentaires
Salaire Forfaitaire	151,67		**16 000,00**	Avril 2018
Total Brut			**16 000,00**	

Cotisations	Part Salariale	Part Patronale
Assurance Santé		
Sécurité Sociale		2 080,00
Complémentaire Santé	-60,00	60,00
Incapacité, Invalidité, Capital Décès		49,67
Assurance Accident du Travail, Maladie Prof.		390,40
Assurance Retraite		
Sécurité Sociale	-292,46	587,09
Complémentaire	-1 253,87	2 011,70
Supplémentaire		
Allocations Familiales		840,00
Assurance Chômage	-125,82	556,25
A.P.E.C.	-3,18	4,77
Autres Contributions dues par l'employeur		952,13
Cotisatations Statutaires ou prévues par la Conv. Coll.		
C.S.G. Non imposable	-1 079,70	
C.S.G. & C.R.D.S. imposables	-460,46	
Allègement de cotisations		
Total des cotisations et contributions	-3 275,49	**7 532,01**

Net Payé en euros	
12 724,51 €	
Total versé par l'employeur	Allègement de cotisations
23 532,01 €	

CORRIGÉS Exercice 46

Pour ce deuxième bulletin d'un cadre, on commence les « complications ». En effet, cette fois, le brut est non seulement supérieur au plafond Sécurité sociale mais également au plafond B. En revanche, il est inférieur au plafond C.

Les cotisations assises sur brut ou sur Tr. A + B + C sont sur les 16 000 €.

Les cotisations assises sur Tr. A sont sur le plafond SS, soit : **3 311 €.**

Les cotisations assises sur Tr. B sont sur le plafond B (13 244 €) – le plafond SS (3 311 €), soit : **9 933 €**.

Les cotisations assises sur Tr. C sont sur la différence entre le brut (16 000 €) et le plafond B (13 244 €), soit : **2 756 €**.

Les cotisations assises sur Tr. A + B sont sur la somme Tr. A (3 311 €) + Tr. B (9 933 €), soit : **13 244 €**.

Les cotisations assises sur Tr. B + C sont sur la somme Tr. B (9 933 €) + Tr. C (2 756 €), soit : **12 689 €**.

Les lignes des cotisations se décomposent ainsi :

• L'Ass. santé SS = 16 000 × 13 % = **2 080,00 €**.

• L'Ass. santé compl. santé est la prévoyance Santé (**60 €** en part salariale et part patronale).

• L'Ass. santé inc., inv., décès est la prévoyance Décès : 3 311 × 1,5 % = **49,97 €**.

• L'Ass. AT = 16 000 × 2,44 % = **390,40 €**.

• L'Ass. ret. SS est = aux 2 cotisations Vieillesse (plafonnée et déplafonnée), soit : (3 311 × 6,90 %) + (16 000 × 0,40 %) = 228,46 + 64,00 = **292,46 €** pour le salarié et : (3 311 × 8,55 %) + (16 000 × 1,90 %) = 283,09 + 304,00 = **587,09 €** pour l'employeur.

• L'Ass. ret. compl. est l'addition des cotisations Arrco et AGFF sur Tr. A, + Agirc sur Tr. B, + AGFF sur Tr. B + Tr. C, + Agirc sur Tr. C, + CET sur Tr. A + Tr. B + Tr. C, soit :

– en part salariale : (3 311 × 3,10 %) + (3 311 × 0,80 %) + (9 933 × 7,80 %) + (9 933 × 0,90 %) + (2 756 × 7,80 %) + (16 000 × 0,13 %) = 102,64 + 26,49 + 774,77 + 114,20 + 214,97 + 20,80 = **1 253,87 €** ;

– en part patronale : (3 311 × 4,65 %) + (3 311 × 1,20 %) + (9 933 × 12,75 %) + (9 933 × 1,30 %) + (2 756 × 12,75 %) + (16 000 × 0,22 %) = 153,96 + 39,73 + 1 266,46 + 164,96 + 351,39 + 35,20 = **2 011,70 €**.

• Les Allocations familiales (« simples » et supplémentaires) cumulent les taux de 3,45 % et de 1,80 %. Le montant est donc : 16 000 × (3,45 % + 1,80 %) = **840,00 €**.

• L'Ass. chômage est pour le salarié de : 13 244 × 0,95 % = **125,82 €** et pour l'employeur : 13 244 × (4,05 % + 0,15 % d'AGS) = **556,25 €**.

• L'Apec = 13 244 × 0,024 % = **3,18 €** pour le salarié et 13 244 × 0,036 % = **4,77 €** pour l'employeur.

- Les autres contributions dues par l'employeur, sur la base de 16 000 €, regroupent la Contribution solidarité autonomie (0,30 %), le Fnal (0,50 %), la Contribution au dialogue social (0,016 %), le Versement transport (2,95 %), la Taxe d'apprentissage (0,68 %), la Participation à la construction (0,45 %), la Participation à la formation (1,00 %), soit : 16 000 × 5,896 % = **943,36 €** ;
- Somme à laquelle il faut rajouter le Forfait social qui est calculé sur la somme des contributions patronales aux prévoyances (60 € pour les Frais de santé et 49,67 € pour le Décès) à 8 %, soit : 109,67 × 8 % = 8,77 €.
  Soit un total de : 943,36 + 8,77 = **952,13 €**.

La « grosse complication » arrive avec le **calcul de la base des CSG et du CRDS**. En effet, notre salarié dépasse le plafond B. Or, l'abattement de 1,75 % du brut est limité à ce plafond B. Il faut prendre 98,25 % du plafond B (13 244 € × 98,25 % = 13 012,23 €) et rajouter la différence entre le brut et ce plafond B (16 000 € - 13 244 € = 2 756 €) ainsi que le montant des charges patronales en prévoyance Frais de santé et Décès (60 € + 49,67 €). Ce qui donne au final : 13 012,23 € + 2 756 € + 60 € + 49,67 € = **15 877,90 €**.

• La CSG Non imposable est donc égale à : 15 877,90 × 6,80 % = **1 079,70 €**.
• Les CSG & CRDS imposables sont égales à 15 877,90 × (2,40 % + 0,50 %) = **460,46 €.**

Enfin, **le Net à payer est** le Brut (16 000 €) - le total des cotisations salariales (3 275,49 €) soit : **12 724,51 €**.

Corrigé 47 (Niveau 3)

Un salarié (CDI non cadre) entre dans une entreprise parisienne (ayant 150 salariés, qui compte les congés payés en jours ouvrables et dont l'horaire de travail est de 7 heures par jour) le lundi 9 avril 2018, pour un salaire mensuel (151,67 heures) de 3 280 €. Durant le mois de mai, il travaille normalement. Mais, ayant trouvé mieux ailleurs, avant la fin de sa période d'essai, il quitte l'entreprise le vendredi 22 juin 2018 au soir. L'entreprise paye les jours fériés quelle que soit l'ancienneté du salarié.

Sachant que le taux de la cotisation accident du travail est de 2,44 %, que le montant de la prévoyance « Frais de santé » est de 40 € pour le salarié et pour l'employeur, et que l'entreprise a une prévoyance « Décès » au taux de 1 % pour le salarié et de 2 % pour l'employeur sur la tranche A, établissez les trois bulletins de salaire de ces trois mois en n'oubliant pas de faire la régularisation mensuelle progressive.

Mois d'avril 2018

Libellé des Rubriques	Base	Taux	Montant	Commentaires
Salaire	151,67		**3 280,00**	Avril 2018
Retenue "Entrée-Sortie"	5,00	156,190	-780,95	**Date d'entrée : 9 Avril 2018**
				Plafond du mois : 2.428,07 €
Total Brut			**2 499,05**	

Cotisations	Part Salariale	Part Patronale
Assurance Santé		
Sécurité Sociale		324,88
Complémentaire Santé	-40,00	40,00
Incapacité, Invalidité, Capital Décès	-24,28	48,56
Assurance Accident du Travail, Maladie Prof.		60,98
Assurance Retraite		
Sécurité Sociale	-177,54	255,08
Complémentaire	-101,08	151,59
Supplémentaire		
Allocations Familiales		86,22
Assurance Chômage	-23,74	104,96
A.P.E.C.		
Autres Contributions dues par l'employeur		154,43
Cotisatations Statutaires ou prévues par la Conv. Coll.		
C.S.G. Non imposable	-172,98	
C.S.G. & C.R.D.S. imposables	-73,77	
Allègement de cotisations		
Total des cotisations et contributions	-613,39	**1 226,70**

Net Payé en euros	
1 885,66 €	
Total versé par l'employeur	Allègement de cotisations
3 725,75 €	

Il y a 21 jours ouvrés, soit pour un horaire légal : 147 heures théoriques, or il a été absent 5 jours (35 heures) puisqu'il est entré dans l'entreprise le 9 avril. Sa retenue « Entrée-Sortie » est donc : 3 280 € / 147 heures × 35 heures = 780,95 €. Si on raisonne en jours ouvrés réels, le résultat est identique (3 280 / 21 J × 5 j = 780,95 €). Soit un **total brut** = à (3 280,00 – 780,95) **2 499,05 €.**

En ce qui concerne **le plafond SS**, étant présent du 9 au 30 inclus, il est égal à 22/30èmes du plafond (3 311 € du 01/01/2018 au 31/12/2018), soit 3 311 € × 22 / 30 = **2 428,07 €.**

Alors que si le salarié avait travaillé tout le mois, le brut aurait été inférieur au plafond SS, le fait d'être entré dans l'entreprise en cours de mois, le brut est supérieur au plafond !
Le plafond SS devient donc la tranche A et 1. La tranche 1 = **2 428,07 €.**
Et notre salarié a donc une tranche 2 = 2 499,05 – 2 317,70 = **70,98 €.**

Les lignes des cotisations se décomposent ainsi :

- L'Ass. santé SS = 2 499,05 × 13 % = **324,88 €.**
- L'Ass. santé compl. santé est la prévoyance Santé (**40 €** en part salariale et part patronale).
- L'Ass. santé inc., inv., décès est la prévoyance Décès : 2 428,07 × 1 % = **24,28 €** pour le salarié et 2 428,07 × 2 % = **48,56 €** pour l'employeur.
- L'Ass. AT = 2 499,05 × 2,44 % = **60,98 €.**
- L'Ass. ret. SS est = aux 2 cotisations Vieillesse (plafonnée et déplafonnée), soit : (2 428,07 × 6,90 %) + (2 499,05 × 0,40 %) = 167,54 + 10,00 = **177,54 €** pour le salarié et : (2 428,07 × 8,55 %) + (2 499,05 × 1,90 %) = 207,60 + 47,48 = **255,08 €** pour l'employeur.
- L'Ass. ret. compl. est l'addition des cotisations Arrco et AGFF sur Tr. 1 + Arrco et AGFF sur Tr. 2, soit :
  - en part salariale : (2 428,07 × 3,10 %) + (2 428,07 × 0,80 %) + (70,98 × 8,10 %) + (70,98 × 0,90 %) = 75,27 + 19,42 + 5,75 + 0,64 = **101,08 €** ;
  - en part patronale : (2 428,07 × 4,65 %) + (2 428,07 × 1,20 %) + (70,98 × 12,15 %) + (70,98 × 1,30 %) = 112,91 + 29,14 + 8,62 + 0,92 = **151,59 €.**
- Les Allocations familiales = 2 499,05 × 3,45 % = **86,22 €.**
- L'Ass. chômage est pour le salarié : 2 499,05 × 0,95 % = 23,74 € et pour l'employeur : 2 499,05 × (4,05 % + 0,15 % d'AGS) = **104,96 €.**
- Les autres contributions dues par l'employeur, sur la base de 2 499,05 € au taux regroupé de 5,896 % (0,30 % de Contribution solidarité autonomie + 0,50 % de Fnal + 0,016 % de Contribution au dialogue social + 0,68 % de Taxe d'apprentissage + 0,45 % de Participation à la construction + 1,00 % de Participation à la formation) = 147,35 € + le Forfait social (40 € pour les Frais de santé et 48,56 € pour le Décès à 8 % = 7,08 €), soit un total de (147,35 + 7,08) **154,43 €.**

La base des CSG et du CRDS = (2 499,05 × 98,25 %) + le montant des charges patronales en prévoyance Frais de santé et Décès (40 € + 48,56 €). Ce qui donne au final : **2 543,87 €.**

- La CSG Non imposable est donc égale à : 2 543,87 × 6,80 % = **172,98 €.**
- Les CSG & CRDS imposables sont égales à 2 543,87 × (2,40 % + 0,50 %) = **73,77 €.**

Enfin, **le Net à payer est** le Brut (2 499,05 €) - le total des cotisations salariales (613,39 €) soit : **1 885,66 €.**

Mois de mai 2018

Libellé des Rubriques	Base	Taux	Montant	Commentaires
Salaire	151,67		**3 280,00**	Mai 2018
				Date d'entrée : 9 Avril 2018
				Plafond du mois : 3.311,00 €
Total Brut			3 280,00	

Cotisations	Part Salariale	Part Patronale
Assurance Santé		
Sécurité Sociale		426,40
Complémentaire Santé	-40,00	40,00
Incapacité, Invalidité, Capital Décès	-33,11	66,22
Assurance Accident du Travail, Maladie Prof.		80,03
Assurance Retraite		
Sécurité Sociale	-241,58	345,41
Complémentaire	-126,34	189,52
Supplémentaire		
Allocations Familiales		113,16
Assurance Chômage	-31,16	137,76
A.P.E.C.		
Autres Contributions dues par l'employeur		201,89
Cotisatations Statutaires ou prévues par la Conv. Coll.		
C.S.G. Non imposable	-226,36	
C.S.G. & C.R.D.S. imposables	-96,54	
Allègement de cotisations		
Total des cotisations et contributions	-795,09	1 600,39

Net Payé en euros	
2 484,91 €	
Total versé par l'employeur	Allègement de cotisations
4 880,39 €	

Aucune prime, aucune absence, le but de cet exercice étant de vous familiariser avec la régularisation mensuelle progressive et de vérifier son impact sur les tranches de cotisations, le brut est donc égal au salaire de base, soit : **3 280,00 €**.

En ce qui concerne **le plafond SS**, étant présent tout le mois, il est entier, soit : **3 311,00 €**.

Si c'était le premier mois de travail du salarié, il aurait une tranche A et une tranche 1 égales au brut puisque son brut du mois est inférieur au plafond du mois. Et bien sûr, il n'aurait pas de tranche 2.
Mais, comme c'est son deuxième mois de présence, il faut faire la régularisation mensuelle progressive :

- On cumule d'abord les bruts d'avril et de mai : 2 499,05 + 3 280,00 = 5 779,05 €.
- Puis on cumule les plafonds d'avril et de mai : 2 428,07 + 3 311,00 = 5 739,07 €.

• Étonnamment, le salarié a un brut cumulé supérieur au plafond. La tranche A cumulée est donc égale au plafond cumulé et **la tranche A du mois** est égale à la nouvelle tranche A cumulée - la tranche A cumulée du mois précédent, soit 5 739,07 – 2 428,07 = **3 311,00 €**. Autrement dit, la tranche A du mois = le plafond du mois.

• La tranche 2 cumulée est égale à la différence entre le brut cumulé et le plafond cumulé : 5 779,05 - 5 739,07 = 39,98 € et **la tranche 2 du mois** est égale à ce nouveau cumul (39,98) – la tranche 2 cumulée du mois précédent (70,98), soit : 39,98 – 70,98 = - **31,00 €**. Oui, ce chiffre est bien négatif ! Nous avions déjà vu, lors des exercices 37, 38 et 39, que la tranche B pouvait être négative et nous allons voir maintenant son application concrète par le biais d'une tranche 2 négative.

Les lignes des cotisations se décomposent ainsi :

• L'Ass. santé SS = 3 280,00 × 13 % = **426,40 €.**

• L'Ass. santé compl. santé est la prévoyance Santé (**40 €** en part salariale et part patronale).

• L'Ass. santé inc., inv., décès est la prévoyance Décès : 3 311,00 × 1 % = **33,11 €** pour le salarié et 3 311,00 × 2 % = **66,22 €** pour l'employeur.

• L'Ass. AT = 3 280,00 × 2,44 % = **80,03 €**.

• L'Ass. ret. SS est = aux 2 cotisations Vieillesse (plafonnée et déplafonnée), soit : (3 311,00 × 6,90 %) + (3 280,00 × 0,40 %) = 228,46 + 13,12 = **241,58 €** pour le salarié et : (3 311,00 × 8,55 %) + (3 280,00 × 1,90 %) = 283,09 + 62,32 = **345,41 €** pour l'employeur.

• L'Ass. ret. compl. est l'addition des cotisations Arrco et AGFF sur Tr. 1 + Arrco et AGFF sur Tr. 2, soit :

  – en part salariale : (3 311,00 × 3,10 %) + (3 311,00 × 0,80 %) - (31,00 × 8,10 %) - (31,00 × 0,90 %) = 102,64 + 26,49 - 2,51 - 0,28 = **126,34 €** ;

  – en part patronale : (3 311,00 × 4,65 %) + (3 311,00 × 1,20 %) - (31,00 × 12,15 %) - (31,00 × 1,30 %) = 153,96 + 39,73 - 3,77 – 0,40 = **189,52 €**.

• Les Allocations familiales = 3 280,00 × 3,45 % = **113,16 €**.

• L'Ass. chômage est pour le salarié : 3 280,00 × 0,95 % = **31,16 €** et pour l'employeur : 3 280,00 × (4,05 % + 0,15 % d'AGS) = **137,76 €**.

• Les autres contributions dues par l'employeur, sur la base de 3 280,00 € au taux regroupé de 5,896 % + le Forfait social (40 € pour les Frais de santé et 66,22 € pour le Décès à 8 % = 8,50 €), soit un total de **201,89 €**.

La base des CSG et du CRDS = (3 280,00 × 98,25 % = 3 222,60) + le montant des charges patronales en prévoyance Frais de santé et Décès (40 € + 66,22 €). Ce qui donne au final : 3 222,60 + 40 + 66,22 = **3 328,82 €**.

• La CSG Non imposable est donc égale à : 3 328,82 × 6,80 % = **226,36 €**.
• Les CSG & CRDS imposables sont égales à 3 328,82 × (2,40 % + 0,50 %) = **96,54 €.**

Enfin, le **Net à payer** est le Brut (3 280,00 €) - le total des cotisations salariales (799,09 €) soit : **2 484,91 €**.

Mois de juin 2018

Libellé des Rubriques	Base	Taux	Montant	Commentaires
Salaire	151,67		**3 280,00**	Juin 2018
Retenue "Entrée-Sortie"	5,00	156,190	-780,95	**Date d'entrée : 9 Avril 2018**
Ind. Comp. Congés Payés 2	5,00	126,154	630,77	**Date de sortie: 22 Juin 2018**
Ind. Comp. Congés Payés 1	2,00	126,154	252,31	**Plafond du mois : 2.428,07 €**
Total Brut			3 382,12	

Cotisations	Part Salariale	Part Patronale
Assurance Santé		
Sécurité Sociale		439,68
Complémentaire Santé	-40,00	40,00
Incapacité, Invalidité, Capital Décès	-24,28	48,56
Assurance Accident du Travail, Maladie Prof.		82,52
Assurance Retraite		
Sécurité Sociale	-181,07	271,86
Complémentaire	-180,56	270,37
Supplémentaire		
Allocations Familiales		116,68
Assurance Chômage	-32,13	142,05
A.P.E.C.		
Autres Contributions dues par l'employeur		206,49
Cotisatations Statutaires ou prévues par la Conv. Coll.		
C.S.G. Non imposable	-231,98	
C.S.G. & C.R.D.S. imposables	-98,93	
Allègement de cotisations		
Total des cotisations et contributions	-788,95	**1 618,21**

Net Payé en euros	
2 593,17 €	
Total versé par l'employeur	Allègement de cotisations
5 000,33 €	

Il y a 21 jours ouvrés, soit pour un horaire légal : 147 heures théoriques, or il a été absent 5 jours (35 heures) puisqu'il est sorti de l'entreprise le 22 juin. **Sa retenue « Entrée-Sortie »** est donc : 3 280 € / 147 heures × 35 heures = **780,95 €**. (Résultat identique si on raisonne en jours ouvrés réels : 3 280 € / 21 j × 5 j = 780,95 €.)

Mais, puisque le salarié quitte l'entreprise et qu'il n'a pas pu prendre les congés payés qu'il avait gagnés grâce à sa présence effective, il nous faut les lui indemniser. Le petit problème est qu'il est entré au cours de la période d'acquisition 1er juin 2017 - 31 mai 2018 et qu'il sort en période d'acquisition 1er juin 2018 - 31 mai 2019. Ce qui signifie qu'il faut lui calculer deux indemnités compensatrices :

• La première correspond à la période d'acquisition 2017-2018, appelée « période écoulée » ou simplement « 2 ». D'abord, cumuler ses gains de cette période : 2 499,05 + 3 280,00 = 5 779,05 €. Puis regarder le plus favorable entre le dixième de cette somme et le maintien de son taux journalier.

– Pour le dixième, c'est simple : 5 779,05 / 10 = 577,91 €.

– Pour le maintien, il faut préalablement savoir combien de jours ouvrables il a gagné entre le 9 avril et le 31 mai. Si on se rappelle bien l'exercice 25, il y a plusieurs méthodes pour calculer sa présence : en jours calendaires, ouvrables ou ouvrés. Ce qui donne respectivement : 53 jours calendaires, 46 jours ouvrables ou 39 jours ouvrés. Sachant qu'il gagne 2,5 jours ouvrables tous les 28 jours calendaires, 24 jours ouvrables ou 20 jours ouvrés, cela donne : 53 / 28 × 2,5 = 4,73 ou 46 / 24 × 2,5 = 4,79 ou 39 / 20 × 2,5 = 4,87 qui seront arrondis dans les 3 cas à 5 jours. Son taux journalier ouvrable moyen est : 3 280 / 26 = 126,15 €. Donc ces 5 jours valent avec la règle du maintien : 5 × 126,154 = **630,77 €**. Ce montant au maintien étant plus favorable que celui calculé au dixième, c'est celui qui sert pour l'indemnisation de la période écoulée (ou « 2 »).

• La seconde correspond à la période d'acquisition 2018-2019, appelée « période en cours » ou plus simplement « 1 ».

– Pour le dixième, c'est toujours aussi simple : (3 280 - 780,95) / 10 = 249,91 €.

– Pour le maintien, étant présent du 1er au 22 juin, il a 22 jours calendaires, ou 19 jours ouvrables ou 16 jours ouvrés de présence. Il a donc gagné : 22 / 28 × 2,5 = 1,96 ou 19 / 24 × 2,5 = 1,98 ou 16 / 20 × 2,5 = 2 jours ouvrables. Ces 2 jours par son taux journalier ouvrable moyen valent : 2 × 126,154 = **252,31 €**. Ce qui est donc le montant retenu.

Soit un **total brut** = (3 280,00 – 780,95 + 630,77 + 252,31) **3 382,12 €**.

En ce qui concerne **le plafond SS**, étant présent du 1er au 22 inclus, il est égal à 22/30èmes du plafond (3 311 € du 01/01/2018 au 31/12/2018), soit 3 311 € × 22 / 30 = **2 428,07 €**.

Pour la régularisation mensuelle progressive, nous avons un cumul des bruts d'avril à juin = 9 161,17 €, et un cumul des plafonds = 8 167,14 €. Le brut cumulé étant supérieur au plafond cumulé, la tranche 2 cumulée est égale à la différence entre ces deux montants : 9 161,17 - 8 167,14 = 994,03 € et la tranche 1 cumulée est égale au plus petit de ces deux montants, soit : 8 167,14 €.
La tranche 1 du mois est égale à la différence entre ce nouveau cumul et le cumul du mois précédent, soit : 8 167,14 - 5 739,07 = **2 428,07 €**. (Vous remarquerez que ce chiffre est également le montant du plafond du mois ; ce qui est logique puisque le brut cumulé est tous les mois supérieur au plafond cumulé.)
La tranche 2 du mois est égale à la différence entre son nouveau cumul et son cumul du mois précédent, soit : 994,03 - 39,98 = **954,05 €**.

Les bases de cotisations étant fixées, passons à la décomposition des lignes des cotisations :

• L'Ass. santé SS = 3 382,12 × 13 % = **439,68 €.**

• L'Ass. santé compl. santé est la prévoyance Santé (**40 €** en part salariale et part patronale).

• L'Ass. santé inc., inv., décès est la prévoyance Décès : 2 428,07 × 1 % = **24,28 €** pour le salarié et 2 428,07 × 2 % = **48,56 €** pour l'employeur.

• L'Ass. AT = 3 382,12 × 2,44 % = **82,52 €**.

• L'Ass. ret. SS est = aux 2 cotisations Vieillesse (plafonnée et déplafonnée), soit : (2 428,07 × 6,90 %) + (3 382,12 × 0,40 %) = 167,54 + 13,53 = **181,07 €** pour le salarié et : (2 428,07 × 8,55 %) + (3 382,12 × 1,90 %) = 207,60 + 64,26 = **271,86 €** pour l'employeur.

• L'Ass. ret. compl. est l'addition des cotisations Arrco et AGFF sur Tr. 1 + Arrco et AGFF sur Tr. 2, soit :

- en part salariale : (2 428,07 × 3,10 %) + (2 428,07 × 0,80 %) + (954,05 × 8,10 %) + (954,05 × 0,90 %) = 75,27 + 19,42 + 77,28 + 8,59 = 180,56 € ;
- en part patronale : (2 428,07 × 4,65 %) + (2 428,07 × 1,20 %) + (954,05 × 12,15 %) + (954,05 × 1,30 %) = 112,91 + 29,14 + 115,92 + 12,40 = 270,37 €.

• Les Allocations familiales = 3 382,12 × 3,45 % = 116,68 €.

• L'Ass. chômage est pour le salarié : 3 382,12 × 0,95 % = 32,13 € et pour l'employeur : 3 382,12 × (4,05 % + 0,15 % d'AGS) = 142,05 €.

• Les autres contributions dues par l'employeur, sur la base de 3 382,12 € au taux regroupé de 5,896 % + le Forfait social (40 € pour les Frais de santé et 48,56 € pour le Décès à 8 % = 7,08 €), soit un total de (199,41 + 7,08) 206,49 €.

La base des CSG et du CRDS = (3 382,12 × 98,25 %) + le montant des charges patronales en prévoyance Frais de santé et Décès (40 € + 48,56 €). Ce qui donne au final : 3 411,50 €.

• La CSG Non imposable est donc égale à : 3 411,50 × 6,80 % = 231,98 €.
• Les CSG & CRDS imposables sont égales à 3 411,50 × (2,40 % + 0,50 %) = 98,93 €.

Enfin, le Net à payer est le Brut (3 382,12 €) - le total des cotisations salariales (788,95 €) soit : 2 593,17 €.

12. La garantie minimale de points (GMP)

Corrigé 48 (Niveau 3)

Un salarié cadre (CDI) est embauché dans une entreprise parisienne (ayant 150 salariés, dont l'horaire collectif est de 151,67 heures par mois, et qui compte les congés payés en jours ouvrables) le lundi 15 octobre 2018 pour 21,00 heures par semaine (le salarié travaille 7 heures tous les lundis, mercredis et vendredis). Le salaire mensuel correspondant à un temps plein est de 3 400 €. Mais, ayant trouvé mieux ailleurs, avant la fin de sa période d'essai, il quitte l'entreprise le vendredi 7 décembre 2018 au soir. L'entreprise paye les jours fériés quelle que soit l'ancienneté du salarié. **Sachant que le taux de la cotisation accident du travail est de 2,44 %, que le montant de la prévoyance « Frais de santé » est de 60 € pour le salarié et pour l'employeur, et que l'entreprise a une prévoyance « Décès » au taux de 2 % pour le salarié et de 3 % pour l'employeur sur la tranche A, faites les trois bulletins de salaire (octobre, novembre et décembre).**

Mois d'octobre 2018

Libellé des Rubriques	Base	Taux	Montant	Commentaires
Salaire	151,67		**3 400,00**	Octobre 2018
Réduction pour temps partiel	60,67	22,417	-1 360,00	Salarié à 60%
Retenue "Entrée-Sortie"	42,00	20,816	-874,29	Date d'entrée : 15 octobre 2018
				Plafond du mois : 1,089,40 €
Total Brut			1 165,71	

Cotisations	Part Salariale	Part Patronale
Assurance Santé		
Sécurité Sociale		151,54
Complémentaire Santé	-60,00	60,00
Incapacité, Invalidité, Capital Décès	-21,79	32,68
Assurance Accident du Travail, Maladie Prof.		28,44
Assurance Retraite		
Sécurité Sociale	-79,83	115,29
Complémentaire	-53,78	82,12
Supplémentaire		
Allocations Familiales		40,22
Assurance Chômage		48,96
A.P.E.C.	-0,28	0,42
Autres Contributions dues par l'employeur		76,14
Cotisatations Statutaires ou prévues par la Conv. Coll.		
C.S.G. Non imposable	-84,18	
C.S.G. & C.R.D.S. imposables	-35,90	
Allègement de cotisations		
Total des cotisations et contributions	-335,76	635,81

	Net Payé en euros	
	829,95 €	
	Total versé par l'employeur	Allègement de cotisations
	1 801,52 €	

Ce salarié travaille à 60 % (21 heures/35 heures). Il faut donc lui retenir 40 % en réduction temps partiel, soit : (3 400 × 40 %) = 1 360 €. En octobre 2018, ne travaillant 7 heures que les lundis, mercredis et vendredis, il aurait dû travailler 98 heures (5 lundis + 5 mercredis + 4 vendredis = 14 × 7). Or, en commençant le 15 octobre, il lui manque 42 heures (L1 +M3 +V5 +L8 +M10+V12, soit 6 jours × 7 heures). Nous devons donc lui retenir : [(3 400 € - 1 360 €) × 42 heures / 98 heures] = 874,29 €.
Donc **le brut** de notre salarié est pour ce mois : 3 400 – 1 360 – 874,29 = **1 165,71 €**.

En ce qui concerne **le plafond SS**, il faut le réduire pour son temps partiel : 3 311 € × 91 heures / 151,67 heures = 1 986,56 €. Les 91 heures de la formule viennent de la mensualisation (21 heures par semaine × 52 semaines / 12 mois = 91 heures par mois). Puis, il faut le réduire une seconde fois pour l'entrée-sortie ; étant présent du 15 au 31 inclus, il est égal à 17/31èmes du plafond, soit 1 986,56 € × 17 / 31 = **1 089,40 €**.

La tranche B = 1 165,71 – 1 089,40 = **76,31 €**.

Quant au plafond GMP, comme le plafond SS il est réduit 2 fois : 3 664,82 € × 91 heures / 151,67 heures × 17 / 31èmes = 1 205,82 €. La base GMP du mois est donc de 1 205,82 (le plafond GMP) – 1 089,40 (le plafond SS) = **116,42 €**. Ce montant sert donc de t**ranche B** à la cotisation **Agirc**.

Les lignes des cotisations se décomposent ainsi :

- L'Ass. santé SS = 1 165,71 × 13 % = **151,54 €**.
- L'Ass. santé compl. santé est la prévoyance Santé (60 € en part salariale et part patronale).
- L'Ass. santé inc., inv., décès est la prévoyance Décès : 1 089,40 × 2 % = **21,78 €** pour le salarié et 1 089,40 × 3 % = 32,68 € pour l'employeur.
- L'Ass. AT = 1 165,71 × 2,44 % = **28,44 €**.
- L'Ass. ret. SS est = aux 2 cotisations Vieillesse (plafonnée et déplafonnée), soit : (1 089,40 × 6,90 %) + (1 165,71 × 0,40 %) = 75,17 + 4,66 = 79,83 € pour le salarié et : (1 089,40 × 8,55 %) + (1 165,71 × 1,90 %) = 93,14 + 22,15 = **115,29 €** pour l'employeur.
- L'Ass. ret. compl. est l'addition des cotisations Arrco et AGFF sur Tr. A, + GMP, + AGFF sur Tr. B + Tr. C, + CET sur Tr. A + Tr. B + Tr. C, soit :
  - en part salariale : (1 089,40 × 3,10 %) + (1 089,40 × 0,80 %) + (116,42 × 7,80 %) + (76,31 × 0,90 %) + (1 165,71 × 0,13 %) = 33,77 + 8,72 + 9,08 + 0,69 + 1,52 = **53,78 €** ;
  - en part patronale : (1 089,40 × 4,65 %) + (1 089,40 × 1,20 %) + (116,42 × 12,75 %) + (76,31 × 1,30 %) + (1 165,71 × 0,22 %) = 50,66 + 13,07 + 14,84 + 0,99 + 2,56 = **82,12 €**.
- Les Allocations familiales = 1 165,71 × 3,45 % = **40,22 €**.
- L'Ass. chômage est pour l'employeur : 1 165,71 × (4,05 % + 0,15 % d'AGS) = **48,96 €**. En principe, le taux de 0,95 % devrait être supprimé le 1er octobre 2018, donc plus de cotisation chômage salarié.
- L'Apec = 1 165,71 × 0,024 % = **0,28 €** pour le salarié et 1 165,71 × 0,036 % = **0,42 €** pour l'employeur.

Les autres contributions dues par l'employeur, sur la base de 1 165,71 € au taux regroupé de 5,896 % + Forfait social (60 € pour les Frais de santé et 32,68 € pour le Décès à 8 %) = **76,14 €.**

La base des CSG et du CRDS = (1 165,71 × 98,25 %) + le montant des charges patronales en prévoyance Frais de santé et Décès (60 € + 32,68 €). Ce qui donne au final : **1 237,99 €**.

- La CSG Non imposable est donc égale à : 1 237,99 × 6,80 % = **84,18 €**.
- Les CSG & CRDS imposables sont égales à 1 237,99 × (2,40 % + 0,50 %) = **35,90 €.**

Enfin, le **Net à payer est le Brut** (1 165,71 €) - le total des cotisations salariales (335,76 €) soit : **829,95 €.**

Mois de novembre 2018

Libellé des Rubriques	Base	Taux	Montant	Commentaires
Salaire	151,67		**3 400,00**	Novembre 2018
Réduction pour temps partiel	60,67		-1 360,00	Salarié à 60%
				Date d'entrée : 15 octobre 2018
				Plafond du mois : 1,986,56 €
Total Brut			**2 040,00**	

Cotisations	Part Salariale	Part Patronale
Assurance Santé		
Sécurité Sociale		265,20
Complémentaire Santé	-60,00	60,00
Incapacité, Invalidité, Capital Décès	-39,73	59,60
Assurance Accident du Travail, Maladie Prof.		49,78
Assurance Retraite		
Sécurité Sociale	-145,23	208,61
Complémentaire	-97,16	148,47
Supplémentaire		
Allocations Familiales		70,38
Assurance Chômage		85,68
A.P.E.C.	-0,49	0,73
Autres Contributions dues par l'employeur		129,85
Cotisatations Statutaires ou prévues par la Conv. Coll.		
C.S.G. Non imposable	-144,43	
C.S.G. & C.R.D.S. imposables	-61,59	
Allègement de cotisations		
Total des cotisations et contributions	-548,63	**1 078,30**
	Net Payé en euros	
	1 491,37 €	
	Total versé par l'employeur	Allègement de cotisations
	3 118,30 €	

Comme en octobre, ce salarié travaille à 60 % (21 heures/35 heures). Il faut donc lui retenir 40 % en réduction temps partiel soit : (3 400 × 40 %) = 1 360 €.
Donc **le brut** de notre salarié est pour ce mois : 3 400 – 1 360 = **2 040,00 €**.
Le brut cumulé (octobre : 1 165,71 € + novembre : 2 040,00 €) = 3 205,71 €.
Ensuite on réduit **le plafond SS** comme en octobre pour son temps partiel : 3 311 € × 91 heures / 151,67 heures = **1 986,56 €**. Ce qui donne un plafond cumulé (octobre : 1 089,40 € + novembre : 1 986,56 €) = 3 075,96 €.

La tranche B cumulée = 3 205,71 € - 3 075,96 € = 129,75 €. **La tranche B** du mois est égale à la différence entre ce nouveau cumul (129,75) et le cumul du mois précédent (76,31), soit : **53,44 €**.

Quant au plafond GMP, comme le plafond SS il est réduit pour temps partiel : 3 664,82 € × 91 heures / 151,67 heures = 2 198,84 €. Ce qui donne un plafond GMP cumulé de : (octobre : 1 205,82 € + novembre : 2 198,84 €) 3 404,66 €. La base GMP cumulée est donc de 3 404,66 € (le plafond GMP cumulé) - 3 075,96 € (le plafond SS cumulé) = 328,70 €. **La GMP du mois** est donc égale à la base GMP cumulée de ce mois (328,70 €) - la base GMP cumulée du mois précédent (116,42), soit : **212,28 €**. Ce montant sert donc de **tranche B** à la cotisation **Agirc**.

Les lignes des cotisations se décomposent ainsi :

- L'Ass. santé SS = 2 040,00 × 13 % = **265,20 €**.
- L'Ass. santé compl. santé est la prévoyance Santé (**60 €** en part salariale et part patronale).
- L'Ass. santé inc., inv., décès est la prévoyance Décès : 1 986,56 × 2 % = **39,73 €** pour le salarié et 1 986,56 × 3 % = **59,60 €** pour l'employeur.
- L'Ass. AT = 2 040,00 × 2,44 % = **49,78 €**.
- L'Ass. ret. SS est = aux 2 cotisations Vieillesse (plafonnée et déplafonnée), soit : (1 986,56 × 6,90 %) + (2 040,00 × 0,40 %) = 137,07 + 8,16 = **145,23 €** pour le salarié et : (1 986,56 × 8,55 %) + (2 040,00 × 1,90 %) = 169,85 + 38,76 = **208,61 €** pour l'employeur.
- L'Ass. ret. compl. est l'addition des cotisations Arrco et AGFF sur Tr. A, + GMP, + AGFF sur Tr. B + Tr. C, + CET sur Tr. A + Tr. B + Tr. C, soit :
  - en part salariale : (1 986,56 × 3,10 %) + (1 986,56 × 0,80 %) + (212,28 × 7,80 %) + (53,44 × 0,90 %) + (2 040,00 × 0,13 %) = 61,58 + 15,89 + 16,56 + 0,48 + 2,65 = **97,16 €** ;
  - en part patronale : (1 986,56 × 4,65 %) + (1 986,56 × 1,20 %) + (212,28 × 12,75 %) + (53,44 × 1,30 %) + (2 040,00 × 0,22 %) = 92,38 + 23,84 + 27,07 + 0,69 + 4,49 = **148,47 €**.
- Les Allocations familiales = 2 040,00 × 3,45 % = **70,38 €**.
- L'Ass. chômage est pour l'employeur : 2 040,00 × (4,05 % + 0,15 % d'AGS) = **85,68 €**. En principe, le taux de 0,95 % devrait être supprimé le 1er octobre 2018, donc plus de cotisation chômage salarié.
- L'Apec = 2 040,00 × 0,024 % = **0,49 €** pour le salarié et 2 040,00 × 0,036 % = **0,73 €** pour l'employeur. Les autres contributions dues par l'employeur, sur la base de 2 040,00 € au taux regroupé de 5,896 % + Forfait social (60 € pour les Frais de santé et 59,60 € pour le Décès à 8 %) = **129,85 €.**

La base des CSG et du CRDS = (2 040,00 × 98,25 %) + le montant des charges patronales en prévoyance Frais de santé et Décès (60 € + 59,60 €). Ce qui donne au final : **2 123,90 €**.

- La CSG Non imposable est donc égale à : 2 123,90 × 6,80 % = **144,43 €**.
- Les CSG & CRDS imposables sont égales à 2 123,90 × (2,40 % + 0,50 %) = **61,59 €**.

Enfin, le Net à payer est le Brut (2 040,00 €) - le total des cotisations salariales (548,63 €) soit : **1 491,37 €**.

Mois de décembre 2018

Libellé des Rubriques	Base	Taux	Montant	Commentaires
Salaire	151,67		**3400,00**	**Décembre 2018**
Réduction pour temps partiel	60,67		-1360,00	Salarié à 60%
Retenue pour entrée-sortie	70,00	22,417	-1569,23	Date d'entrée : 15 octobre 2018
Ind. Comp. De Congés Payés	5,00	78,462	**392,31**	Date sortie : 7 décembre 2018
				Plafond du mois : 448,58 €
Total Brut			**863,08**	

Cotisations	Part Salariale	Part Patronale
Assurance Santé		
Sécurité Sociale		112,20
Complémentaire Santé	-60,00	60,00
Incapacité, Invalidité, Capital Décès	-8,97	13,46
Assurance Accident du Travail, Maladie Prof.		21,06
Assurance Retraite		
Sécurité Sociale	-34,40	54,75
Complémentaire	-39,16	61,01
Supplémentaire		
Allocations Familiales		29,78
Assurance Chômage		34,95
A.P.E.C.	-0,21	0,31
Autres Contributions dues par l'employeur		52,45
Cotisatations Statutaires ou prévues par la Conv. Coll.		
C.S.G. Non imposable	-62,66	
C.S.G. & C.R.D.S. imposables	-26,72	
Allègement de cotisations		
Total des cotisations et contributions	-232,12	**439,97**
	Net Payé en euros	
	630,96 €	
	Total versé par l'employeur	Allègement de cotisations
	1 303,05 €	

On commence, comme les mois précédents, par la réduction de son salaire pour **temps partiel**, soit : (3 400 × 40 %) = **1 360 €.**

En décembre, il aurait dû travailler 13 jours (L3, M5, V7, L10, M12, V14, L17, M19, V21, L24, M26, V28, L31). Or, en quittant l'entreprise le 7 décembre au soir, il n'en a travaillé que 3. **Sa retenue entrée/sortie** sera de (3 400 - 1 360) × (13 - 3) / 13, soit **1 569,23 €.**

Il a aussi droit à **une indemnité compensatrice de congés payés** qui (comparée aux 10èmes du brut perçu, soit : octobre : 1 089,40 + novembre : 2 040 + décembre : [3 400 - 1 360 - 1 569,23] 470,77 = 3 600,17 / 10 = 360,02 €) est calculée avec la règle du maintien de salaire ((3 400 -1 360) / 26 × 5 jours) = **392,31 €** (étant présent 8 semaines, le salarié a droit à : 2,5 jours × 2 cycles de 4 semaines, soit 5 jours ouvrables).

Le brut de notre salarié est donc pour ce mois : 3 400 - 1 360 - 1 569,23 + 392,31 = **863,08 €.**

En ce qui concerne **le plafond SS**, il est réduit pour temps partiel, soit : 3 311 × 60 % = 1 986,56 € et pour entrée/sortie 1 986,56 × 7 / 31, soit **448,58 €**.
Il y a une régularisation de la tranche B à faire : le salaire cumulé (1 165,71 + 2 040 + 863,08) 4 068,79 - le plafond cumulé (1 089,40 + 1 986,56 + 448,58) 3 524,54 = la tranche B cumulée : 544,26. La tranche B cumulée du mois - la tranche B cumulée du mois précédent (129,76) = **la tranche B du mois : 414,50 €**.

Le plafond GMP du mois est = 3 664,82 € proratisé à 60 %, soit : 2 198,84 € et pour E/S (2 198,84 × 7 / 31) = 496,51 €. Le plafond GMP cumulé est de 1 205,82 + 2 198,84 + 496,51 = 3 901,17 €. La base GMP cumulée est donc le plafond GMP cumulé (3 901,17) - le plafond SS cumulé (3 524,54), soit : 376,63 €. La tranche B cumulée (544,26) étant supérieure à la base GMP cumulée, c'est donc le montant de la tranche B cumulée (544,26) - les GMP mensuelles déjà prélevées (116,42 + 212,28) qui devient **la tranche B de l'Agirc**, soit : **215,56 €**.

Les lignes des cotisations se décomposent ainsi :

- L'Ass. santé SS = 863,08 × 13 % = **112,20 €**.
- L'Ass. santé compl. santé est la prévoyance Santé (**60 €** en part salariale et part patronale).
- L'Ass. santé inc., inv., décès est la prévoyance Décès : 448,58 × 2 % = **8,97 €** pour le salarié et 448,58 × 3 % = **13,46 €** pour l'employeur.
- L'Ass. AT = 863,08 × 2,44 % = **21,06 €**.
- L'Ass. ret. SS est = aux 2 cotisations Vieillesse (plafonnée et déplafonnée), soit : (448,58 × 6,90 %) + (863,08 × 0,40 %) = 30,95 + 3,45 = **34,40 €** pour le salarié et : (448,58 × 8,55 %) + (863,08 × 1,90 %) = 38,35 + 16,40 = **54,75 €** pour l'employeur.
- L'Ass. ret. compl. est l'addition des cotisations Arrco et AGFF sur Tr. A, + GMP, + AGFF sur Tr. B + Tr. C, + CET sur Tr. A + Tr. B + Tr. C, soit :
  - en part salariale : (448,58 × 3,10 %) + (448,58 × 0,80 %) + (215,56 × 7,80 %) + (414,50 × 0,90 %) + (863,08 × 0,13 %) = 13,91 + 3,59 + 16,81 + 3,73 + 1,12 = **39,16 €** ;
  - en part patronale : (448,58 × 4,65 %) + (448,58 × 1,20 %) + (215,56 × 12,75 %) + (414,50 × 1,30 %) + (863,08 × 0,22 %) = 20,86 + 5,38 + 27,48 + 5,39 + 1,90 = **61,01 €**.
- Les Allocations familiales = 863,08 × 3,45 % = **29,78 €**.
- L'Ass. chômage est pour l'employeur : 863,08 × (4,05 % + 0,15 % d'AGS) = **34,95 €**.
- L'Apec = 863,08 × 0,024 % = **0,21 €** pour le salarié et 863,08 × 0,036 % = **0,31 €** pour l'employeur.
Les autres contributions dues par l'employeur, sur la base de 863,08 € au taux regroupé de 5,896 % + Forfait social (60 € pour les Frais de santé et 59,60 € pour le Décès à 8 %) = **52,45 €**.

La base des CSG et du CRDS = (863,08 × 98,25 %) + le montant des charges patronales en prévoyance Frais de santé et Décès (60 € + 13,46 €). Ce qui donne au final : **921,44 €**.

- La CSG Non imposable est donc égale à : 921,44 × 6,80 % = **62,66 €**.
- Les CSG & CRDS imposables sont égales à 921,44 × (2,40 % + 0,50 %) = **26,72 €**.

Enfin, **le Net à payer** est le Brut (863,08 €) - le total des cotisations salariales (232,12 €) soit : **630,96 €**.

13. La réduction des charges sociales

Corrigé 49 (Niveau 1)

Quel est le montant de la réduction des charges sociales Fillon du mois d'octobre 2018 pour un salarié embauché le lundi 1er octobre 2018 en CDI à temps complet (151,67 heures) dans une entreprise de 100 salariés, toujours présent en fin de mois et qui a un brut de 2 000 € ?

Si le brut du mois =	**2 000,00**
et le nombre d'heures rémunérées =	**151,667**
(0,2854 / 0,6) =	**0,47567**
SMIC x nombre d'heures rémunérées =	**1 498,47**
1498,47 / 2000 =	**0,749235**
0,749235 x 1,6 =	**1,198776**
1,198776 -1 =	**0,198776**
0,198776 x 0,475666666666667 =	**0,0946**
Le coefficient est donc =	**0,0946**
Et la réduction (2000 x 0,0946) =	**189,20**

Premier exercice sur l'allègement Fillon très simple ; il suffit de remplacer la rémunération annuelle brute par 2 000 €. Au passage, pour un salarié qui entre le 1er octobre, la rémunération annuelle à fin octobre ne comporte que son brut d'octobre et le total de ses heures travaillées correspond uniquement à ses heures d'octobre. Ensuite, il suffit d'appliquer simplement la formule mathématique.

NB : Curieusement, le Smic à prendre en compte pour le calcul de l'allègement Fillon est 151,667 heures × 9,88 €, soit : 1 498,47 € (et non pas : 151,67 heures × 9,88 € = 1 498,50 €). En tout cas, pour cet exercice, qu'on ait pris 1 498,50 € ou 1 498,47 € ne change rien au résultat, mais ce ne sera pas toujours le cas.

Corrigé 50 (Niveau 2)

Un salarié est embauché le 2 janvier 2018 dans une entreprise de 100 salariés pour un **salaire de base de 1 800 €** à temps plein (151,67 heures). Il n'a ni absence ni heures supplémentaires.

1. Quel est le montant de la réduction Fillon de janvier 2018 ?

Si le brut de Janvier =	**1 800,00**
et le nombre d'heures rémunérées =	**151,667**
(0,2854 / 0,6) =	**0,47567**
SMIC x nombre d'heures rémunérées =	**1 498,47**
1498,47 / 1800 =	**0,832483**
0,8324833 x 1,6 =	**1,331973**
1,3319733 -1 =	**0,331973**
0,3319733 x 0,475666666666667 =	**0,1579**
Le coefficient est donc =	0,1579
Et la réduction (1800 x 0,1579) =	284,22

2. Quel est le montant de la réduction Fillon de février 2018 alors qu'il a 8 HS majorées à 25 % et 4 HS majorées à 50 % ?

Son salaire de base étant de 1 800 €, son taux horaire est de (1 800 € / 151,67 h) : 11,86 €.
8 heures supplémentaires majorées à 25 % = (8 × 11,86 € × 125 %) : 118,68 €.
4 heures supplémentaires majorées à 50 % = (4 × 11,86 € × 150 %) : 71,21 €.
Notre salarié a donc un brut pour février de 1 800 + 118,68 + 71,21 = 1 989,89 €.

Si le brut Janvier + Février =	**3 789,89**		
et le nombre d'heures rémunérées =	**315,334**		
(0,2854 / 0,6) =	**0,47567**		
SMIC x nombre d'heures rémunérées =	**3 077,66**		
3077,66 / 3789,89 =	**0,812071**		
0,8120711 x 1,6 =	**1,299314**		
1,2993138 -1 =	**0,299314**		
0,2993138 x 0,475666666666667 =	**0,1424**		
Le coefficient est donc =	0,1424		
Et la réduction (3789,89 x 0,1424) =	539,68	Moins la réduction de Janvier (284,22) =	255,46

3. Quel est le montant de la réduction Fillon de mars 2018, alors qu'il a une prime trimestrielle d'assiduité de 200 € et une prime exceptionnelle de 500 € ?

Si le brut Janvier + Février + Mars =	**6 289,89**		
et le nombre d'heures rémunérées =	**467,001**		
(0,2854 / 0,6) =	**0,47567**		
SMIC x nombre d'heures rémunérées =	**4 557,93**		
4557,93 / 6289,89 =	**0,724644**		
0,7246438 x 1,6 =	**1,15943**		
1,1594301 -1 =	**0,15943**		
0,1594301 x 0,475666666666667 =	**0,0758**		
Le coefficient est donc =	0,0758		
Et la réduction (6289,89 x 0,0758) =	476,77	Moins Janvier + Février (284,22 + 255,46) =	-62,91

Le montant de la réduction des charges sociales Fillon en cumulé depuis janvier est de 476,14 €, mais l'entreprise déduisant la réduction Fillon tous les mois sur sa DSN, le montant à indiquer pour le mois de mars 2018 est bien de : - 62,91 €. (Le salarié étant passé au-dessus de 1,6 Smic mensuel, il faut rembourser une partie de la réduction déduite les mois précédents.)

Corrigé 51 (Niveau 3)

Ce salarié travaillait dans une entreprise de BTP (de plus de 100 salariés) au cours de l'année 2015, durant laquelle le Smic horaire était 9,61 € ; la formule du coefficient pour calculer l'allègement Fillon était :

$$\text{Coefficient} = \left(\frac{0{,}2835}{0{,}6}\right) \times \left[\left(1{,}6 \times \frac{\text{Nombre annuel d'heures travaillées x SMIC horaire}}{\text{Rémunération annuelle brute}}\right) - 1\right]$$

Janvier :
Heures réellement travaillées : 151,667 – 5,50 (CP) = 146,167 heures.
Brut du mois : 2 238,65 – 81,18 + 333,97 = 2 491,44 €.
Brut servant de base aux cotisations : 2 491,44 – 10 % = 2 242,30 €.
Coefficient = (0,2835 / 0,6) × [({1,6 × 146,167 × 9,61} / 2 242,30) – 1] = 0,0011.
Montant de l'allègement = 2 242,30 × 0,0011 × 100 / 90 = **2,74 €**.

NB : Les absences payées, ne rentrent pas le calcul puisque, par définition, elles sont payées par l'entreprise.

Février :
Cumul des heures réellement travaillées : 146,167 (de janvier) + 151,667 – 1,00 (Absence non payée) = 296,834 heures.
Cumul des bruts : 2 491,44 € (de janvier) + 2 238,65 – 14,76 + 93,43 = 4 808,76 €.
Cumul des bruts servant de base aux cotisations : 4 808,76 – 10 % = 4 327,88.
Coefficient = (0,2835 / 0,6) × [({1,6 × 296,834 × 9,61} / 4 327,88) – 1] = 0,0258.
Montant de l'allègement = 4 327,88 × 0,0258 × 100 / 90 = 124,07 – 2 74 (de janvier) = **121,33 €**.

Mars :
Cumul des heures réellement travaillées : 296,834 (à fin février) + 151,667 = 448,501 heures.
Cumul des bruts : 4 808,76 € (à fin février) + 2 238,65 + 98,38 = 7 145,79 €.
Cumul des bruts servant de base aux cotisations : 7 145,79 – 10 % = 6 431,21.
Coefficient = (0,2835 / 0,6) × [({1,6 × 448,501 × 9,61} / 6 431,21) – 1] = 0,0342.
Montant de l'allègement = 6 431,21 × 0,0342 × 100 / 90 = 244,39 – 124,07 (à fin février) = **120,32 €**.

Avril :
Cumul des heures réellement travaillées : 448,501 (à fin mars) + 151,667 – 49,00 (Abs CP) = 551,168 heures.
Cumul des bruts : 7 145,79 € (à fin mars) + 2 238,65 – 723,24 + 51,48 = 7 145,79 €.
Cumul des bruts servant de base aux cotisations : 7 145,79 – 10 % = 8 712,68.
Coefficient = (0,2835 / 0,6) × [({1,6 × 551,168 × 9,61} / 8 712,68) – 1] = 0,0382.
Montant de l'allègement = 8 712,68 × 0,0382 × 100 / 90 = 332,82 – 244,39 (à fin mars) = **88,44 €**.

NB : Dans les entreprises de BTP, les absences de congés payés ne sont pas payées par l'entreprise, mais par la Caisse des congés payés. Les heures de ces absences se déduisent donc des heures travaillées et le montant correspondant à cette absence est déduit du brut.

De mai à décembre, il suffit de continuer sur la même logique expliquée de janvier à avril.

Pour les montants de chaque mois, il suffit de les vérifier sur le tableau Excel de la page suivante. *Au passage, pour le « critique » qui croit que ces tableaux sont « impossibles à faire sur Excel », voici la preuve qu'il se trompe.*

Tableau Excel complet pour la correction de l'exercice 51

	Salaire de base		Heures Supplémentaires		Abs Non Payées		Abs Payées		Abs. C.P.		Primes et Indemnités Diverses (Montant)	Nombre d'heures travaillées	Brut du mois	Brut -10% (base des cotisations)	Cumul Brut (base des cotisations)	Cumul des heures travaillées	Coefficient	Cumul de l'allègement	Montant mensuel allègement
	Nb d'heures	Montant	Nb d'heures	Montant	Nb d'heures	Montant	Nb d'heures	Montant	Nb d'heures	Montant									
Janvier	151,667	2 238,65					1,50	22,14	5,50	81,18	333,97	146,167	2 491,44	2 242,30	2 242,30	146,167	0,0011	2,74	2,74
Février	151,667	2 238,65			1,00	14,76					93,43	150,667	2 317,32	2 085,59	4 327,88	296,834	0,0258	124,07	121,33
Mars	151,667	2 238,65									98,38	151,667	2 337,03	2 103,33	6 431,21	448,501	0,0342	244,39	120,32
Avril	151,667	2 238,65							49,00	723,24	51,48	102,667	1 566,89	1 410,20	7 841,41	551,168	0,0382	332,82	88,44
Mai	151,667	2 238,65	2,00	36,90							68,64	153,667	2 344,19	2 109,77	9 951,18	704,835	0,0421	465,49	132,67
Juin	151,667	2 238,65	8,00	147,60							99,78	159,667	2 486,03	2 237,43	12 188,61	864,502	0,0428	579,64	114,14
Juillet	151,667	2 238,65							70,00	1 033,20	49,04	81,667	1 254,49	1 129,04	13 317,65	946,169	0,0437	646,65	67,01
Août	151,667	2 238,65	8,00	147,60					7,00	103,32	101,26	152,667	2 384,19	2 145,77	15 463,42	1 098,836	0,0438	752,55	105,91
Septembre	151,667	2 238,65	7,00	129,15					28,00	413,28	83,27	130,667	2 037,79	1 834,01	17 297,43	1 229,503	0,0439	843,73	91,18
Octobre	151,667	2 238,65									95,21	151,667	2 333,86	2 100,47	19 397,91	1 381,170	0,0448	965,58	121,85
Novembre	151,667	2 238,65			4,00	59,04					104,69	147,667	2 284,30	2 055,87	21 453,78	1 528,837	0,0452	1 077,46	111,87
Décembre	151,667	2 238,65							35,00	516,60	76,56	116,667	1 798,61	1 618,75	23 072,53	1 645,504	0,0456	1 169,01	91,55
Total	1 820,00	26 863,80	25,00	461,25	5,00	73,80	1,50	22,14	194,50	2 870,82	1 255,71								

14. La reconstitution du salaire brut à partir du salaire net

Corrigé 52 (Niveau 3)

Reconstituez, pour ce mois de juin 2018, le salaire brut d'un salarié cadre ayant un salaire net de 6 000 € pour 151,67 heures, avec un montant de prévoyance « Frais de santé » de 50 € pour le salarié et l'employeur, ainsi qu'une prévoyance « Décès » de 2 % sur la tranche A pour le salarié et de 3 % sur la tranche A pour l'employeur.

En appliquant les taux en vigueur, nous devrions avoir :

T1 = 6,90 (Assurance vieillesse plafonnée) + 0,40 (Assurance vieillesse déplafonnée) + 0,95 (Chômage/A) + 3,10 (Retraite/A) + 0,80 (AGFF/A) + 0,13 (CET/A) + 0,024 (Apec/A) + 9,53025 (CSG + CRDS (6,80 + 2,40 + 0,50) × 98,25 %) + 2,00 (Prévoyance/A) + 0,291 (Part patronale de prévoyance 3 % par le taux CSG + CRDS à 9,7 %) = **24,12525 %.**

T2 = 0,40 (Assurance vieillesse plafonnée) + 0,95 (Chômage/B) + 0,90 (AGFF/B) + 7,80 (Retraite/B) + 0,13 (CET/B) + 0,024 (Apec/B) + 9,53025 (CSG + CRDS) = **19,73425 %.**

Le plafond SS = 3 311 €, donc la tranche A = 3 311 €.

Le montant salarial de la Prévoyance « Frais de santé » = 50 €.

La part des CSG/CRDS supplémentaires engendrée par **le montant patronal de la Prévoyance « Frais de santé »** = 50 € × 9,7 % = **4,85 €.**

En appliquant la formule, nous avons :

$$\text{Tr. B} = \frac{(6\,000+50+4{,}85) - (3\,311 \times (1-0{,}2412525))}{1 - 0{,}1973425} = \frac{6\,054{,}85 - (3\,311 \times 0{,}7587475)}{0{,}8026575} = 4\,413{,}63\ €$$

Donc le salaire brut = 3 311 + 4 413,63 = **7 724,63 €**

Voir la démonstration page suivante.

Bulletin de paie « simplifié » de juin 2018

Libellé des Rubriques	Base	Taux	Montant	Commentaires
Salaire	151,67		**7724,63**	Juin 2018
				Plafond du mois : 3.311 €
Total Brut			7 724,63	

Cotisations	Part Salariale	Part Patronale
Assurance Santé		
Sécurité Sociale		1 004,20
Complémentaire Santé	-50,00	50,00
Incapacité, Invalidité, Capital Décès	-66,22	99,33
Assurance Accident du Travail, Maladie Prof.		188,48
Assurance Retraite		
Sécurité Sociale	-259,36	429,86
Complémentaire	-523,15	830,80
Supplémentaire		
Allocations Familiales		405,54
Assurance Chômage	-73,38	324,44
A.P.E.C.	-1,85	2,78
Autres Contributions dues par l'employeur		467,39
Cotisatations Statutaires ou prévues par la Conv. Coll.		
C.S.G. Non imposable	-526,24	
C.S.G. & C.R.D.S. imposables	-224,42	
Allègement de cotisations		
Total des cotisations et contributions	-1 724,62	3 802,82
	Net Payé en euros	
	6 000,01 €	
	Total versé par l'employeur	Allègement de cotisations
	11 527,45 €	

Il se pourrait que votre entreprise ait aussi des prévoyances salariales et patronales sur tranche B. Si tel était le cas, il faudrait penser à rajouter le taux salarial prévoyance sur tranche B + 9,7 % du taux patronal prévoyance au T2.

NB : Le 1 centime d'écart par rapport à l'énoncé vient des arrondis de la matrice Excel (*Nobody's perfect!*).

Explication des cotisations

Les lignes des cotisations se décomposent ainsi :

• L'Ass. santé SS = 7 724,63 × 13 % = **1 004,20 €.**

• L'Ass. santé compl. santé est la prévoyance Santé (50 € en part salariale et part patronale).

• L'Ass. santé inc., inv., décès est la prévoyance Décès : 3 311 × 2 % = **66,22 €** pour le salarié et 3 311 × 3 % = **99,33 €** pour l'employeur.

• L'Ass. AT = 7 724,63 × 2,44 % = **188,48 €.**

• L'Ass. ret. SS est = aux 2 cotisations Vieillesse (plafonnée et déplafonnée), soit : (3 311 × 6,90 %) + (7 724,63 × 0,40 %) = 228,46 + 30,90 = **259,36 €** pour le salarié et : (3 311 × 8,55 %) + (7 724,63 × 1,90 %) = 283,09 + 146,77 = **429,86 €** pour l'employeur.

• L'Ass. ret. compl. est l'addition des cotisations Arrco et AGFF sur Tr. A, + Agirc sur Tr. B, + AGFF sur Tr. B + Tr. C, + CET sur Tr. A + Tr. B + Tr. C, soit :
  - en part salariale : (3 311 × 3,10 %) + (3 311 × 0,80 %) + (4 413,63 × 7,80 %) + (4 413,63 × 0,90 %) + (7 724,63 × 0,13 %) = 102,64 + 26,49 + 344,26 + 39,72 + 10,04 = **523,15 €** ;
  - en part patronale : (3 311 × 4,65 %) + (3 311 × 1,20 %) + (4 413,63 × 12,75 %) + (4 413,63 × 1,30 %) + (7 724,63 × 0,22 %) = 153,96 + 39,73 + 562,74 + 57,38 + 16,99 = **830,80 €**.

• Les Allocations familiales = 7 724,63 × (3,45 % + 1,80 %) = **405,54 €** (le brut est supérieur à 3,5 fois le Smic mensuel).

• L'Ass. chômage est pour le salarié : (7 724,63 × 0,95 %) = 73,38 € et pour l'employeur : 7 724,63 × (4,05 % + 0,15 % d'AGS) = **324,44 €**.

• L'Apec = 7 724,63 × 0,024 % = **1,85 €** pour le salarié et 7 724,63 × 0,036 % = 2,78 € pour l'employeur. Les autres contributions dues par l'employeur, sur la base de 7 724,63 € au taux regroupé de 5,896 % + Forfait social (50 € pour les Frais de santé et 99,33 € pour le Décès à 8 %) = **467,39 €**.

La base des CSG et du CRDS = (7 724,63 × 98,25 %) + le montant des charges patronales en prévoyance Frais de santé et Décès (50 € + 99,33 €). Ce qui donne au final : **7 738,78 €**.

• La CSG Non imposable est donc égale à : 7 738,78 × 6,80 % = **526,24 €**.
• Les CSG & CRDS imposables sont égales à 7 738,78 × (2,40 % + 0,50 %) = **224,42 €**.

Enfin, le net à payer est le Brut (7 724,63 €) - le total des cotisations salariales (1 724,62 €) soit : **6 000,01 €**.

Corrigé 53 (Niveau 3)

Reconstituez, pour ce mois de juin 2018, le salaire brut d'un salarié non cadre ayant un salaire net de 1 600 € pour 151,67 heures, avec un montant de prévoyance « Frais de santé » de 50 € pour le salarié et l'employeur. Il y a aussi une prévoyance « Décès » de 1 % sur la tranche A pour le salarié et l'employeur.

Bulletin de démonstration

Libellé des Rubriques	Base	Taux	Montant	Commentaires
Salaire	151,67		**2 142,96**	Juin 2018
				Plafond du mois : 3.311 €
Total Brut			**2 142,96**	

Cotisations	Part Salariale	Part Patronale
Assurance Santé		
Sécurité Sociale		278,58
Complémentaire Santé	-50,00	50,00
Incapacité, Invalidité, Capital Décès	-21,43	21,43
Assurance Accident du Travail, Maladie Prof.		52,29
Assurance Retraite		
Sécurité Sociale	-156,43	223,94
Complémentaire	-83,57	125,37
Supplémentaire		
Allocations Familiales		73,93
Assurance Chômage	-20,36	90,00
A.P.E.C.		
Autres Contributions dues par l'employeur		132,06
Cotisatations Statutaires ou prévues par la Conv. Coll.		
C.S.G. Non imposable	-148,03	
C.S.G. & C.R.D.S. imposables	-63,13	
Allègement de cotisations		
Total des cotisations et contributions	-542,95	**1 047,60**

Net Payé en euros	
1 600,01 €	
Total versé par l'employeur	Allègement de cotisations
3 190,56 €	

Explication du Brut

En appliquant les taux en vigueur, nous devrions avoir :
T1 = 6,90 (Ass. vieil. plaf.) + 0,40 (Ass. vieil. déplaf.) + 0,95 (Chômage/A) + 0,80 (AGFF/A) + 3,10 (Ret./A) + 1,00 (Prév./A) + 9,53025 (CSG+CRDS [6,80 + 2,40 + 0,50] × 98,25 %) + 0,097 (1 % de prévoyance « Décès » soumis aux CSG +CRDS à 9,7 %) = **22,77725 %**
Le montant de la **Prévoyance salariale** (PS) « Frais de santé » = **50 €**.
La part des CSG/CRDS supplémentaires engendrée par le montant de la **Prévoyance patronale** (PP) = 50 € × 9,7 % = **4,85 €**.
En appliquant la formule, nous avons :

$$\textbf{Salaire brut} = \frac{\text{Net} + \text{PS} + (\text{PP} \times 9{,}7\ \%)}{1 - \text{T1}} = \frac{(1\ 600 + 50 + 4{,}85)}{1 - 0{,}2277725} = \frac{1\ 654{,}85}{0{,}2277725} = 4\ 413{,}63\ €$$

Explication des cotisations

Les lignes des cotisations se décomposent ainsi :

• L'Ass. santé SS = 2 142,96 × 13 % = **278,58 €**.

• L'Ass. santé compl. santé est la prévoyance Santé (50 € en part salariale et part patronale).

• L'Ass. santé inc., inv., décès est la prévoyance Décès : 2 142,96 × 1 % = 21,43 € pour le salarié et 2 142,96 × 1 % = **21,43 €** pour l'employeur.

• L'Ass. AT = 2 142,96 × 2,44 % = **52,29 €**.

• L'Ass. ret. SS est = aux 2 cotisations Vieillesse (plafonnée et déplafonnée), soit : (2 142,96 × 6,90 %) + (2 142,96 × 0,40 %) = 147,86 + 8,57 = **156,43 €** pour le salarié et : (2 142,96 × 8,55 %) + (2 142,96 × 1,90 %) = 183,22 + 40,72 = 223,94 € pour l'employeur.

• L'Ass. ret. compl. est l'addition des cotisations Arrco et AGFF sur Tr. A, soit :
  – en part salariale : (2 142,96 × 3,10 %) + (2 142,96 × 0,80 %) = 66,43 + 17,14 = **83,57 €** ;
  – en part patronale : (2 142,96 × 4,65 %) + (2 142,96 × 1,20 %) = 99,65 + 25,72 = **125,37 €**.

• Les Allocations familiales = 2 142,96 × 3,45 % = **73,93 €**.

• L'Ass. chômage est pour le salarié : (2 142,96 × 0,95 %) = **20,36 €** et pour l'employeur : 2 142,96 × (4,05 % + 0,15 % d'AGS) = **90,00 €**.
Les autres contributions dues par l'employeur, sur la base de 2 142,96 € au taux regroupé de 5,896 % + Forfait social (50 € pour les Frais de santé et 99,33 € pour le Décès à 8 %) = **132,06 €**.

La base des CSG et du CRDS = (2 142,96 × 98,25 %) + le montant des charges patronales en prévoyance Frais de santé et Décès (50 € + 21,43 €). Ce qui donne au final : **2 176,88 €**.
• La CSG Non imposable est donc égale à : 2 176,88 × 6,80 % = **148,03 €**.
• Les CSG & CRDS imposables sont égales à : 2 176,88 × (2,40 % + 0,50 %) = **43,13 €**.

Puisqu'on sait maintenant calculer l'allègement Fillon, autant ne pas s'en priver :
• Coefficient = (0,2835 / 0,6) × [({1,6 × 151,667 × 9,61} / 2 142,96) – 1] = 0,05
• Montant de l'allègement = 2 142,96 × 0,05 = **107,15 €**

Enfin, **le net à payer** est le brut (2 142,96 €) - le total des cotisations salariales (542,95 €) soit : **1 600,01 €**.

Le 1 centime d'écart par rapport à l'énoncé vient encore des arrondis de la matrice Excel (personne n'est décidément parfait !).

15. Le bulletin de paie des apprentis

Corrigé 54 (Niveau 2)

Établissez le bulletin du mois de janvier 2018 d'un apprenti né le 22 février 1998 dont c'est la troisième année d'apprentissage au sein d'une entreprise de la région parisienne qui comporte 100 salariés (taux accident du travail de 2,44 %), qui a une prévoyance « Frais de santé » de 100 € en part salariale et en part patronale, à l'aide du bulletin ci-après.

Notre apprenti a 19 ans. Puisque c'est sa troisième année d'apprentissage, **sa rémunération** est donc de 65 % du Smic soit : 9,88 € × 151,667 heures × 65 % = **974,01 €**.
Son entreprise est exonérée d'Ass. mal., d'Alloc. fam. et d'Ass. vieillesse. En revanche, elle cotise à toutes les **autres cotisations** sur la base du Smic × 151,67 heures (9,88 € × 151,67 heures) = 1 498,50 € diminuée du pourcentage du jeune – 11 points (65 – 11 = 54 %), soit (1 498,50 × 54 %) : **809,19 €.**
Le taux des autres charges patronales correspond au seul versement transport de la région parisienne (soit 2,95 % en janvier 2018). La rémunération d'un apprenti ne donne pas lieu à l'allègement Fillon.
Quant à la prévoyance « Frais de santé », son montant dépassant les 10 % de son brut, le salarié en est dispensé (et l'employeur également, ainsi que du Forfait social).

Bulletin de paie de l'apprenti

Libellé des Rubriques	Base	Taux	Montant	Commentaires
Salaire	151,67		**974,01**	Janvier 2018
				Paie Apprenti
				Plafond du mois = 3.311 €
Total Brut			974,01	

Cotisations	Part Salariale	Part Patronale
Assurance Santé		
Sécurité Sociale		
Complémentaire Santé		
Incapacité, Invalidité, Capital Décès		
Assurance Accident du Travail, Maladie Prof.		19,74
Assurance Retraite		
Sécurité Sociale		
Complémentaire		47,34
Supplémentaire		
Allocations Familiales		
Assurance Chômage		33,98
A.P.E.C.		
Autres Contributions dues par l'employeur		30,35
Cotisatations Statutaires ou prévues par la Conv. Coll.		
C.S.G. Non imposable		
C.S.G. & C.R.D.S. imposables		
Allègement de cotisations		
Total des cotisations et contributions		**131,41**

Net Payé en euros	
974,01 €	
Total versé par l'employeur	Allègement de cotisations
1 105,42 €	

16. Le bulletin de paie des salariés en contrat de professionnalisation

Corrigé 55 (Niveau 2)

Établissez le bulletin du mois de février 2018 à l'aide du bulletin ci-après pour un salarié en contrat de professionnalisation, né le 19 novembre 1967, qui prépare un examen supérieur au bac au sein d'une entreprise de la région parisienne, ayant 100 salariés, un taux accident du travail de 2,44 %, une prévoyance « Frais de santé » de 80 € (parts salariale et patronale) et une prévoyance « Décès » sur la tranche A à 1 % pour le salarié et à 2 % pour l'employeur. Le minimum conventionnel applicable dans cette entreprise est de 1 825 €.

Bulletin de paie du contrat de professionnalisation

Libellé des Rubriques	Base	Taux	Montant	Commentaires
Salaire	151,67		**1 551,25**	Février 2018
				Paie Contrat Professionnalisation
				Plafond du mois = 3.311 €
				Salarié de plus de 45 ans
Total Brut			**1 551,25**	

Cotisations	Part Salariale	Part Patronale
Assurance Santé		
Sécurité Sociale		6,86
Complémentaire Santé	-80,00	80,00
Incapacité, Invalidité, Capital Décès	-15,51	31,03
Assurance Accident du Travail, Maladie Prof.		37,85
Assurance Retraite		
Sécurité Sociale	-113,24	5,51
Complémentaire	-60,50	90,75
Supplémentaire		
Allocations Familiales		1,82
Assurance Chômage	-14,74	65,16
A.P.E.C.		
Autres Contributions dues par l'employeur		100,34
Cotisatations Statutaires ou prévues par la Conv. Coll.		
C.S.G. Non imposable	-111,19	
C.S.G. & C.R.D.S. imposables	-47,42	
Allègement de cotisations		
Total des cotisations et contributions	-442,60	**419,32**

	Net Payé en euros	
	1 108,65 €	
	Total versé par l'employeur	Allègement de cotisations
	1 970,57 €	

Notre salarié a 50 ans. **Il est donc payé** 85 % du minimum conventionnel soit (1 825 × 85 %) **1 551,25 €**, base sur laquelle il cotisera « normalement » à toutes les cotisations obligatoires.

Son entreprise bénéficie d'une exonération sur toutes les cotisations de Sécurité sociale (sauf Fnal, CSA et AT) dans la limite du Smic mensuel. Il reste donc pour ces cotisations une base de (1 551,25 – 1 498,47) : **52,78 €**.
Quant aux autres cotisations patronales, elles sont sur le salaire brut.

Ce salarié (âgé de plus de 45 ans) bénéficiant déjà d'une réduction de charges patronales, **il ne peut pas bénéficier** en plus de **l'allègement Fillon**, contrairement aux autres contrats de professionnalisation.

Les lignes des cotisations se décomposent ainsi :

- L'Ass. santé SS = 52,78 × 13 % = **6,86 €**.
- L'Ass. santé compl. santé est la prévoyance Santé (**80 €** en part salariale et part patronale).
- L'Ass. santé inc., inv., décès est la prévoyance Décès : 1 551,25 × 1 % = **15,51 €** pour le salarié et 1 551,25 × 2 % = **31,03 €** pour l'employeur.
- L'Ass. AT = 1 551,25 × 2,44 % = **37,85 €**.
- L'Ass. ret. SS est = aux 2 cotisations Vieillesse (plafonnée et déplafonnée), soit : (1 551,25 × 6,90 %) + (1 551,25 × 0,40 %) = 107,04 + 6,21 = **113,24 €** pour le salarié et : (52,78 × 8,55 %) + (52,78 × 1,90 %) = 4,51 + 1,00 = **5,51 €** pour l'employeur.
- L'Ass. ret. compl. est l'addition des cotisations Arrco et AGFF sur Tr. A, soit :
  - en part salariale : (1 551,25 × 3,10 %) + (1 551,25 × 0,80 %) = 48,09 + 12,41 = **60,50 €** ;
  - en part patronale : (1 551,25 × 4,65 %) + (1 551,25 × 1,20 %) = 72,13 + 18,62 = **90,75 €**.
- Les Allocations familiales = 52,78 × 3,45 % = **1,82 €**.
- L'Ass. chômage est pour le salarié : (1 551,25 × 0,95 %) = 14,74 € et pour l'employeur : 1 551,25 × (4,05 % + 0,15 % d'AGS) = **65,16 €.**

Les autres contributions dues par l'employeur, sur la base de 1 551,25 € au taux regroupé de 5,896 % + Forfait social (80 € pour les Frais de santé et 31,03 € pour le Décès à 8 %) = **100,34 €**.

La base des CSG et du CRDS = (1 551,25 × 98,25 %) + le montant des charges patronales en prévoyance Frais de santé et Décès (80 € + 31,03 €). Ce qui donne au final : **1 635,13 €.**

- La CSG Non imposable est donc égale à : 1 635,13 × 6,80 % = **111,19 €**.
- Les CSG & CRDS imposables sont égales à 1 635,13 × (2,40 % + 0,50 %) = **47,42 €.**

Enfin, **le Net à payer** est le Brut (1 551,25 €) - le total des cotisations salariales (442,60 €) soit : **1 108,65 €**.

17. Le bulletin de paie des stagiaires

Corrigé 56 (Niveau 2)

Établissez le bulletin du mois de mars 2018 pour un stagiaire ingénieur effectuant un stage supérieur à 3 mois au sein d'une entreprise parisienne qui a un taux accident du travail de 2,44 %, une prévoyance « Frais de santé » de 50 € (part salariale et part patronale) et une prévoyance « Décès » de 1 % (salarié) et de 2 % (employeur) sur la tranche A. Son indemnité de stage est de 1 980 € par mois (de 22 jours travaillés). Il commence son stage ce lundi 12 mars 2018.

Bulletin de paie du stagiaire

Libellé des Rubriques	Base	Taux	Montant	Commentaires
Indemnité de Stage	15	90,00	**1 350,00**	Mars 2018
				Paie Stagiaire
				Plafond du mois = 3.311 €
Total Brut			1 350,00	

Cotisations	Part Salariale	Part Patronale
Assurance Santé		
Sécurité Sociale		124,31
Complémentaire Santé		
Incapacité, Invalidité, Capital Décès		
Assurance Accident du Travail, Maladie Prof.		23,33
Assurance Retraite		
Sécurité Sociale	-69,81	99,93
Complémentaire		
Supplémentaire		
Allocations Familiales		32,99
Assurance Chômage		
A.P.E.C.		
Autres Contributions dues par l'employeur		35,86
Cotisatations Statutaires ou prévues par la Conv. Coll.		
C.S.G. Non imposable	-63,89	
C.S.G. & C.R.D.S. imposables	-27,25	
Allègement de cotisations		
Total des cotisations et contributions	-160,94	**316,42**

Net Payé en euros	
1 189,06 €	
Total versé par l'employeur	Allègement de cotisations
1 666,42 €	

Il y a 15 jours travaillés du lundi 12 au vendredi 30 mars 2018.
L'indemnité de stage est donc égale à 1 980 € / 154 heures (théoriquement travaillées en mars 2018) × 105 heures (réellement travaillées [105 = 15 jours travaillés × 7 heures par jour]), soit **1 350 €**.
La limite d'exonération pour 15 jours de travail est fixée à 25 € × 15 % × (7 heures × 15 j) = **393,75 €**.
Il faut donc soumettre aux cotisations Urssaf (Assurance mal. mat. inv. décès, Contribution solidarité autonomie, Accident du travail, Allocations familiales, Fnal, CSG et CRDS), l'excédent. Soit (1 350 – 393,75) : **956,25 €**.
Il n'y a pas de prévoyance « Frais de santé », ni de prévoyance « Décès » pour un stagiaire (et pas de Forfait social par conséquent), ni d'allègement Fillon, ni de cotisations chômage (un stagiaire n'est pas un salarié) et donc ni de cotisations retraite.

Les lignes des cotisations se décomposent ainsi :

- L'Ass. santé SS = 956,25 × 13 % = **124,31 €**.
- L'Ass. AT = 956,25 × 2,44 % = **23,33 €**.
- L'Ass. ret. SS est = aux 2 cotisations vieillesse (plafonnée et déplafonnée), soit : (956,25 × 6,90 %) + (956,25 × 0,40 %) = 65,98 + 3,83 = 69,81 € pour le salarié et (956,25 × 8,55 %) + (956,25 × 1,90 %) = 81,76 + 18,17 = **99,93 €** pour l'employeur.
- Les Allocations familiales = 956,25 × 3,45 % = **32,99 €**.

Les autres contributions dues par l'employeur ne sont finalement que le Versement transport (956,25 × 2,95 % = 28,21 €) + la Contribution solidarité autonomie (956,25 × 0,30 % = 2,87 €) + le Fnal (956,25 × 0,50 % = 4,78 €), soit : 28,21 + 2,87 + 4,78 = **35,86 €**.

La base des CSG et du CRDS = (956,25 × 98,25 %) : **939,52 €**.

- La CSG Non imposable est donc égale à : 939,52 × 6,80 % = **63,89 €**.
- Les CSG & CRDS imposables sont égales à 939,52 × (2,40 % + 0,50 %) = **27,25 €.**

Enfin, le Net à payer est le Brut (1 350 €) - le total des cotisations salariales (160,94 €) soit : 1 189,06 €.

18. Le calcul des indemnités journalières de Sécurité sociale (IJSS) pour la maladie

Corrigé 57 (Niveau 1)

Première approche de la maladie par le calcul des IJSS. D'abord, 3 exercices simples à condition de se rappeler de la formule et de bien faire attention au montant maximum des IJSS (Smic mensuel × 1,8), globalement dans le deuxième exercice, et mois par mois dans le troisième exercice.

1. Un salarié ayant 10 ans d'ancienneté dans une entreprise perçoit un salaire inchangé depuis 1 an de 1 800,00 €.

Calculez le montant de ses indemnités journalières de Sécurité sociale (IJSS) brutes et nettes s'il est malade 15 jours ce mois de juin 2018.

$$\textbf{Montant des IJSS brutes} = \frac{(1\,800{,}00 \times 3)}{91{,}25} \times 50\,\% \times (15\text{ j} - 3\text{ j de carence}) = \textbf{355,07 €}$$

CSG / 355,07 € = 355,07 € × 6,20 % = **22,01 €**
CRDS / 355,07 € = 355,07 € × 0,50 % = **1,78 €**

Montant des IJSS nettes = 355,07 € - 22,01 € - 1,78 € = **331,28 €**

NB : la CPAM pratique ainsi : une première ligne pour la CSG et une seconde pour la CRDS, les deux montants étant arrondis au centime supérieur.

2. Un salarié ayant 10 ans d'ancienneté dans une entreprise perçoit un salaire inchangé depuis 1 an de 3 500,00 €.

Calculez le montant de ses indemnités journalières de Sécurité sociale (IJSS) brutes et nettes s'il est malade 12 jours ce mois de juin 2018.

$$\textbf{Montant des IJSS brutes} = \frac{(2\,697{,}30 \times 3)}{91{,}25} \times 50\,\% \times (15\text{ j} - 3\text{ j de carence}) = \textbf{399,06 €}$$

Puisque les salaires mensuels de 3 500 € dépassent tous les mois largement le 1,8 Smic mensuel, il faut limiter le brut de chaque mois à 1,8 Smic (soit : 9,88 € × 151,67 heures × 1,8 = 2 697,30 €). À noter que le résultat aurait été le même si nous avions simplifié notre calcul en prenant directement le montant maximum des IJSS 2018 (44,34 €) × 9 jours.

CSG / 399,06 € = 399,06 € × 6,20 % = **24,74 €**
CRDS / 399,06 € = 399,06 € × 0,50 % = **2,00 €**

Montant des IJSS nettes = 399,06 € - 24,74 € - 2,00 € = **372,32 €**

3. Un salarié ayant 10 ans d'ancienneté dans une entreprise a perçu un salaire de 2 500,00 € en février et mars et de 3 000 € en avril, suite à une prime trimestrielle. Son médecin lui fait un arrêt de travail pour maladie du 14 au 27 mai inclus.

Calculez le montant de ses indemnités journalières de Sécurité sociale (IJSS) pour ce mois de mai 2018.

Du 14 au 27 mai, il y a 14 jours. Attention, le lundi de Pentecôte (21 mai 2018) compte dans les jours à indemniser.

Montant des IJSS brutes $= \frac{(2\,500 + 2\,500 + 2\,697{,}30)}{91{,}25} \times 50\,\% \times (15\text{ j} - 3\text{ j de carence}) =$ **463,98 €**

CSG / 463,98 € = 463,98 € × 6,20 % = **28,77 €**
CRDS / 463,98 € = 463,98 € × 0,50 % = **2,32 €**

Montant des IJSS nettes = 463,98 € - 28,77 € - 2,32 € = **432,89 €**

19. Le calcul des indemnités journalières de Sécurité sociale (IJSS) : maternité

Corrigé 58 (Niveau 1)

Une salariée ayant 6 ans d'ancienneté dans une entreprise qui ne pratique pas la subrogation, et percevant un salaire inchangé depuis 1 an de 3 800,00 €, va s'absenter pour maternité (sachant qu'elle a déjà deux enfants à charge et qu'elle attend des jumeaux pour le 1er juillet 2018).

Avant de partir, elle vous demande de calculer le montant total des IJ maternité qu'elle va percevoir chez elle.

Suivant le tableau de la durée d'indemnisation de la part de la Sécurité sociale, cette salariée a droit à 12 semaines avant l'accouchement et à 22 semaines après. Soit 34 semaines au total.

Ces 34 semaines (soit 238 jours car 34 semaines × 7 jours = 238) seront indemnisées sur la base calculée avec son salaire de référence limité au plafond – sa rémunération mensuelle de 3 800 € est supérieure au plafond SS (3 311 € en 2018) diminué de 21 % (forfait global au titre des cotisations salariales) soit :

85,99 € × 238 jours = 20 465,62 - 6,7 % = **19 094,42 €**.

20. La garantie conventionnelle (appelée aussi « régul. sur le net », « garantie du net », « maintien du net »)

Corrigé 59 (Niveau 2)

Pour ce mois de juin 2018, établissez les bulletins de salaire d'un salarié ayant une rémunération de 2 400 € mensuelle (constante depuis plusieurs mois) pour 151,67 heures, quand il a un arrêt maladie indemnisé à 100 % de 13 jours avec une régularisation sur le net (à gauche) et quand il travaille normalement (à droite) pour vérifier que vous avez bien le même net à payer. La prévoyance « Frais de santé » est de 40 € pour le salarié et pour l'employeur. La prévoyance « Décès » est de 1 % (part salariale) et de 2 % (part patronale) sur la tranche A.

Il faut calculer le **T1** de la formule : 6,90 % (Ass. vieil. plaf.) + 0,40 % (Ass. vieil déplaf.) + 0,95 % (Chômage) + 3,10 % (Retraite compl.) + 0,80 % (AGFF) + 1 % (Prév. « Décès ») + 9,7 % × 98,25 % [CSG (5,10 %+2,40 %) + CRDS (0,50 %)] + 0,194 % [Part patronale de prévoyance « Décès » (2 %) × le % total des CSG et CRDS (9,7 %) = 0,194 %] = 22,87425 % soit : **0,2287425**

Ensuite, il faut calculer 1 – T1 (1 – 0,2287425) = **0,7712575**

Les IJSS brutes sont calculées comme vu précédemment [(((2 400 € × 3) / 91,25] × 50 %) × (13 j – 3 j de carence)] = **394,52 €**.

Puis, on applique tout simplement la formule pour trouver **le montant de la régularisation sur le net** :

$$394{,}52 \times \frac{0{,}2287425 - 0{,}067}{0{,}7712575} = \mathbf{82{,}74\ €}$$

Enfin, **les IJSS nettes** sont les IJSS – la CSG et la CRDS, soit : 394,52 € - 6,7 % = **368,09 €**.

	Salarié Absent			Salarié Présent			Sans régul / net		
	Base	Tx sal.	Montant	Base	Tx sal.	Montant	Base	Tx sal.	Montant
Salaire			**2 400,00**			**2 400,00**			**2 400,00**
Absence Maladie	**13,00**	**80,00**	-1 040,00				**13,00**	**80,00**	-1 040,00
Paiement Maladie	**13,00**	**80,00**	**1 040,00**				**13,00**	**80,00**	**1 040,00**
I.J.S.S. "Brutes"	**10,00**	**39,452**	-394,52				**10,00**	**39,452**	-394,52
Régul. sur le net			-82,74						
Net fiscal			1 922,74			2 400,00			2 005,48
Ass. Vieillesse / Plaf.	**1 922,74**	**6,90**	-132,67	**2 400,00**	**6,90**	-165,60	**2 005,48**	**6,90**	-138,38
Ass. Vieillesse / Déplaf.	**1 922,74**	**0,40**	-7,69	**2 400,00**	**0,40**	-9,60	**2 005,48**	**0,40**	-8,02
Chômage / Tr. A+B	**1 922,74**	**0,95**	-18,27	**2 400,00**	**0,95**	-22,80	**2 005,48**	**0,95**	-19,05
Retraite compl. / Tr. 1	**1 922,74**	**3,10**	-59,61	**2 400,00**	**3,10**	-74,40	**2 005,48**	**3,10**	-62,17
A.G.F.F. / Tr. 1	**1 922,74**	**0,80**	-15,38	**2 400,00**	**0,80**	-19,20	**2 005,48**	**0,80**	-16,04
Prév. "Frais de Santé"			-40,00			-40,00			-40,00
Prév. "Décès" / Tr. A	**1 922,74**	**1,00**	-19,23	**2 400,00**	**1,00**	-24,00	**2 005,48**	**1,00**	-20,05
C.S.G. Déductible	**1 967,55**	**6,80**	-133,79	**2 446,00**	**6,80**	-166,33	**2 050,49**	**6,80**	-139,43
Net fiscal			1 536,11			1 918,07			1 602,33
C.S.G.	**1 967,55**	**2,40**	-47,22	**2 446,00**	**2,40**	-58,70	**2 050,49**	**2,40**	-49,21
C.R.D.S.	**1 967,55**	**0,50**	-9,84	**2 446,00**	**0,50**	-12,23	**2 050,49**	**0,50**	-10,25
I.J.S.S. "Nettes"	**10,00**	**36,809**	**368,09**				**10,00**	**36,809**	**368,09**
Net à payer			*1 807,14*			*1 807,14*			*1 870,95*

La différence = 0,00

La différence = 63,81

Corrigé 60 (Niveau 2)

Pour ce mois de juin 2018, établissez les bulletins de salaire d'un salarié cadre ayant une rémunération de 5 000 € mensuelle (constante depuis plusieurs mois) pour 151,67 heures, quand il a un arrêt maladie indemnisé à 100 % de 15 jours avec une régularisation sur le net (à gauche) et quand il travaille normalement (à droite) pour vérifier que vous avez bien le même net à payer. La prévoyance « Frais de santé » est de 40 € pour le salarié et pour l'employeur. La prévoyance « Décès » est au strict minimum légal (1,5 % pour l'employeur sur Tr. A).

Il faut calculer le **T2** de la formule : 0,40 % (Ass. vieil déplaf.) + 0,95 % (Chômage) + 7,80 % (Retraite compl./B) + 0,90 % (AGFF/B) + 0,13 % (CET/B) + 0,024 % (Apec/B) + 9,7 % × 98,25 % (CSG (6,80 %+2,40 %) + CRDS (0,50 %)) = 19,73425 % soit : **0,1973425**

Ensuite, il faut calculer **1 – T2** (1 – 0,1973425) = **0,8026575**

Les IJSS sont calculées comme vu précédemment [(44,34 € {Montant maximum pour les bruts dépassant 1,8 Smic mensuel} × (15 j – 3 j de carence)] = **532,08 €**.

Puis on applique tout simplement la formule pour trouver le **montant de la régularisation sur le net** :

$$532{,}08 \times \frac{0{,}1973425 - 0{,}067}{0{,}8026575} = \mathbf{86{,}40\ €}$$

Enfin, **les IJSS nettes** sont les IJSS – la CSG et la CRDS, soit : 532,08 € - 6,7 % = **496,43 €**.

CORRIGÉS Exercice 60

	Salarié Absent			Salarié Présent			Sans régul / net		
	Base	Tx sal.	Montant	Base	Tx sal.	Montant	Base	Tx sal.	Montant
Salaire			5 000,00			5 000,00			5 000,00
Absence Maladie	15,00	166,67	-2 500,00				15,00	166,67	-2 500,00
Paiement Maladie	15,00	166,67	2 500,00				15,00	166,67	2 500,00
I.J.S.S. "Brutes"	12,00	44,34	-532,08				12,00	44,34	-532,08
Régul. sur le net			-86,40						
Brut			4 381,52			5 000,00			4 467,92
Ass. Vieillesse / Plaf.	3 311,00	6,90	-228,46	3 311,00	6,90	-228,46	3 311,00	6,90	-228,46
Ass. Vieillesse / Déplaf.	4 381,52	0,40	-17,53	5 000,00	0,40	-20,00	4 467,92	0,40	-17,87
Chômage / A+B	4 381,52	0,95	-41,62	5 000,00	0,95	-47,50	4 467,92	0,95	-42,45
Retraite compl. / A	3 311,00	3,10	-102,64	3 311,00	3,10	-102,64	3 311,00	3,10	-102,64
A.G.F.F. / A	3 311,00	0,80	-26,49	3 311,00	0,80	-26,49	3 311,00	0,80	-26,49
Retraite compl. / B	1 070,52	7,80	-83,50	1 689,00	7,80	-131,74	1 156,92	7,80	-90,24
A.G.F.F. / B+C	1 070,52	0,90	-9,63	1 689,00	0,90	-15,20	1 156,92	0,90	-10,41
C.E.T. / A+B+C	4 381,52	0,13	-5,70	5 000,00	0,13	-6,50	4 467,92	0,13	-5,81
A.P.E.C. / A+B	4 381,52	0,024	-1,05	5 000,00	0,024	-1,20	4 467,92	0,024	-1,07
Prév. "Frais de Santé"			-40,00			-40,00			-40,00
Prév. "Décès" (Patronale)	3 311,00			3 311,00	0,00		3 311,00	0,00	
C.S.G. Déductible	4 394,50	6,80	-298,83	5 002,17	6,80	-340,15	4 479,40	6,80	-304,60
Net fiscal			3 566,07			4 080,12			3 637,88
C.S.G.	4 394,50	2,40	-105,47	5 002,17	2,40	-120,05	4 479,40	2,40	-107,51
C.R.D.S.	4 394,50	0,50	-21,97	5 002,17	0,50	-25,01	4 479,40	0,50	-22,40
I.J.S.S. "Nettes"	12,00	41,369	496,43				12,00	41,369	496,43
Net à payer			*3 895,06*			*3 895,06*			*3 964,41*

La différence = 0,00

La différence = 69,35

Corrigé 61 (Niveau 3)

Pour ce mois de juin 2018, établissez les bulletins de salaire d'un salarié cadre ayant une rémunération de 3 600 € mensuelle (constante depuis plusieurs mois) pour 151,67 heures, quand il a un arrêt maladie indemnisé à 100 % de 13 jours avec une régularisation sur le net (à gauche) et quand il travaille normalement (à droite) pour vérifier que vous avez bien le même net à payer. La prévoyance « Frais de santé » est de 40 € pour le salarié et pour l'employeur. La prévoyance « Décès » est au strict minimum légal (1,5 % pour l'employeur sur Tr. A).

Il faut calculer le **T1** de la formule : 6,90 % (Ass. vieil. plaf.) + 0,40 % (Ass. vieil déplaf.) + 0,95 % (Chômage) + 3,10 % (Retraite compl./A) + 0,80 % (AGFF/A) + 0,13 % (CET/A) + 0,024 % (Apec/A) + 9,7 % × 98,25 % (CSG (6,80 % + 2,40 %) + CRDS (0,50 %)) + (1,50 % [% de la cotisation patronale de prévoyance « Décès » obligatoire pour les cadres × 9,7 % (taux cumulés des CSG et CRDS)]) = 21,97720375 % soit : **0,2197720375**. Ensuite, il faut calculer **1 – T1** (1 – 0,2197720375) = **0,7802279625**.

Puis le **T2** de la formule : 0,40 % (Ass. vieil déplaf.) + 0,95 % (Chômage) + 0,90 % (AGFF/B) + 0,13 % (CET/B) + 0,024 % (Apec/B) + 9,7 % × 98,25 % (CSG (6,8 % + 2,40 %) + CRDS (0,50 %)) = 11,93425 % soit : **0,1193425** (Il ne faut pas prendre le taux de la retraite complémentaire car, qu'il soit malade ou pas, la base est la même : la GMP ! (353,82 €). Idem pour la Prévoyance « Frais de santé ».)

Les IJSS sont calculées comme vu précédemment [44,34 € × (13 j – 3 j de carence)] = **443,40 €.**

La tranche B pour un salarié qui perçoit habituellement 3 600 € est de (3 600 € - 3 311 €) : **289 €**
On applique la formule pour trouver **le montant de la régularisation sur le net** :

$$\frac{443{,}4 \times (0{,}2197720375 - 0{,}067) - 289 \times (0{,}2197720375 - 0{,}1193425)}{0{,}7802279625} = \mathbf{49{,}62\ €}$$

Enfin, **les IJSS nettes** sont les IJSS – la CSG et la CRDS, soit : 443,40 € - 6,7 % = **413,69 €.**

	Salarié Absent			Salarié Présent			Sans régul / net		
	Base	Tx sal.	Montant	Base	Tx sal.	Montant	Base	Tx sal.	Montant
Salaire			3 600,00			3 600,00			3 600,00
Absence Maladie	13,00	120,00	-1 560,00				13,00	120,00	-1 560,00
Paiement Maladie	13,00	120,00	1 560,00				13,00	120,00	1 560,00
I.J.S.S. "Brutes"	10,00	44,34	-443,40				10,00	44,34	-443,40
Régul. sur le net			-49,62						
Brut			3 106,98			3 600,00			3 156,60
Ass. Vieillesse / Plaf.	3 106,98	6,90	-214,38	3 311,00	6,90	-228,46	3 156,60	6,90	-217,81
Ass. Vieillesse / Brut	3 106,98	0,40	-12,43	3 600,00	0,40	-14,40	3 156,60	0,40	-12,63
Chômage / A+B	3 106,98	0,95	-29,52	3 600,00	0,95	-34,20	3 156,60	0,95	-29,99
Retraite compl. / A	3 106,98	3,10	-96,32	3 311,00	3,10	-102,64	3 156,60	3,10	-97,85
A.G.F.F. / A	3 106,98	0,80	-24,86	3 311,00	0,80	-26,49	3 156,60	0,80	-25,25
Retraite compl. / B (GMP)	353,82	7,80	-27,60	353,82	7,80	-27,60	353,82	7,80	-27,60
A.G.F.F. / B+C	0,00	0,90	0,00	289,00	0,90	-2,60	0,00	0,90	0,00
C.E.T. / A+B+C	3 106,98	0,13	-4,04	3 600,00	0,13	-4,68	3 156,60	0,13	-4,10
A.P.E.C. / A+B	3 106,98	0,024	-0,75	3 600,00	0,024	-0,86	3 156,60	0,024	-0,76
Prév. "Fr. de Santé"			-40,00			-40,00			-40,00
Prév. (Décès patr.)	3 106,98			3 311,00	0,00		3 156,60	0,00	
C.S.G. Déductible	3 139,21	6,80	-213,47	3 626,67	6,80	-246,61	3 188,71	6,80	-216,83
Net fiscal			2 483,63			2 911,46			2 523,78
C.S.G. Non Déductible	3 139,21	2,40	-75,34	3 626,67	2,40	-87,04	3 188,71	2,40	-76,53
C.R.D.S. Non Déductible	3 139,21	0,50	-15,70	3 626,67	0,50	-18,13	3 188,71	0,50	-15,94
I.J.S.S. "Nettes"	10,00	41,369	413,69				10,00	41,369	413,69
Net à payer			*2 766,29*			*2 766,29*			*2 805,00*

La différence = 0,00

La différence = 38,71

21. Le temps partiel thérapeutique

Corrigé 62 (Niveau 3)

Notre entreprise a un salarié cadre (10 ans d'ancienneté) qui a été absent pour maladie. Début janvier 2018, il est revenu en « temps partiel thérapeutique ». Ses horaires aménagés sont relativement simples : il ne vient travailler que les matins, 3 heures et demie du lundi au vendredi. Depuis son retour, il est très assidu et n'a eu aucune absence. Mais ce mois de mars 2018, il a pris une semaine de congés payés (du lundi 5 au dimanche 11) et a fait une petite rechute maladie d'une semaine également (du lundi 19 au dimanche 25). Son salaire forfaitaire à temps plein est de 3 520 €. La convention collective lui octroie une prime d'ancienneté de 10 % assise sur sa rémunération. Le taux accident du travail est de 2,44 %. La prévoyance « Frais de santé » est de 40 € pour le salarié et pour l'employeur. La prévoyance « Décès » est de 1 % pour le salarié et de 2 % pour l'employeur, sur la tranche A. L'entreprise maintient le salaire à 100 % sans carence et pratique la subrogation pendant la maladie (pendant 90 jours). Elle calcule les congés payés en jours ouvrés et applique la règle du maintien au moment de l'absence (le dixième étant éventuellement régularisé en fin de période de prise des congés payés). Pour vous aider, voici son calendrier :

2018								
	Sem. 09	L	M	M	J	V	S	D
		26	27	28	1	2	3	4
	Sem. 10	L	M	M	J	V	S	D
		5	6	7	8	9	10	11
		CP	CP	CP	CP	CP	CP	CP
	Sem. 11	L	M	M	J	V	S	D
		12	13	14	15	16	17	18
	Sem. 12	L	M	M	J	V	S	D
		19	20	21	22	23	24	25
		Mal	Mal	Mal	Mal	Mal	Mal	Mal
	Sem. 13	L	M	M	J	V	S	D
		26	27	28	29	30	31	1

Commençons par le début : Y a-t-il réduction du plafond pour temps partiel ? Réponse : non ! Son plafond du mois est et reste **3 311 €** (et non pas 1 655,50 € comme l'aurait été celui pour un « vrai » temps partiel à mi-temps).

La première ligne est donnée : **Salaire forfaitaire : 3 520 €**. Bien évidemment, le fait qu'il soit en « temps partiel thérapeutique » ne le fait pas changer de salaire ! Il faut toujours prendre le même salaire contractuel. Il est également hors de question de le changer de salaire à chaque changement d'aménagement d'horaire pour suivre son traitement médical.
La deuxième ligne n'est guère plus compliquée : **Prime d'ancienneté** : 3 520 € × 10 % = **352 €**.

Arrive **l'absence pour son temps partiel thérapeutique** : les jours de CP et de Maladie suspendant le TPT, le nombre de jours travaillés = 12. Soit 12 jours × 3 h 50 = 42 heures. Pour la valorisation de ces 42 heures, il faut prendre la méthode indiquée par la Cour de cassation (et expressément recommandée par la CPAM) : la méthode des heures réelles. Le mois de mars 2018 comporte 22 jours théoriquement travaillés, donc il faut retenir par heures (3 520 + 352) / 154 heures (22 jours × 7 heures théoriquement travaillées), soit 25,14 €. Ces 42 heures réduisent donc le brut de (42 heures × 25,14 €) : **1 056,00 €**.

Pour les congés payés, on compte en jours ouvrés moyens (21,67^{e}). Son absence CP, interrompant le TPT (il ne peut pas être « en reprise d'activité » et absent toute une semaine !), est de 5 jours ouvrés, soit une absence valorisée à : 5 jours × ([3 520 €+ 352 €] / 21,67) = 893,40 €. Si besoin était de le repréciser, un salarié en TPT a les mêmes droits en matière de congés payés qu'un salarié à temps plein. Pour le paiement, il suffit de repayer la même somme.

Pour la maladie, il faut compter en jours calendaires (comme l'a ordonné le médecin), même s'il ne travaille pas les samedis et dimanches. Son absence est donc de 7 jours. Quant à son taux journalier, c'est la méthode des jours calendaires réels qu'il faut appliquer, soit (3 520 € + 352 €) / 31 (nombre de jours calendaires de mars) : 124,90 €. Son absence et son paiement (puisque l'entreprise applique le maintien de salaire à 100 %) sont donc valorisés à : 7 j × 124,90 € = **874,32 €**.

Pour les IJSS, l'entreprise a reconstitué son salaire brut à temps plein, soit : 3 872 € (3 520 € + 352 €). Notre salarié dépassant largement le 1,8 Smic mensuel, les IJSS sont donc calculées en prenant le montant maximum : 44,34 € par jour indemnisé par la CPAM. Soit [7 j – 3 j (carence)] × 44,34 € = **177,36 €**. À noter que c'est l'entreprise qui indemnise la maladie sans carence, la Sécurité sociale applique toujours les 3 jours de carence (sauf en cas de prolongation).

En revanche, **la garantie du net** est calculée sur un brut théorique de : (3 520 + 352 – 1 056) **2 816 €**. Ce brut théorique étant inférieur au plafond, il faut prendre la première formule de la garantie du net, mais en modifiant légèrement le calcul du T1 puisque le salarié est cadre.
Le T1 = 6,90 % (Ass. vieil. plaf.) + 0,40 % (Ass. vieil déplaf.) + 0,95 % (Chômage) + 3,10 % (Retraite Compl.) + 0,80 % (AGFF) + 1 % (Prév. « Décès ») + 9,7 % × 98,25 % [CSG (5,10 %+2,40 %) + CRDS (0,50 %)] + 0,194 % [Part patronale de prévoyance « Décès » (2 %) × le % total des CSG et CRDS (9,7 %) = 0,194 %] + 0,13 (CET) + 0,024 (Apec) = 23,83025 % soit : **0,2383025**
Ensuite, il faut calculer **1 – T1** (1 – 0,2383025) = **0,7697575**
Puis, on applique tout simplement la formule pour trouver **le montant de la régularisation sur le net** :

$$177{,}36 \times \frac{0{,}2383025 - 0{,}067}{0{,}7697575} = \mathbf{82{,}74\ €}$$

La garantie du net est donc de **37,62 €**.

Le brut est donc de : (3 520 + 352 – 1 056 -177,36 – 37,62) = **2 601,02 €**.

Les cotisations assises sur le brut, la tranche A, la tranche A + B et la tranche A + B + C sont sur son brut du mois, soit : **2 601,02 €**.

Notre salarié étant cadre et son plafond SS non réduit, il n'y a pas de tranche B. Mais, il doit se déclencher forcément la **GMP** pour l'**Agirc tranche B**, qui a donc une **base complète** de : **353,82 €**.

Les lignes des cotisations se décomposent ainsi :

- L'Ass. santé SS = 2 601,02 × 13 % = **338,13 €**.
- L'Ass. santé compl. santé est la prévoyance Santé (40 € en part salariale et part patronale).
- L'Ass. santé inc., inv., décès est la prévoyance Décès : 2 601,02 × 1 % = **26,01 €** pour le salarié et : 2 601,02 × 2 % = **52,02 €** pour l'employeur.
- L'Ass. AT = 2 601,02 × 2,44 % = **63,46 €**.
- L'Ass. ret. SS est = aux 2 cotisations Vieillesse (plafonnée et déplafonnée), soit : (2 601,02 × 6,90 %) + (2 601,02 × 0,40 %) = 179,47 + 10,40 = **189,87 €** pour le salarié et : (2 601,02 × 8,55 %) + (2 601,02 × 1,90 %) = 222,39 + 49,42 = **271,81 €** pour l'employeur.
- L'Ass. ret. compl. est l'addition des cotisations Arrco et AGFF sur Tr. A, Agirc sur Tr. B (GMP) et CET sur Tr. A + Tr. B + Tr. C, soit :
  - en part salariale : (2 601,02 × 3,10 %) + (2 601,02 × 0,80 %) + (353,82 × 7,80 %) + (2 675,83 × 0,13 %) = 80,63 + 20,81 + 27,60 + 3,38 = **132,42 €** ;
  - en part patronale : (2 601,02 × 4,65 %) + (2 601,02 × 1,20 %) + (353,82 × 12,75 %) + (2 601,02 × 0,22 %) = 120,43 + 32,11 + 45,11 + 5,72 = **202,99 €**.
- Les Allocations familiales = 2 601,02 × 3,45 % = **89,74 €**.
- L'Ass. chômage est pour le salarié : (2 601,02 × 0,95 %) = **24,71 €** et pour l'employeur : 2 601,02 × (4,05 % + 0,15 % d'AGS) = **109,24 €.**

Les autres contributions dues par l'employeur, sur la base de 2 601,02 € au taux regroupé de 5,896 % + Forfait social (40 € pour les Frais de santé et 52,02 € pour le Décès à 8 %) = **160,72 €.**

La base des CSG et du CRDS = (2 601,02 × 98,25 %) + le montant des charges patronales en prévoyance Frais de santé et Décès (40 € + 52,02 €). Ce qui donne au final : **2 647,52 €**.

- La CSG Non imposable est donc égale à : 2 647,52 × 6,80 % = **180,03 €**.
- Les CSG & CRDS imposables sont égales à 2 647,52 × (2,40 % + 0,50 %) = **76,78 €.**

Ne pas oublier, bien sûr, de lui « rendre » **les IJSS nettes**, soit : 177,36 € - 6,7 % = **165,48 €**.

Enfin, **le Net à payer** est le Brut (2 601,02 €) - le total des cotisations salariales (670,44 €) + le montant des IJSS « Nettes » (165,48 €), soit : **2 096,06 €**.

Voici le bulletin que notre salarié reçoit pour mars 2018

Libellé des Rubriques	Base	Taux	Montant	Commentaires
Salaire Forfaitaire	151,67		3 520,00	Mars 2018
Prime d'ancienneté	3520,00	10,000	352,00	Plafond : 3.311 €
Absence Temps Partiel Thérap.	42,00	25,143	-1 056,00	Temps Partiel Thérapeutique
Absence Congés Payés	5,00	178,680	-893,40	
Indemnité Congés Payés	5,00	178,680	893,40	
Absence Maladie	7,00	124,903	-874,32	
Paiement Maladie	7,00	124,903	874,32	
I.J.S.S. "Brutes"	4,00	44,340	-177,36	
Garantie sur le net			-37,62	
Total Brut			**2 601,02**	

Cotisations	Part Salariale	Part Patronale
Assurance Santé		
Sécurité Sociale		338,13
Complémentaire Santé	-40,00	40,00
Incapacité, Invalidité, Capital Décès	-26,01	52,02
Assurance Accident du Travail, Maladie Prof.		63,46
Assurance Retraite		
Sécurité Sociale	-189,87	271,81
Complémentaire	-132,42	202,99
Supplémentaire		
Allocations Familiales		89,74
Assurance Chômage	-24,71	109,24
A.P.E.C.	-0,62	0,94
Autres Contributions dues par l'employeur		160,72
Cotisatations Statutaires ou prévues par la Conv. Coll.		
C.S.G. Non imposable	-180,03	
C.S.G. & C.R.D.S. imposables	-76,78	
Allègement de cotisations		
Total des cotisations et contributions	-670,44	1 329,05
RETENUES ET REMBOURSEMENTS DIVERS		
I.J.S.S. "Nettes"	165,48	
Total des Retenues et Remboursements	165,48	
	Net Payé en euros	
	2 096,06 €	
	Total versé par l'employeur	Allègement de cotisations
	4 095,55 €	

22. La saisie-arrêt

Corrigé 63 (Niveau 1)

1. Quel est le montant de la saisie-arrêt pour un salarié ayant une personne à charge, une dette de 2 000 € et une somme soumise à saisie-arrêt de 1 500 € ?

Il y a deux façons de calculer le montant de la saisie-arrêt de ce salarié :

a) Avec le tableau de simplification

Dans ce tableau, on se projette dans la partie « Avec une personne à charge ».
Ensuite, on cherche le niveau où se situe le net fiscal : 1 500 € se trouve sur la quatrième ligne entre 1 330,84 et 1 629,16. Dans la deuxième colonne, il est écrit que le montant de la saisie-arrêt sera de **186,29 €** + 1/3 au-delà de 1 330,84 (et forcément jusqu'à 1 500 €). 1 500 – 1 330,84 = 169,16 €. On en prend donc le tiers (169,16 / 3 = **56,39 €**) qu'on rajoute à 186,29 €.
Le montant de la saisie-arrêt est donc de 186,29 + 56,39 = **242,68 €.**

b) En découpant le net fiscal en tranches comme le demande l'administration fiscale

1 enfant à charge signifie qu'il faut augmenter la 1re tranche de 120,00 € (soit : 313,33 € + 120,00 € = 433,33 €) et laisser ensuite cette augmentation sur toutes les tranches.

De 0,01 à 433,33 € on prend 1/20 soit :	21,67 €
De 433,34 à 731,66 € on prend 1/10 soit :	29,83 €
De 731,67 à 1 031,66 € on prend 1/5 soit :	60,00 €
De 1 031,67 à 1 330,83 € on prend 1/4 soit :	74,79 €
De 1 330,83 à 1 500,00 € on prend 1/3 soit :	56,39 €
Total saisi :	242,68 €

2. Quel est le montant de la saisie-arrêt pour un salarié ayant trois personnes à charge, une dette de 2 000 € et une somme soumise à saisie-arrêt de 2 000 € ?

Selon la méthode que vous avez choisie, vous devez trouver une saisie-arrêt d'un montant = **384,96 €**.

3. Quel est le montant de la saisie-arrêt pour un salarié sans personne à charge, une dette de 2 000 € et une somme soumise à saisie-arrêt de 2 500 € ?

Selon la méthode que vous avez choisie, vous devez trouver une saisie-arrêt d'un montant = **1 169,18 €.**

Corrigé 64 (Niveau 3)

Ce mois de juin 2018, le service paie d'une grande entreprise parisienne vient de sortir les bulletins de paie « 1er jet » (c'est-à-dire : les bulletins à vérifier avant le passage définitif qui éditera les « vrais » bulletins de paie) quand la DRH l'informe qu'une saisie-arrêt d'un montant de 3 000 € concernant un salarié (avec deux personnes à charge) vient d'arriver.

Déterminez la somme soumise à saisie-arrêt et le montant de sa saisie-arrêt pour ce mois de juin 2018.

Selon l'art. L. 3252-3, al. 1 du C. du trav., « pour la détermination de la fraction insaisissable, il est tenu compte du montant de la rémunération, de ses accessoires ainsi que, le cas échéant, de la valeur des avantages en nature, après déduction des cotisations sociales obligatoires ».

Sa rémunération habituelle est de 3 000 € (Salaire) + 150 € (Prime d'ancienneté) = **3 150 €**.

Ce mois, il est malade mais l'entreprise pratiquant le maintien de salaire à 100 % (et la subrogation avec le maintien du net), il faut rester sur son brut habituel. En effet, si on partait de son brut de ce mois (2 613,61 €) la saisie-arrêt se trouverait diminuée du fait de ses IJSS. Or, la circulaire du 23 décembre 1992 indique clairement qu'entrent dans le champ de la saisie « les prestations ayant vocation à remplacer le salaire (allocations de chômage, indemnités journalières de maladie et de maternité, indemnités journalières de l'incapacité temporaire due à un accident de travail) ».

Il faut donc déduire « **les cotisations sociales obligatoires** » de son brut de 3 150 €.
Grâce au tableau des cotisations sociales, nous connaissons le taux applicable en tranche A (et 1) : 21,68 % + le 1 % de la prévoyance « Décès », soit : 22,68 %. Les 2 % employeur de la prévoyance « Décès » entrent également dans le calcul des CSG / CRDS, soit : 2 % × 9,7 % = 0,194 %. Le taux global devient donc : **22 874 %**. Si on applique ce taux global de cotisations à sa rémunération brute, on trouve un montant de cotisations (3 150 € × 22,874 %) = 720,53 €. Montant auquel on ajoute la part patronale de la prévoyance qui est de 40 € à 9,7 % = 3,88 €, soit : (720,53 € + 3,88 €) 724,41 €. Enfin, il faut encore ajouter le montant de la part salariale de la prévoyance « Frais de santé » de 40 €. Ce qui nous amène au montant total de (724,41 + 40) : **764,41 €**.

On pourrait en déduire que la fraction saisissable est : 3 150 € - 764,41 € = 2 385,59 €.
Mais, il y a encore un point qui ne vous a pas échappé : notre salarié a en plus une pension alimentaire prélevée directement sur son salaire de 250 €. Or cette pension alimentaire est insaisissable (Cass. civ. du 22 mai 1995 n° 93-13941, inédit) car elle est la première dette du salarié. Il faut donc retirer ces 250 € des 2 385,59 € pour enfin trouver la **fraction saisissable**. Soit : 2 385,59 € - 250 € = 2 135,59 €.

Bien sûr, il y a une autre méthode plus simple : du net à payer (1 635,58 €) on rajoute l'acompte (500 €), soit : 1 635,58 € + 500 € = **2 135,58 €** (toujours ce satané centime d'écart lié aux arrondis d'Excel !).

Pour connaître **le montant de sa saisie-arrêt**, comme vu précédemment, on se reporte au tableau « avec 2 personnes à charge ». Sur la dernière ligne (puisque les 2 135,59 € dépassent les 2 053,33 €), on prend 494,50 € + (2 135,59 € - 2 053,33 €), soit : 494,50 € + 82,26 € = **576,76 €**.

23. L'indemnité de précarité d'emploi (CDD)

Corrigé 65 (Niveau 3)

Un salarié non cadre âgé de 30 ans est embauché en CDD pour surcroît temporaire d'activité le lundi 5 mars 2018 dans une entreprise parisienne de 100 salariés. Son salaire de base mensuel est de 2 640 € pour 151,67 heures (7 heures par jour). Ses droits à congés payés sont de 27 jours ouvrés par année civile. Il acquiert 0,5 jour de RTT toutes les 4 semaines. Il a droit à des titres-restaurant d'une valeur faciale de 10 € pour une participation salariale de 3,00 €. Les jours fériés sont non travaillés mais lui sont payés normalement. L'entreprise a un taux accident du travail de 2,44 %, une prévoyance mensuelle « Frais de santé » de 50 € (part salariale et part patronale) ainsi qu'une prévoyance « Décès » basée sur la tranche A au taux de 1 % pour le salarié et de 2 % pour l'employeur. Son contrat se termine le soir du vendredi 27 avril 2018.

Explication des lignes du brut et des cotisations de mars 2018

Première difficulté : **la retenue « entrée/sortie »** : il faut lui retenir deux journées (le 1er et le 2 mars), soit 14 heures sur les 154 heures (22 jours ouvrés x 7 heures par jour) théoriquement travaillées ce mois de mars 2018. Le nombre d'heures travaillées par jour étant toujours le même (7 heures), on peut également raisonner en jours ouvrés. Mais, quel que soit votre raisonnement, la retenue « entrée/sortie » est égale à : 2 640 / 154 × 14 (ou 2 640 / 22 × 2) = **240,00 €.**

Deuxième difficulté : il faut vous souvenir de la logique des titres-restaurant (abordée lors de l'exercice 12), car **le montant de la participation patronale aux titres-restaurant**, étant supérieur à la fois à 60% de la valeur faciale et à 5,43€ (valeur 2018), **est à intégrer en Avantage en Nature**. Étant entré dans l'entreprise le 5 mars, le salarié n'a « que » 20 titres-restaurant (22 jours ouvrés – 2 jours ouvrés d'entrée/sortie). **L'avantage en nature titre-restaurant est donc de : 20 j x 7 € = 140 €.**

Troisième difficulté : **le plafond SS** : il est égal à 27 jours de présence calendaires sur 31 jours calendaires de mars, soit : 3 311 € × 27 / 31 = **2 883,77 €.**

Le brut du salarié (2 640 – 240 + 140 = 2 540 €) étant inférieur au plafond (2 883,77 €), c'est ce brut qui est la tranche 1 (ou A), et il n'y a évidemment pas de tranche 2 (ou B).

Bulletin de paie de mars 2018

Libellé des Rubriques	Base	Taux	Montant	Commentaires
Salaire	151,67		2 640,00	Mars 2018
Retenue Entrée-Sortie	2,00	120,00	-240,00	Date d'entrée : 5 Mars 2018
Avantage Nature Titres-Restaurant	20,00	7,000	140,00	Bulletin CDD
Total Brut			**2 540,00**	

Cotisations	Part Salariale	Part Patronale
Assurance Santé		
Sécurité Sociale		330,20
Complémentaire Santé	-50,00	50,00
Incapacité, Invalidité, Capital Décès	-25,40	50,80
Assurance Accident du Travail, Maladie Prof.		61,98
Assurance Retraite		
Sécurité Sociale	-185,42	265,43
Complémentaire	-99,06	148,59
Supplémentaire		
Allocations Familiales		87,63
Assurance Chômage	-24,13	106,68
A.P.E.C.		
Autres Contributions dues par l'employeur		157,82
Cotisatations Statutaires ou prévues par la Conv. Coll.		
C.S.G. Non imposable	-176,55	
C.S.G. & C.R.D.S. imposables	-75,29	
Allègement de cotisations		
Total des cotisations et contributions	-635,85	1 259,13
RETENUES ET REMBOURSEMENTS DIVERS		
Reprise Avantage Nature Titres Restaurant	-140,00	
Retenue Titres-Restaurant	-60,00	140,00
Total des Retenues et Remboursements	-200,00	140,00
	Net Payé en euros	
	1 704,15 €	
	Total versé par l'employeur	Allègement de cotisations
	3 799,13 €	

Explication des cotisations

Les lignes des cotisations se décomposent ainsi :

• L'Ass. santé SS = 2 540,00 × 13 % = **330,20 €**.

• L'Ass. santé compl. santé est la prévoyance Santé (50 € en part salariale et part patronale).

• L'Ass. santé inc., inv., décès est la prévoyance Décès : 2 540,00 × 1 % = **25,40 €** pour le salarié et 2 540,00 × 2 % = **50,80 €** pour l'employeur.

• L'Ass. AT = 2 540,00 × 2,44 % = **61,98 €**.

• L'Ass. ret. SS est = aux 2 cotisations Vieillesse (plafonnée et déplafonnée), soit : (2 540,00 × 6,90 %) + (2 540,00 × 0,40 %) = 175,26 + 10,16 = **185,42 €** pour le salarié et : (2 540,00 × 8,55 %) + (2 540,00 × 1,90 %) = 217,17 + 48,26 = 265,43 € pour l'employeur.

• L'Ass. ret. compl. est l'addition des cotisations Arrco et AGFF sur Tr. A, soit :
  – en part salariale : (2 540,00 × 3,10 %) + (2 540,00 × 0,80 %) = 78,74 + 20,32 = **99,06 €** ;
  – en part patronale : (2 540,00 × 4,65 %) + (2 540,00 × 1,20 %) = 118,11 + 30,48 = **148,59 €**.

• Les Allocations familiales = 2 540,00 × 3,45 % = **87,63 €**.

• L'Ass. chômage est pour le salarié : (2 540,00 × 0,95 %) = 24,13 € et pour l'employeur : 2 540,00 × (4,05 % + 0,15 % d'AGS) = **106,68 €**.
Les autres contributions dues par l'employeur, sur la base de 2 540,00 € au taux regroupé de 5,896 % + Forfait social (50 € pour les Frais de santé et 50,80 € pour le Décès à 8 %) = **157,82 €**.

La base des CSG et du CRDS = (2 540,00 × 98,25 %) + le montant des charges patronales en prévoyance Frais de santé et Décès (50 € + 50,80 €). Ce qui donne au final : **2 596,35 €**.

• La CSG Non imposable est donc égale à : 2 596,35 × 6,80 % = **176,55 €**.
• Les CSG & CRDS imposables sont égales à 2 596,35 × (2,40 % + 0,50 %) = **75,29 €**.

Le salarié ayant un brut supérieur à 1,6 Smic ne peut pas faire bénéficier l'entreprise de l'allègement Fillon.

Ne pas oublier, bien sûr, de « **reprendre** » **les avantages en nature titres-restaurant : - 140,00 €**.
Ni de retenir la part salariale des titres-restaurant : 3 € × 20 jours = 60 €. On en profite pour indiquer le montant de la participation patronale qui viendra augmenter le Total versé par l'employeur.

Enfin, **le Net à payer** est le Brut (2 540,00 €) - le total des cotisations salariales (635,85 €) – la reprise des TR (140 €) – la part salariale des TR (60 €), soit : **1 704,15 €**.
Quant au **Total versé par l'employeur**, il est égal au brut (2 540 €) augmenté du total des charges patronales (1 259,13), soit : **3 799,13 €**.

Bulletin de paie d'avril 2018

Libellé des Rubriques	Base	Taux	Montant	Commentaires
Salaire	151,67		2 640,00	Avril 2018
Retenue Entrée-Sortie	1,00	125,714	-125,71	Date de sortie : 27 Avril 2018
Avantage Nature Titres-Restaurant	19,00	7,000	133,00	Bulletin CDD
Indemnité Compensatrice RTT	1,00	121,827	121,83	
Indemnité Précarité Emploi	5 309,12	10,000	530,91	
Indemnité Compensatrice CP	5,00		630,72	
Total Brut			**3 930,75**	

Cotisations	Part Salariale	Part Patronale
Assurance Santé		
Sécurité Sociale		511,00
Complémentaire Santé	-50,00	50,00
Incapacité, Invalidité, Capital Décès	-33,24	66,47
Assurance Accident du Travail, Maladie Prof.		95,91
Assurance Retraite		
Sécurité Sociale	-245,05	358,85
Complémentaire	-184,25	276,08
Supplémentaire		
Allocations Familiales		135,61
Assurance Chômage	-37,34	165,10
A.P.E.C.		
Autres Contributions dues par l'employeur		241,07
Cotisatations Statutaires ou prévues par la Conv. Coll.		
C.S.G. Non imposable	-270,53	
C.S.G. & C.R.D.S. imposables	-115,37	
Allègement de cotisations		
Total des cotisations et contributions	-935,78	**1 900,09**
RETENUES ET REMBOURSEMENTS DIVERS		
Reprise Avantage Nature Titres Restaurant	-133,00	
Retenue Titres-Restaurant	-57,00	133,00
Total des Retenues et Remboursements	-190,00	**133,00**
	Net Payé en euros	
	2 804,96 €	
	Total versé par l'employeur	Allègement de cotisations
	5 830,84 €	

Le petit tableau de régularisation mensuelle progressive donne ce résultat :

Plafond : 3 311,00

Le brut cumulé est-il <ou> au plafond cumulé ?

⇩

Mois	Brut du mois	**Brut Cumulé**	>/<	Nb jours cal. prés.	Plafond du mois	**Plafond Cumulé**	**Tranche 1 Cumulée**	Tranche 1 du mois	**Tranche 2 Cumulée**	Tranche 2 du mois
Mars	2 540,00	2 540,00	<	27,00	2 883,77	2 883,77	2 540,00	2 540,00	**0,00**	0,00
Avril	3 930,75	6 470,75	>	27,00	2 979,90	5 863,67	5 863,67	3 323,67	607,08	607,08

Explication des lignes du brut et des cotisations d'avril 2018

La retenue Entrée/Sortie est de 1 jour (le 30 avril) sur 21 théoriquement travaillés. Son taux est de 2,640 € / 21 = 125,714 €. (*Idem* en raisonnant en heures réelles avec la formule : 2,640 × 7 heures d'absence entrée/sortie / 147 heures théoriquement travaillées). Donc, la retenue E/S = **125,71 €.**

Pour les **Avantages en nature des titres-restaurant**, même logique qu'en mars (21 jours ouvrés – 1 jour de retenue E/S – le jour férié [le lundi 2 avril étant le lundi de Pâques cette année]) : 19 jours. Ces 19 jours × 7 € (montant de la participation patronale) = **133 €.**

Si le salarié a droit à 0,5 jour de RTT toutes les 4 semaines, étant présent 8 semaines, **son indemnité compensatrice RTT** sera d'1 jour calculée avec la méthode des jours ouvrés moyens (21,67). Soit : 2,640 € / 21,67 × 1 = **121,83 €.**

Le **montant de l'indemnité Précarité emploi** est tout simplement 10 % de tout ce qu'il a gagné depuis le 5 mars. Soit : (2,540 + 2,640 – 125,71 + 133 + 121,83) × 10 % = **530,91 €.**

Quant à **l'indemnité compensatrice de Congés payés**, il a droit à (27 jours ouvrés / 12) 2,25 jours ouvrés par période de 4 semaines. Étant présent 8 semaines, ce salarié a droit à : 2,25 jours × 2 = 4,50 arrondis à **5 jours ouvrés.** Avec la règle du maintien, cela aurait fait : (2,640 / 21,67 × 5) **609,14 €.**
Le dixième (qui comprend l'indemnité de précarité emploi) est plus avantageux ([2,540 + 2,640 – 125,71 + 133 + 121,83 + 530,91] × 10 % = 630,72 €). Donc **l'ICCP = 630,72 €.**

Étant présent du 1er au 27 avril, **le plafond SS** est bien sûr de 27/30èmes de 3,311 €, soit **2 979,90 €.**

Quant à **la tranche 2 du mois**, selon notre tableau de régularisation, elle est de **607,08 €.**
Le reste du bulletin est « classique ».

24. L'indemnité légale de licenciement

Corrigé 66 (Niveau 3)

Un salarié non cadre a été embauché en CDI le 1er octobre 2002 dans une entreprise de 100 salariés. Son licenciement pour motif économique lui a été notifié le 1er juillet 2018. Il doit bénéficier de 3 mois de préavis mais il est dispensé par son employeur de l'effectuer à partir du 1er août. Son salaire de base depuis le 1er janvier 2017 est de 2 300 €. Depuis cette date, il n'a eu aucune absence et, hormis la prime de vacances (équivalente à salaire de base) habituellement versée fin juillet, il n'a bénéficié d'aucune autre prime. Au 1er juillet 2018, suite à des négociations salariales signées en avril, son salaire de base passe à 2 400 €. Son entreprise donne 2 jours ouvrés de plus que la loi. Au moment de son départ (le 31 juillet), ses droits aux congés payés 2017-2018, calculés en jours ouvrés, n'étaient pas consommés. Le taux AT est de 2,44 %. La prévoyance « Frais de santé » est de 50 € par mois pour le salarié et pour l'entreprise.

Explication des lignes du brut et des cotisations de juillet 2018

L'augmentation de son salaire ayant été négociée bien avant son départ, notre salarié doit bien sûr en bénéficier. **Son salaire de base** est donc : **2 400 €.**
Chaque année, avec la paie de juillet, il a droit à une prime de vacances dont le montant est égal à son salaire de base. La deuxième ligne du bulletin est donc : « Prime de vacances » d'un montant de 2 400 €.
Son entreprise le dispense d'effectuer ses deux derniers mois de préavis, mais il faut les lui payer. La troisième ligne est donc : « **Préavis non effectué payé** » avec le montant des 2 mois. Soit : 2 400 € × 2 = **4 800 €.**
Devant certainement partir en congés payés à partir du mois d'août, ses droits sont entiers, soit les 27 jours ouvrés prévus. Avec la règle du maintien, chaque jour de congé = (2 400 / 21,67) 110,752 €. Les 27 jours représentent donc : 27 j × 110,752 € = 2 990,31 €. Avec la règle du dixième, ils valent : [(2 300 € × 12) /10] × (27 / 25) = 2 980,80 €. (La prime de vacances n'est pas du travail effectif et ne rentre pas par conséquent dans la rémunération brute totale servant au calcul. Ne pas oublier aussi la revalorisation du dixième, compte tenu des jours supplémentaires de CP.)
La règle du maintien de salaire étant plus favorable, **l'indemnité compensatrice des congés payés « période écoulée » = 2 990,31 €.**

Le fait qu'il soit en préavis non effectué payé lui fait « gagner » des droits à congés jusqu'à sa date « réelle » de sortie des effectifs, soit jusqu'au 30 septembre 2018. Il y a 122 jours calendaires du 1er juin au 30 septembre. Ses droits à congés en cours d'acquisition sont donc de : [(27/25) × 2,08] × (122/28) = 9,80 jours arrondis obligatoirement à 10 jours. Ces 10 jours calculés avec la règle du maintien donnent : 10 j × 110,752 € = 1 107,52 € et avec la règle du dixième : [2 300 € (juin) + 2 400 € (juillet) + 2 400 € (août) + 2 400 € (septembre)] /10 × (27/25) = 1 026 €.
La règle du maintien de salaire étant plus favorable, **l'indemnité compensatrice des congés payés « période en cours » = 1 107,52 €.**

Son total brut est donc de : (2 400 € + 2 400 € + 4 800 € + 2 990,31 € + 1 107,52 €) **13 697,83 €.**

Il est l'heure de se poser la question à propos du plafond : les 2 mois de préavis non effectué payé sont considérés comme du travail effectif et doivent bénéficier d'un plafond SS chacun. Le plafond du mois de juillet est donc dans ce cas : 3,311 € × 3 (juillet + août + septembre) = 9 933 €. Est-ce que pour autant, notre salarié a une **tranche 2** ? Le tableau de régularisation mensuelle progressive nous répond : non !

		Le brut cumulé est-il <ou> au plafond cumulé ?								
Mois	Brut du mois	**Brut Cumulé**	>/<	Nb 30èmes	Plafond du mois	**Plafond Cumulé**	**Tranche A Cumulée**	Tranche A du mois	**Tranche B Cumulée**	Tranche B du mois
Janvier	2 300,00	2 300,00	<	30,00	3 311,00	3 311,00	2 300,00	2 300,00	**0,00**	0,00
Février	2 300,00	4 600,00	<	30,00	3 311,00	6 622,00	4 600,00	2 300,00	**0,00**	0,00
Mars	2 300,00	6 900,00	<	30,00	3 311,00	9 933,00	6 900,00	2 300,00	**0,00**	0,00
Avril	2 300,00	9 200,00	<	30,00	3 311,00	13 244,00	9 200,00	2 300,00	**0,00**	0,00
Mai	2 300,00	11 500,00	<	30,00	3 311,00	16 555,00	11 500,00	2 300,00	**0,00**	0,00
Juin	2 300,00	13 800,00	<	30,00	3 311,00	19 866,00	13 800,00	2 300,00	**0,00**	0,00
Juillet	13 697,83	27 497,83	<	90,00	9 933,00	29 799,00	27 497,83	13 697,83	**0,00**	0,00

Le montant de **la prévoyance « Frais de santé »** est également triplé : 50 € × 3 = **150 €**.
Pendant les 6 premiers mois de l'année, notre salarié bénéficiait de **l'allègement Fillon** pour un montant mensuel de 46,46 €. Le total brut annuel pour le calcul de l'allègement à fin juillet est [(2 300 × 6) + 2 400 + 2 400 + 4 800] = 23 400 €. Le 1,6 Smic annuel est = (9,88 € × [151,667 × 9] × 1,6) = 21 577,92 €. Il faut donc rendre : 46,46 € × 6 mois, soit : **278,76 €**.

Pour l'indemnité de licenciement, il faut faire 2 calculs et prendre le plus favorable entre, soit le douzième de la rémunération des 12 derniers mois précédant le licenciement, soit le tiers des 3 derniers mois. Calcul du salaire brut moyen des 3 derniers mois : 1/3 × [(2 400 × 3) + (3/12 × 2 400)] = 2 600 €. Calcul du salaire brut moyen des 12 derniers mois : 1/12 × (2 300 × 13) = 2 491,67 €. Donc le salaire brut moyen des 3 derniers mois est celui qu'il faut prendre. Enfin, ce salarié a 16 ans d'ancienneté le 30 septembre. Il a donc droit à 10 ¼ de mois par année d'ancienneté plus un supplément de 6 tiers de mois par année d'ancienneté au-delà de 10 ans. Cela donne : (2,5) + (6 / 3), soit 4,5 mois de salaire. **Son indemnité de licenciement** est donc de 2 600 € × 4,5 = **11 700 €**. Cette indemnité étant calculée sur la base des règles du code du travail (indemnité légale), elle est exonérée de cotisations sociales, de CSG et CRDS, et est exonérée d'impôt sur le revenu. Elle apparaît donc en bas de bulletin.

NB : Pour être tout à fait complet sur ce sujet, il faut savoir que la Cour de cassation dans un unique arrêt (Cass. soc., 11 mars 2009, n° 07-40.146, inédit) semblerait indiquer qu'il ne faut pas tenir compte de l'indemnité compensatrice de préavis dans l'assiette de calcul de l'indemnité de licenciement.
Jusqu'à cet arrêt, les règles étaient claires : « traditionnellement » on prenait le brut des 12 derniers mois précédant la notification de licenciement, ou bien celui des trois derniers mois précédant la sortie de l'effectif si ce dernier calcul était plus favorable pour le salarié, comme le précise l'article R. 1234-4 du Code du travail.
De plus, en cas de réduction du salaire au cours de la période de référence de calcul (exemple : la maladie), l'employeur doit toujours retenir le salaire théorique qui aurait été perçu en l'absence de cessation ou réduction d'activité et non le salaire réduit (Cass. soc. 3 novembre 1993, n° 92-40365 D).
En effet, **l'article L. 1234-5 du Code du travail indique que** « L'inexécution du préavis, notamment en cas de dispense par l'employeur, n'entraîne aucune diminution des salaires et avantages que

le salarié aurait perçus s'il avait accompli son travail jusqu'à l'expiration du préavis, indemnité de congés payés comprise. **L'indemnité compensatrice de préavis se cumule avec l'indemnité de licenciement** et avec l'indemnité prévue à l'article L. 1235-2. »

Afin d'être exhaustif, d'autres jurisprudences confirment également que :
• le préavis non effectué est du temps de travail effectif (Cass. soc., 24 novembre 1992, n° 90-42.764) ;
• il doit être pris en compte dans le calcul de l'ancienneté du salarié pour la détermination du nombre de mois ;
• il doit être pris en compte dans le calcul des congés payés ;
• il doit être pris en compte pour l'acquisition de jours de RTT (Cass. soc., 8 avril 2009, n° 07-44.068) ;
• et il n'entraîne pas automatiquement la disparition des avantages en nature dont bénéficiait le salarié (Cass. soc., 25 octobre 2007, n° 04-43.320 D).

Alors comment expliquer rationnellement que le préavis ne serait plus du temps de travail effectif pour le calcul du brut perçu par le salarié afin de déterminer le montant de son indemnité de licenciement ? Ne pouvant pas trouver d'explication à cet illogisme, et en attendant que la Cour de cassation clarifie son propos, j'ai donc effectué le calcul « traditionnel ».

Les lignes des cotisations se décomposent ainsi :

• L'Ass. santé SS = 13 697,83 × 13 % = **1 780,72 €.**

• L'Ass. santé compl. santé est la prévoyance Santé ([**50 € × 3**] en part salariale et part patronale).

• L'Ass. santé inc., inv., décès est la prévoyance Décès : 13 697,83 × 1 % = **136,98 €** pour le salarié et 13 697,83 × 2 % = **273,96 €** pour l'employeur.

• L'Ass. AT = 13 697,83 × 2,44 % = **334,23 €.**

• L'Ass. ret. SS est = aux 2 cotisations Vieillesse (plafonnée et déplafonnée), soit : (13 697,83 × 6,90 %) + (13 697,83 × 0,40 %) = 945,15 + 54,79 = **999,94 €** pour le salarié et : (13 697,83 × 8,55 %) + (13 697,83 × 1,90 %) = 1 171,16 + 260,26 = **1 431,42 €** pour l'employeur.

• L'Ass. ret. compl. est l'addition des cotisations Arrco et AGFF sur Tr. A, soit :
 – en part salariale : (13 697,83 × 3,10 %) + (13 697,83 × 0,80 %) = 424,63 + 109,58 = **534,21 €** ;
 – en part patronale : (13 697,83 × 4,65 %) + (13 697,83 × 1,20 %) = 636,95 + 164,37 = **801,32 €.**

• Les Allocations familiales = 13 697,83 × 3,45 % = **472,58 €.**

• L'Ass. chômage est pour le salarié : (13 697,83 × 0,95 %) = **130,13 €** et pour l'employeur : 13 697,83 × (4,05 % + 0,15 % d'AGS) = **575,31 €.**
Les autres contributions dues par l'employeur, sur la base de 13 697,83 € au taux regroupé de 5,896 % + Forfait social (150 € pour les Frais de santé et 273,96 € pour le Décès à 8 %) = **841,54 €.**

La base des CSG et du CRDS = (13 697,83 × 98,25 %) + le montant des charges patronales en prévoyance Frais de santé et Décès (150 € + 273,96 €). Ce qui donne au final : **13 882,08 €.**

• La CSG Non imposable est donc égale à : 13 882,08 × 6,80 % = **943,98 €.**
• Les CSG & CRDS imposables sont égales à 13 882,08 × (2,40 % + 0,50 %) = **402,58 €.**

Enfin, **le Net à payer** est le Brut (13 697,83 €) - le total des cotisations salariales (3 297,82 €) + l'indemnité de licenciement (11 700 €), soit : **22 100,01 €.**

Bulletin de paie « solde de tout compte » de juillet 2018

Libellé des Rubriques	Base	Taux	Montant	Commentaires
Salaire	151,67		2 400,00	Juillet 2018
Prime de Vacances			2 400,00	Date de sortie : 30 sept, 2018
Préavis Non Effectué Payé	2,00	2 400,000	4 800,00	Plafond du mois : 9933 €
Indemnité Comp, C.P. "écoulés"	27,00	110,752	2 990,31	
Indemnité Comp, C,P, "en cours"	10,00	110,752	1 107,52	
Total Brut			**13 697,83**	

Cotisations	Part Salariale	Part Patronale
Assurance Santé		
Sécurité Sociale		1 780,72
Complémentaire Santé	-150,00	150,00
Incapacité, Invalidité, Capital Décès	-136,98	273,96
Assurance Accident du Travail, Maladie Prof.		334,23
Assurance Retraite		
Sécurité Sociale	-999,94	1 431,42
Complémentaire	-534,21	801,32
Supplémentaire		
Allocations Familiales		472,58
Assurance Chômage	-130,13	575,31
A.P.E.C.		
Autres Contributions dues par l'employeur		841,54
Cotisatations Statutaires ou prévues par la Conv. Coll.		
C.S.G. Non imposable	-943,98	
C.S.G. & C.R.D.S. imposables	-402,58	
Allègement de cotisations		278,76
Total des cotisations et contributions	**-3 297,82**	**6 939,84**
RETENUES ET REMBOURSEMENTS DIVERS		
Indemnité de licenciement	11 700,00	
Total des Retenues et Remboursements	**11 700,00**	**0,00**
	Net Payé en euros	
	22 100,01 €	
	Total versé par l'employeur	**Allègement de cotisations**
	32 337,67 €	-278,76 €

CORRIGÉS Exercice 66

25. L'indemnité contractuelle de licenciement

Corrigé 67 (Niveau 9)

Un salarié cadre, embauché le 1er septembre 2007, a été licencié le 30 octobre 2017. Suite à un accord, il a soldé tous ses congés payés à prendre au cours des deux premiers mois de préavis effectués du 1er novembre au 31 décembre 2017. En janvier 2018, il effectue son dernier mois de préavis. Son salaire forfaitaire est de 3 500 € par mois depuis le 1er janvier 2017. Aucune prime accordée. Son indemnité de licenciement conventionnelle est d'un mois de salaire par année complète d'ancienneté. Une indemnité transactionnelle lui a été accordée en supplément pour un montant de 45 000 €.

Établissez son bulletin de paie « solde de tout compte » détaillé (pour une meilleure compréhension) de janvier 2018 à l'aide du modèle suivant.

Avant de voir le bulletin corrigé, quelques explications :

Son indemnité de licenciement conventionnelle est de 3 500 × 10 (ans) = 35 000 €.
D'abord calculer la limite fiscale. Il faut prendre le plus élevé entre :

- soit 50 % du montant versé au salarié (35 000 € + 45 000 € = 80 000 €), soit 80 000 × 50 % = 40 000 € ; OU 2 fois la rémunération annuelle brute perçue par le salarié l'année civile précédant la rupture (42 000 € × 2) = 84 000 € ;
- soit le montant de l'indemnité légale ou conventionnelle, 35 000 €.

La limite fiscale retenue est de 84 000 € et donc **l'indemnité totale** (35 000 € + 45 000 € = 80 000 €) **est exonérée d'impôt**. C'est pourquoi on retrouvera la partie soumise à cotisations Sécurité sociale entre le Total des cotisations et le Net fiscal. Cette ligne est assez inhabituelle et c'est sans doute la raison pour laquelle certains logiciels de paie déduisent directement cette partie soumise du Net fiscal, mais je trouve que c'est moins compréhensible pour le salarié.

Ensuite calculer la limite sociale.
Il faut prendre la plus petite des limites suivantes :

- soit la limite fiscale retenue (84 000 €) ;
- soit 2 plafonds annuels de Sécurité sociale, soit 79 464 €.

La limite sociale d'exonération retenue est donc 79 464 € et sa différence avec le montant total des indemnités est soumise à cotisations, soit : 80 000 – 79 464 = **536 €**.

Enfin, la limite d'exonération des CSG/CRDS.
Il faut prendre la plus petite des limites suivantes :

- soit la limite sociale retenue (79 464 €) ;
- soit le montant de l'indemnité légale ou conventionnelle de licenciement (35 000 €).

La limite d'exonération des CSG/CRDS est donc 35 000 € et sa différence avec le montant total des indemnités est soumise à CSG/CRDS, soit : 80 000 – 35 000 = **45 000 €**.

Pour les lignes de cotisations, il faut prendre le montant du préavis (3 500 €) et le montant des indemnités soumises à cotisations (536 €), soit : 4 036 €.
Celles sur la tranche A sont sur 3 311 € et celles sur la tranche B sont sur 725 €.

Pour la CSG déductible (à 6,80 %), il faut la diviser en 2 lignes :

- la première porte sur le salaire (3 500 € × 98,25 %), montant augmenté du montant patronal des prévoyances (frais de santé : 60 € et décès : 99,33 €), soit : 3 438,75 + 60 + 99,33 = 3 598,08 € ;
- la seconde porte uniquement sur la partie de l'indemnité soumise à cotisations (536 €) à 100 %.

Il faut appliquer la même logique à la CSG et la CRDS non déductibles.

Enfin, la CSG/CRDS à 9,7 % porte sur (45 000 € - 536 €) 44 464 € et est intégralement non déductible, même pour la partie qui l'est habituellement (536 € à 6,80 %).

Bulletin de paie « solde de tout compte » détaillé de janvier 2018

Libellé des Rubriques	Base	Taux	Montant	Commentaires	
Salaire Forfaitaire (Préavis effectué)	151,67		3 500,00	janvier 2018	
Indemnité de rupture soum. à cotis.			536,00	Date de sortie : 31 janvier 2018	
Total Brut			**4 036,00**		
Cotisations	**Base**	**Salariales**		**Patronales**	
		Taux	**Montant**	**Taux**	**Montant**
Ass. Mal.Mat.Inv.décès	4 036,00			13,00	524,68
Contribution Solidarité Autonomie	4 036,00			0,30	12,11
Accident du Travail	4 036,00			2,44	98,48
Allocations Familiales	4 036,00			3,45	139,24
Ass. Vieillesse Plafonnée	3 311,00	6,90	-228,46	8,55	283,09
Ass. Vieillesse Déplafonnée	4 036,00	0,40	-16,14	1,90	76,68
F.N.A.L. sur Brut	4 036,00			0,50	20,18
Chômage sur Tr. A+Tr. B	4 036,00	0,95	-38,34	4,05	163,46
A.G.S. sur Tr. A+Tr. B	4 036,00			0,15	6,05
A.R.R.CO. sur Tr. A	3 311,00	3,10	-102,64	4,65	153,96
A.G.F.F. sur Tr. A	3 311,00	0,80	-26,49	1,20	39,73
A.G.I.R.C. sur Tr. B	725,00	7,80	-56,55	12,75	92,44
A.G.F.F. sur Tr. B + Tr. C	725,00	0,90	-6,53	1,30	9,43
C.E.T. sur Tr. A + B + C	4 036,00	0,13	-5,25	0,22	8,88
A.P.E.C. sur Tr. A + Tr. B	4 036,00	0,024	-0,97	0,036	1,45
Prévoyance "Frais de Santé"			-50,00		50,00
Prévoyance "Décès" sur Tr. A	3 311,00	2,00	-66,22	3,00	99,33
Forfait Social / Prévoyances	149,33			8,00	11,95
C.S.G. déductible (sur salaire)	3 588,08	6,80	-243,99		
C.S.G. déductible (sur Ind. Rupt.)	536,00	6,80	-36,45		
Autres charges patronales	4 036,00			5,096	205,67
Total cotisations			**-878,03**		**1 996,81**
Reprise Ind. de rupture soumise			-536,00		
Net fiscal			**2 671,97**		
C.S.G. non déd. (sur salaire)	3 588,08	2,40	-86,11		
C.S.G. non déd. (sur Ind. Rupt.)	536,00	2,40	-12,86		
C.R.D.S. non déd. (sur salaire)	3 588,08	0,50	-17,94		
C.R.D.S. non déd. (sur Ind. Rupt.)	536,00	0,50	-2,68		
CSG/CRDS non déd. (Ind. Rupt.)	44 464,00	9,70	-4 313,01		
Indemnité de rupture (soumise à cot.)			536,00		
Indemnité de rupture (non soum. à cot.)			79 464,00		
Net à payer			**78 189,36**		

Bulletin de paie « solde de tout compte » simplifié de janvier 2018

Libellé des Rubriques	Base	Taux	Montant	Commentaires
Salaire Forfaitaire (Préavis effectué)	151,67		3 500,00	Janvier 2018
Indemnité de rupture soum. à cotis.			536,00	Date de sortie : 31 Janvier 2018
				Plafond du mois : 3.311 €
Total Brut			**4 036,00**	

Cotisations	Part Salariale	Part Patronale
Assurance Santé		
Sécurité Sociale		524,68
Complémentaire Santé	-50,00	50,00
Incapacité, Invalidité, Capital Décès	-66,22	99,33
Assurance Accident du Travail, Maladie Prof.		98,48
Assurance Retraite		
Sécurité Sociale	-244,60	359,77
Complémentaire	-197,46	304,44
Supplémentaire		
Allocations Familiales		139,24
Assurance Chômage	-38,34	169,51
A.P.E.C.	-0,97	1,45
Autres Contributions dues par l'employeur		249,91
Cotisatations Statutaires ou prévues par la Conv. Coll.		
C.S.G. Non imposable	-280,44	
C.S.G. & C.R.D.S. imposables	-4 432,61	
Allègement de cotisations		
Total des cotisations et contributions	**-5 310,64**	**1 996,81**
RETENUES ET REMBOURSEMENTS DIVERS		
Indemnité de rupture non soumise à cotisations	79 464,00	
Total des Retenues et Remboursements	**79 464,00**	
Net Fiscal du mois : 2 671,97	**Net Payé en euros**	
	78 189,36 €	
	Total versé par l'employeur	**Allègement de cotisations**
	85 496,81 €	

S'il en fallait vraiment une preuve, sans le bulletin de paie « détaillé », ce bulletin de paie « simplifié » me semble incompréhensible pour le commun des salariés !

Corrigé 68 (Niveau 1, ou 2, ou 3)

M. Marcel Dupont, sans personne à charge, non cadre, comptable dans l'entreprise STEC (profilage à froid par formage ou pliage de l'acier), a un salaire de base de 3 300 €. L'entreprise comporte 120 salariés et calcule les congés payés en jours ouvrés. Elle donne des titres-restaurant (valeur faciale de 8,50 €, participation patronale de 60 %). Ce mois de mars 2018, il a pris une semaine de congés payés la semaine du lundi 12 au dimanche 18 et fait une journée de grève le jeudi 22. Voici le bulletin qu'il a reçu :
Niveau 1 : Trouvez 7 erreurs dans ce bulletin.
Niveau 2 : Trouvez 10 erreurs dans ce bulletin.
Niveau 3 : Trouvez 13 erreurs dans ce bulletin.

Établissez, à l'aide du bulletin vierge suivant, le bulletin tel qu'il aurait dû être.

Bulletin juste

BULLETIN DE PAIE

Période du 1 Mars 2018 au 31 Mars 2018

Employeur	Salarié
Raison Sociale : STEC Provence	**Nom** : DUPONT **Prénom** : Marcel
Adresse : ZAC Les Rives Bleues, 130015 Marseille	**Adresse** : 12 allée des cerisiers, 13001 Marseille
N° SIRET : 381 524 629 00020 **Code NAF : 2423Z**	**N° SS** : 1690513356589
URSSAF : 20 av. Viton, 13009 Marseille	**Emploi : Comptable** **Classif.** : N2E2
Convention collective : Industries métallurgiques des Bouches du Rhône	**Date d'ancienneté** : 01/07/2002

Libellé des Rubriques	Base	Taux	Montant	Commentaires
Salaire	151,67		3 300,00	Mars 2018
Absence Non Payée	7,00	**21,429**	-150,00	
Absence Congés Payés	5,00	**152,284**	-761,42	Plafond du mois : 3.311 €
Paiement Congés Payés	5,00	158,400	792,00	
Total Brut			3 180,58	

Cotisations	Part Salariale	Part Patronale
Assurance Santé		
Sécurité Sociale		413,48
Complémentaire Santé	-50,00	50,00
Incapacité, Invalidité, Capital Décès		
Assurance Accident du Travail, Maladie Prof.		77,61
Assurance Retraite		
Sécurité Sociale	-232,18	332,37
Complémentaire	**-124,04**	**186,07**
Supplémentaire		
Allocations Familiales		109,73
Assurance Chômage	-30,22	133,58
A.P.E.C.		
Autres Contributions dues par l'employeur		191,52
Cotisatations Statutaires ou prévues par la Conv. Coll.		
C.S.G. Non imposable	**-215,89**	
C.S.G. & C.R.D.S. imposables	**-92,07**	
Allègement de cotisations		
Total des cotisations et contributions	-744,40	**1 494,36**
RETENUES ET REMBOURSEMENTS DIVERS		
Indemnité de transport	37,60	
Titres-Restaurant	**-54,40**	81,60
Saisie-Arrêt	**-1 105,36**	
Total des Retenues et Remboursements	-1 122,16	**81,60**

Net Fiscal du mois : 2 578,25	**Net Payé en euros**	
	1 314,02 €	
Congés Payés du 12 au 18 mars 2018	**Total versé par l'employeur**	Allègement de cotisations
Date de versement : 31 mars 2018	**4 794,14 €**	

Pour faire valoir vos droits, ce bulletin de paie doit être conservé sans limitation de durée

Erreur n° 1 : Emploi : L'article R. 3243-1 le mentionne dans son 4e paragraphe : l'emploi du salarié doit être précis. Le terme « agent administratif » est trop vague pour un comptable. Pourquoi ne pas indiquer tout simplement « Comptable » à côté de « Emploi : » ?

Erreur n° 2 : La date de versement : L'article R. 3243-1 (10e tiret) demande que le bulletin de paie comporte la date de versement de la somme effectivement perçue par le salarié. Or cette mention n'est pas présente sur le bulletin.

Erreur n° 3 : Les dates des Congés payés : L'article R. 3243-1 énonce (dans le point n° 11) que les dates de congé doivent être indiquées sur le bulletin de paie. Dans un arrêt de la Cour de cassation (Cass. soc. 23 octobre 2013 n° 11-26.318 n° 1734 FS-D, B. c/ Sté Pan Européenne : RJS 1/14 n° 65), il est rappelé qu'« il appartient à l'employeur de prendre les mesures propres à assurer au salarié la possibilité d'exercer effectivement son droit à congé et, en cas de contestation, de justifier qu'il a accompli à cette fin les diligences qui lui incombent légalement ». Il faut donc mettre les dates des congés payés sur le bulletin, par exemple en commentaires (certaines entreprises peuvent indiquer ces dates dans le libellé des rubriques d'absence et de paiement selon leur logiciel de paie).

Erreur n° 4 : La mention incitative à conserver le bulletin : L'article R. 3243-5 demande que le bulletin de paie comporte en caractères apparents une mention incitant le salarié à le conserver sans limitation de durée. Or cette mention n'est pas présente sur le bulletin.

Erreur n° 5 : Le mot « Grève » : L'article R. 3243-4 interdit toute mention du mot « grève » sur un bulletin de paie. L'absence de « grève » est souvent remplacée par des termes plus flous tels que « Absence non autorisée non payée » ou plus simplement « Absence non payée ». C'est cette dernière solution que j'ai choisie sur le bulletin corrigé.

Erreur n° 6 : Le taux de l'absence « Grève » : De plus, elle doit être calculée selon la méthode des heures réelles (Cass. soc. 11 février 1982, n° 80-40.359), et non pas avec la méthode des heures moyennes.

Erreur n° 7 : Le taux de l'absence Congés payés : Puisque le salarié a pris une semaine de congés payés et qu'on lui décompte 5 jours, cela signifie que l'entreprise décompte les congés payés en jours ouvrés. Or son absence est décomptée en trentièmes ! Il faut prendre un taux journalier ouvré moyen, soit 21,67. L'absence devient donc : 5 × (3,330 / 21,67 =) 152,28 = 761,42 €.

Erreur n° 8 : Le montant des cotisations Assurance retraite complémentaire : Non seulement il n'y a plus de tranche 2, mais en plus, s'il y en avait eu, le taux de l'Arrco tranche 2 aurait été confondu avec le taux de l'Agirc tranche B.

Erreur n° 9 : Le montant total des contributions patronales (Forfait social / Frais de santé) : Il est faux à cause du taux du forfait social par exception réduit à 8 % concernant notamment la prévoyance santé, et non au taux de droit commun de 20 %.

Erreur n° 10 : La base des CSG et CRDS : Elle n'est calculée que sur le brut à 98,25 % alors qu'on doit rajouter 100 % de la cotisation patronale de prévoyance Frais de santé.

Erreur n° 11 : Le nombre de titres-restaurant : Si le mois de mars 2018 comporte bien 22 jours de travail théoriques, il y a néanmoins une journée de grève et une semaine (5 jours ouvrés) de congés payés. Le bon nombre de titres-restaurant est donc 22 – 1 – 5 = 16.

Erreur n° 12 : Le taux des titres-restaurant : Quant au taux, il faut bien sûr retenir la part salariale (3,40 €) et non pas la part patronale (5,10 €). Et une déduction, par défaut, ça se déduit !

Erreur n° 13 : Le montant de la saisie-arrêt : Le calcul de la saisie-arrêt est assez complexe. C'est un barème fiscal qui tient compte à la fois de la situation familiale du salarié (nombre de personnes à charge) et de son brut (dont on déduit les cotisations et les CSG et CRDS). On divise le résultat obtenu en tranches (déterminées par le barème) et on applique un pourcentage de retenue sur chacune de ces tranches. Dans notre cas, la somme soumise à saisie-arrêt est de : 3 180,58 – 744,40 = 2 436,18 €. Puisque notre salarié est sans personne à charge, on prend le premier tableau et la dernière ligne : 2 436,18 – 1 813,33 + 482.50. Résultat : 1 105,35 €. (Encore une fois, un problème de 1 centime lié aux arrondis d'Excel !)

34/38, rue Camille-Pelletan - 92309 Levallois-Perret cedex
Imprimerie La Sepec - 01960 Péronnas - 10803180216
Imprimé en France - 2e trimestre 2018

Service éditorial : Marjorie Champetier, Benjamin Dias Pereira,
Deborah Lopez, Lucie Préault
Conception graphique : Loïc Pennanéac'h

Dépôt légal à parution
ISBN 978-2-7590-3771-1

PEFC 10-31-1470 / Certifié PEFC / Ce produit est issu de forêts gérées durablement et de sources contrôlées. / pefc-france.org